法考题库系列·主观严选 案例

行政法 660题
主观·严选案例139问

觉晓法考组　编著

中国政法大学出版社
2025·北京

声　明　　1. 版权所有，侵权必究。

　　　　　2. 如有缺页、倒装问题，由出版社负责退换。

图书在版编目（CIP）数据

主观严选案例660题. 行政法主观·严选案例139问 / 觉晓法考组编著. -- 北京 : 中国政法大学出版社, 2025. 4. -- （法考题库系列）. -- ISBN 978-7-5764-1948-1
Ⅰ. D920.4
中国国家版本馆CIP数据核字第20252GG520号

出版者	中国政法大学出版社
地　　址	北京市海淀区西土城路25号
邮寄地址	北京100088 信箱8034分箱　邮编100088
网　　址	http://www.cuplpress.com（网络实名：中国政法大学出版社）
电　　话	010-58908285(总编室) 58908433（编辑部）58908334(邮购部)
承　　印	重庆天旭印务有限责任公司
开　　本	787mm×1092mm　1/16
印　　张	8.25
字　　数	195千字
版　　次	2025年4月第1版
印　　次	2025年4月第1次印刷
定　　价	35.00元

CSER 高效学习模型

觉晓坚持每年组建"名师 + 高分学霸"教学团队，按照 Comprehend（讲考点→理解）→ System（搭体系→不散）→ Exercise（刷够题→会用）→ Review（多轮背→记住）学习模型设计教学产品，让你不断提高学习效果。

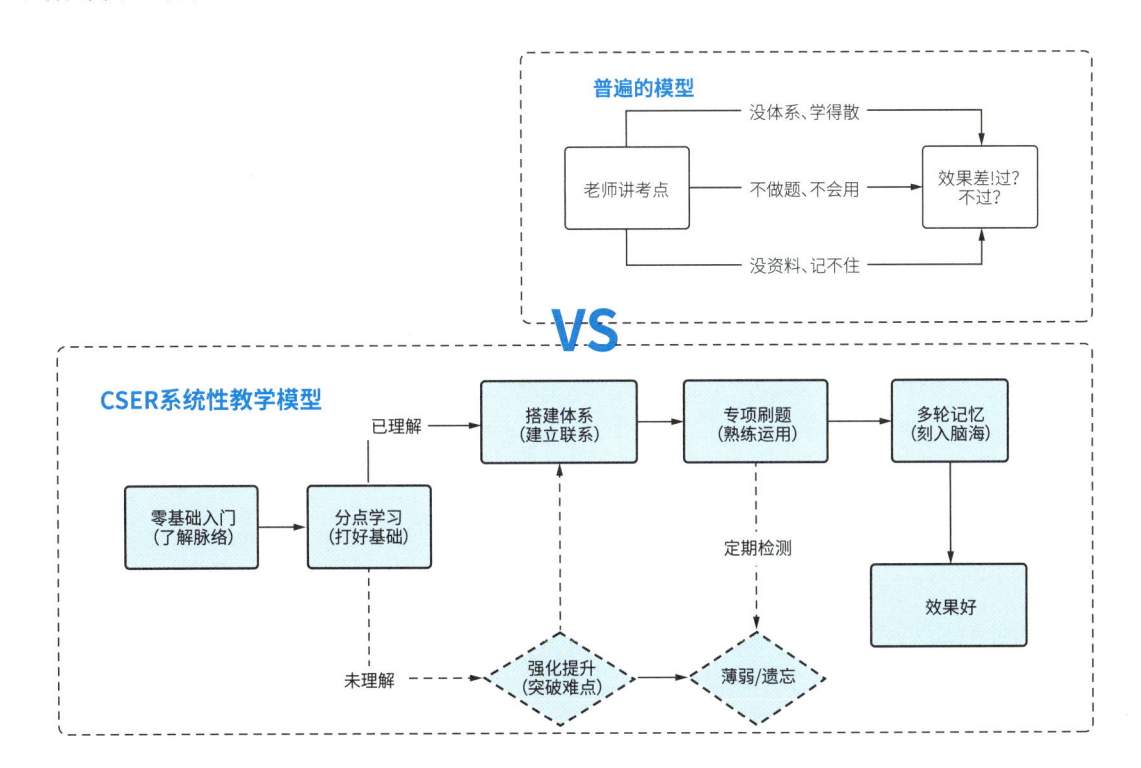

普遍的模型

- 老师讲考点 → 没体系、学得散 → 效果差！过？不过？
- 老师讲考点 → 不做题、不会用 → 效果差！过？不过？
- 老师讲考点 → 没资料、记不住 → 效果差！过？不过？

VS

CSER 系统性教学模型

零基础入门（了解脉络）→ 分点学习（打好基础）→ 已理解 → 搭建体系（建立联系）→ 专项刷题（熟练运用）→ 多轮记忆（刻入脑海）→ 效果好

未理解 → 强化提升（突破难点）

定期检测 → 薄弱/遗忘 → 强化提升（突破难点）

前面理解阶段跟名师，但后面记忆应试阶段，"高分学霸"更擅长，这样搭配既能保证理解，又能应试；时间少的在职考生可以直接跟"学霸"学习高效应试。

同时，知识要成体系性，后期才能记住，否则学完就忘！因此，觉晓有**推理背诵图（推背图）、诉讼流程图**等产品，辅助你建立知识框架体系，后期可以高效复习！

KEEP AWAKE

坚持数据化学习

  "觉晓法考"APP已经实现"学→练→测→背→评"全程线上化学习。在学习期间，觉晓会进行数据记录，自2018年APP上线，觉晓已经积累了上百万条数据，并有几十万真实考生的精准学习数据。

  觉晓有来自百度、腾讯、京东等大厂的AI算法团队，建模分析过线考生与没过线考生的数据差异，建立"**过考模型**"，指导学员到底要听多少课，做多少题，正确率达到多少才能飘过或者稳过。

  过考模型的应用层包括：

  1. 完整的过考方案和规划：内部班的过考规划和阶段目标，均按照过考模型稳过或过考标准制定；让学员花更少的时间，更稳地过线。

  2. 精准的过考数据指标：让你知道过线**每日**需要消耗的"热量、卡路里"，有标准，过线才稳！

  3. 客观题知识图谱：按往年180分、200分学员学习数据，细化到每个知识点的星级达标标准，并根据考频和考查难度，趋势等维度，将知识点划分为ABCDE类。还能筛选"未达标"针对提分。

知识类型	考频	难度	学习说明
A	高	简单	必须掌握
B	高	难	必须掌握（主+客）
C	中	简单	必须掌握
D	中	难	时间不够可放弃（主+客）
E	考频低或者很难、偏		直接放弃

  4. 根据过考模型+知识图谱分级教学：BD类主客观都要考，主客融合一起学，E类对过考影响不大，可直接放弃，AC性价比高，简化背诵总结更能应试拿分，一些对过线影响不大的科目就减少知识点，重要的就加强；课时控制，留够做题时间，因为中后期做题比听课更重要！

  5. AI智能推送查缺补漏包：根据你学习的达标情况，精准且有效地推送知识点课程和题目，查漏补缺，让你的时间花得更有价值！

  6. 精准预测过考概率（预估分）：实时检测你的数据，对比往年相似考生数据模型，让你知道，你这样学下去，最后会考多少分！明确自己距离过线还差多少分，从而及时调整自己的学习状态。

  注：觉晓每年都会分析当年考生数据，出具一份完整的过考模型数据分析报告，包括"客观题版""主客一体版""主观题二战版"，可以下载觉晓APP领取。

目 录

重点题目板块

一、小案例
具体行政行为概述 ... 1
行政许可法 ... 2
行政处罚法 ... 8
治安管理处罚法 ... 15
行政强制法 ... 15
政府信息公开 ... 22
行政诉讼与行政复议总论 ... 25
行政复议法 ... 34
行政诉讼法 ... 47
国家赔偿法 ... 63

二、重点真题 ... 67
案例1·2024年真题（回忆版） ... 67
案例2·2023年真题（回忆版） ... 71
案例3·2022年真题（回忆版） ... 75
案例4·2021年真题（回忆版） ... 80
案例5·2020年真题（回忆版） ... 82
案例6·2019年真题（回忆版） ... 85
案例7·2018年真题（回忆版） ... 89

三、模拟提升题 ... 93
案例1 ... 93
案例2 ... 96
案例3 ... 99
案例4 ... 102

延伸练习题目

一、2015—2017年真题 ... 105
案例1：2017年真题 ... 105
案例2：2016年真题 ... 107
案例3：2015年真题 ... 109

二、延伸模拟提升题 ... 113
案例1 ... 113
案例2 ... 116
案例3 ... 119
案例4 ... 122

重点题目板块

一、小案例

具体行政行为概述

案例1：《安徽省人民政府办公厅转发省安全监管局等部门关于烟花爆竹生产企业整体退出意见的通知》（以下简称《通知》）要求全省75家烟花爆竹生产企业无论规模大小必须全部关闭。随后，24家被责令停产停业的烟花爆竹企业共同向安徽省政府提交行政复议申请书。对此，安徽省政府称该通知是省政府转发给各市、县政府和省政府各部门、各直属机构的文件，属于内部行为，决定不予受理。

问题：《通知》是否属于内部行政行为？

案例2：2021年9月，A县法院判决甲向乙支付欠付的合同款项30000元并为乙办理房屋转让登记，但判决后甲一直拒不履行。后A县法院向县房管局发出协助执行通知书，请求房管局协助执行，房管局在收到通知后将房屋过户登记到乙名下。

问题：县房管局将房屋过户登记到乙名下的行为是否属于具体行政行为？

案例3：A市市属医院A市人民医院预计筹办一场神经外科研讨峰会，拟邀请海内外知名专家共同研讨疑难病例，A市人民医院向A市卫生局提交了相关手续申请，A市卫生局在审查相关材料之后作出了同意举办的决定。

问题：A市卫生局作出的同意举办决定是否属于具体行政行为？

案例4：花浦镇人民政府根据XX县人民政府的《关于花浦镇李村国道项目土地房屋征收公告》于2023年12月23日作出《致花浦镇李村国道改线项目征迁群众的告知书》（以下简称"征迁告知书"），内容为："根据相关文件及通知，按照当前国道改线需要，现将该项目征迁事宜告知如下：一、征收范围……；二、征收奖励……；三、征迁奖励期限……"，并将该《征迁告知书》送达了全体花浦镇李村国道沿线居民。

问题：该《征迁告知书》是否属于具体行政行为？

案例5：袁九某系孟岭镇神童门村村民，和其父袁某、其母方某为同一户口。其姐袁一某和其妹袁小某已迁出神童门村。2013年袁某和方某提交《孟岭镇个人建房用地审批表》，表内注明户籍在册人口、有效人口均为2人，家庭成员为袁某、方某和袁小某。2014年孟岭镇人民政府审批同意袁某的个人建房用地申请。

问题：孟岭镇人民政府的审批行为是否合法？

1

案例1—问题：《通知》是否属于内部行政行为？

答案：《通知》不属于内部行政行为。（1）《通知》虽然以"通知"的名义发布，但涉及的相对方与制作通知的省政府之间并无行政上的隶属关系，只是一种管理关系，故针对管理对象作出的行政行为不可能是内部行政行为。（2）从内容上来说，《通知》并非为了调整内部管理事务，而是涉及管理对象的业务行为，不能将其理解为内部行政行为。（3）《通知》发出的对象虽然是各市、县政府、省政府各部门、各直属机构，其性质属于内部指令，但作为接收《通知》的主体，大部分地方政府、政府部门和机构已直接依据《通知》实施了与责令相对方退出或关闭等相关具体行政行为，对申请人的利益产生了实际影响。同时，申请人也已获知了《通知》的具体内容，因此，《通知》已在事实上外部化并对外发生了法律效力，将这样的行政行为解释为内部行政行为显然不妥。

案例2—问题：县房管局将房屋过户登记到乙名下的行为是否属于具体行政行为？

答案：县房管局将房屋过户登记到乙名下的行为不属于具体行政行为。房管局应法院协助执行的要求，将房屋过户登记的行为属于行政协助执行行为，不具有行政性，故不属于具体行政行为。

案例3—问题：A市卫生局作出的同意举办决定是否属于具体行政行为？

答案：A市卫生局作出的同意举办决定不属于具体行政行为。A市卫生局所作出的决定系行政机关的内部行为，不具备外部性，故不属于具体行政行为。

案例4—问题：该《征迁告知书》是否属于具体行政行为？

答案：该《征迁告知书》不属于具体行政行为。《征迁告知书》仅具有宣传告知性质，系行政机关为征收行为的实施而准备的过程性行为，对全体花浦镇李村国道沿线居民的权利义务未产生直接影响，不具有处分性，故不属于具体行政行为。

案例5—问题：孟岭镇人民政府的审批行为是否合法？

答案：孟岭镇人民政府的审批行为不合法。孟岭镇人民政府对个人建房用地审批表作出的同意建房的审批许可决定，对审批表中在册人口、有效人口的错误没有审核出来，属于认定事实不清、证据不足。因此，被诉行政行为不合法。

行政许可法

（一）行政许可的立法创设

案例1：云杉省龙江市政府意图创设一个全新的许可类型，要求必须取得农业农村局秸秆焚烧许可证才可以焚烧秸秆。

问题：龙江市政府可否通过自行制定市规章的方式设定秸秆焚烧许可证？

案例2：我国《食盐专营办法》对食盐销售的流程作出了具体规定。A省为规范工业盐的销售及运输行为，在《A省盐业管理条例》这一地方性法规中规定，市场主体需按照本条例规定申请并取得工业盐准运证，方能在A省从事工业盐购销和运输行为。

问题：《A省盐业管理条例》规定的工业盐准运证是否合法？

一、小案例

案例3：为加强排污许可管理，规范企业事业单位和其他生产经营者排污行为，控制污染物排放，保护和改善生态环境，根据《中华人民共和国环境保护法》等有关法律，国务院制定的《排污管理许可条例》规定了排污许可证、排污许可分类管理制度等内容。青禾省预计出台地方性法规，对排污单位提交排污申请许可证的受理地点、申请材料等具体流程作出规定。

问题：青禾省是否有权出台地方性法规对上述事项作出具体规定？

案例4：金沙省人民政府制定的《金沙省人民防空工程设计资质管理办法》第二十条规定："省外设计单位资质备案要求：凡进入金沙省行政区域开展人防工程设计的省外设计企业需提供相关资料，并填报《省外人防工程设计单位备案表》，若未填写《省外人防工程设计单位备案表》，不得在本省范围内提供设计服务。"

问题：《金沙省人民防空工程设计资质管理办法》第二十条的规定是否合法？

案例1—问题：龙江市政府可否通过自行制定市规章的方式设定秸秆焚烧许可证？

答案：龙江市政府**不可以**通过自行制定市规章的方式设定秸秆焚烧许可证。**省级**政府规章可以设定**临时性**的行政许可，但地级市政府规章没有设定权限，因此龙江市政府没有权力通过制定市规章的方式设定新的许可类型。法条依据为《行政许可法》第15条第1款①。

案例2—问题：《A省盐业管理条例》规定的工业盐准运证是否合法？

答案：《A省盐业管理条例》规定的工业盐准运证**不合法**。A省在地方性法规中设置工业盐准运证的规定系**超越上位法**《食盐专营办法》的**规定范围**，**增设行政许可**的行为，违反了法律的规定，因此该规定不合法。法条依据为《行政许可法》第16条第4款②。

案例3—问题：青禾省是否有权出台地方性法规对上述事项作出具体规定？

答案：青禾省**有权**出台地方性法规对上述事项作出具体规定。本案中，青禾省预计出台的**地方性法规**有权在**许可事项范围内**，对提交排污申请许可证的流程作出**具体规定**。法条依据为《行政许可法》第16条第3款③。

案例4—问题：《金沙省人民防空工程设计资质管理办法》第二十条的规定是否合法？

答案：该规定**不合法**。金沙省人民政府在《金沙省人民防空工程设计资质管理办法》第二十条中规定的《备案表》要求，实质为以备案之名**限制其他地区企业到本地区提供服务**，违反了《行政许可法》的规定。法条依据为《行政许可法》第15条第2款④。

---

① 《行政许可法》第15条第1款：本法第十二条所列事项，尚未制定法律、行政法规的，地方性法规可以设定行政许可；尚未制定法律、行政法规和地方性法规的，因行政管理的需要，确需立即实施行政许可的，省、自治区、直辖市人民政府规章可以设定临时性的行政许可。临时性的行政许可实施满一年需要继续实施的，应当提请本级人民代表大会及其常务委员会制定地方性法规。

② 《行政许可法》第16条第4款：法规、规章对实施上位法设定的行政许可作出的具体规定，不得增设行政许可；对行政许可条件作出的具体规定，不得增设违反上位法的其他条件。

③ 《行政许可法》第16条第3款：规章可以在上位法设定的行政许可事项范围内，对实施该行政许可作出具体规定。

④ 《行政许可法》第15条第2款：地方性法规和省、自治区、直辖市人民政府规章，不得设定应当由国家统一确定的公民、法人或者其他组织的资格、资质的行政许可；不得设定企业或者其他组织的设立登记及其前置性行政许可。其设定的行政许可，不得限制其他地区的个人或者企业到本地区从事生产经营和提供服务，不得限制其他地区的商品进入本地区市场。

（二）行政许可的实施

案例1：甲县的王天一申请设立烟草专卖零售企业，其查阅《烟草专卖法》得知，经营烟草制品零售业务的企业或个人，由县级政府市场监督管理部门根据上一级烟草专卖行政管理部门的委托，审查批准发给烟草专卖零售许可证。王天一遂向甲县市场监督管理局提出申请，却被告知甲县市场监督管理局已委托甲县烟草专卖局实施该行政许可。

问题：甲县市场监督管理局委托甲县烟草专卖局实施行政许可的做法是否正确？

案例2：李某向某市场监督管理局申请公司注册登记，该局工作人员认为李某缺乏必要的相关材料，当场口头表示不予受理其许可申请。

问题：市场监督管理局的行为是否正确？

案例3：华渝公司向金通区政府提出申请建设游乐场，建设地附近的居民李贝认为即将建设的游乐场会影响到附近居民的生活，于是向区政府申请听证。区政府在收到申请的10日后不公开举行了听证会，最后根据听证笔录作出了许可华渝公司开发该项目的决定。

问题：如何评价金通区政府在听证会中的行为？

案例4：青山市宏盛建设投资有限公司预计在青山市九龙区杨柳路上开展高压变电站工程建设，在向青山市九龙区规自局提交申请后，经过一系列审查、核验、勘察，青山市九龙区规自局最终向宏盛公司颁发了《建设工程规划许可证》，许可宏盛公司进行高压变电站工程建设。位于杨柳路上的杨柳路小学毗邻该工程建设地，该校学生家长王某、魏某以相关部门未在《建设工程规划许可证》颁发前公开举办听证会为由，向法院提起了行政诉讼。

问题：九龙区规自局未举行听证会的行为是否合法？

案例5：茂兰公司成立后预备经营特种设备的生产业务，遂向A市市场监督管理局申请特种设备生产单位许可。茂兰公司的工作人员到A市市监局提交了申请材料，A市市监局的工作人员受理后，指派1名工作人员前往茂兰公司进行实地核查。

问题：A市市监局的行为是否正确？

案例6：四金餐厅是一家开在A市五星街道上主要经营云南菜的餐厅，其所持有的食品经营许可证将于2023年9月16日到期。四金于2023年7月18日向A市市监局提交了延续食品经营许可证的申请，直至2023年9月25日，A市市监局仍未作出决定。

问题：此时四金餐厅所持有的食品经营许可证是否有效？

案例7：刘某向市卫生健康委员会申请在小区设立个体诊所，市卫生健康委员会受理申请。诊所的医疗废物会造成严重的环境污染，将直接影响周围住户的重大利益，据此，小区居民陈某等人要求市卫生健康委员会不予批准。

问题：若陈某等人申请听证，行政机关是否应当举行听证？

一、小案例

案例1——问题：甲县市场监督管理局委托甲县烟草专卖局实施行政许可的做法是否正确？

答案：甲县市场监督管理局委托甲县烟草专卖局实施行政许可的做法<u>不正确</u>。受委托行政机关在委托范围内，以委托行政机关名义实施行政许可，<u>不得再委托</u>其他组织或者个人实施行政许可。本案中，甲县市场监督管理局作为受委托机关，不能再委托甲县烟草专卖局实施行政许可。法条依据为《行政许可法》第24条第3款[①]。

案例2——问题：市场监督管理局的行为是否正确？

答案：市场监督管理局的行为<u>不正确</u>。（1）行政机关不予受理行政许可申请时，应出具<u>加盖本行政机关专用印章</u>和<u>注明日期的书面凭证</u>，市场监督管理局口头答复的行为违法。（2）在申请材料<u>不齐全</u>时，应<u>当场</u>或者<u>5日内一次性告知</u>申请人李某需要补正的全部内容，市场监督管理局直接不予受理的做法违法。法条依据为《行政许可法》第32条[②]。

案例3——问题：如何评价金通区政府在听证会中的行为？

答案：（1）区政府在收到申请的<u>10日后</u>举行听证会的行为<u>正确</u>，<u>不公开举行</u>听证会的行为<u>错误</u>。申请人、利害关系人在被告知听证权利之日起五日内提出听证申请的，行政机关应当在<u>二十日内</u>组织听证。听证应当<u>公开举行</u>。本案中，区政府在收到申请的10日后举行听证会，符合法律规定；但不公开举行听证会，不符合法律规定。

（2）区政府<u>根据听证笔录作出</u>许可决定的行为正确。行政机关应当根据听证笔录，作出行政许可决定。本案中，区政府最后根据听证笔录作出了许可华渝公司开发项目的决定，符合法律的规定。

法条依据为《行政许可法》第47条第1款[③]、第48条[④]。

案例4——问题：九龙区规自局未举行听证会的行为是否合法？

[①]《行政许可法》第24条第3款：受委托行政机关在委托范围内，以委托行政机关名义实施行政许可；不得再委托其他组织或者个人实施行政许可。

[②]《行政许可法》第32条：行政机关对申请人提出的行政许可申请，应当根据下列情况分别作出处理：
（一）申请事项依法不需要取得行政许可的，应当即时告知申请人不受理；
（二）申请事项依法不属于本行政机关职权范围的，应当即时作出不予受理的决定，并告知申请人向有关行政机关申请；
（三）申请材料存在可以当场更正的错误的，应当允许申请人当场更正；
（四）申请材料不齐全或者不符合法定形式的，应当当场或者在五日内一次告知申请人需要补正的全部内容，逾期不告知的，自收到申请材料之日起即为受理；
（五）申请事项属于本行政机关职权范围，申请材料齐全、符合法定形式，或者申请人按照本行政机关的要求提交全部补正申请材料的，应当受理行政许可申请。
行政机关受理或者不予受理行政许可申请，应当出具加盖本行政机关专用印章和注明日期的书面凭证。

[③]《行政许可法》第47条第1款：行政许可直接涉及申请人与他人之间重大利益关系的，行政机关在作出行政许可决定前，应当告知申请人、利害关系人享有要求听证的权利；申请人、利害关系人在被告知听证权利之日起五日内提出听证申请的，行政机关应当在二十日内组织听证。

[④]《行政许可法》第48条：听证按照下列程序进行：
（一）行政机关应当于举行听证的七日前将举行听证的时间、地点通知申请人、利害关系人，必要时予以公告；
（二）听证应当公开举行；
（三）行政机关应当指定审查该行政许可申请的工作人员以外的人员为听证主持人，申请人、利害关系人认为主持人与该行政许可事项有直接利害关系的，有权申请回避；
（四）举行听证时，审查该行政许可申请的工作人员应当提供审查意见的证据、理由，申请人、利害关系人可以提出证据，并进行申辩和质证；
（五）听证应当制作笔录，听证笔录应当交听证参加人确认无误后签字或者盖章。
行政机关应当根据听证笔录，作出行政许可决定。

答案：九龙区规自局未举行听证会的行为**不合法**。本案中，宏盛公司的许可申请涉及杨柳路小学所有师生的人身利益，属于涉及**公共利益**的重大许可事项，九龙区规自局应当向社会**公告并举行听证**，因此未举行听证不合法。法条依据为《行政许可法》第46条①。

案例5——问题：A市市监局的行为是否正确？
答案：A市市监局的行为**不正确**。在行政许可申请的过程中，需要对申请材料的**实质内容**进行核实的，行政机关A市市监局应当指派**2名以上**的工作人员进行核查，仅安排1人核查的行为不合法。法条依据为《行政许可法》第34条第3款②。

案例6——问题：此时四金餐厅所持有的食品经营许可证是否有效？
答案：四金餐厅所持有的食品经营许可证**有效**。本案中，被许可人四金餐厅申请延续行政许可的，A市市监局**未在**许可**有效期届满前**作出是否准予延续的**决定**，**视为准予延续**，因此被许可人四金餐厅所持有的食品经营许可证有效。法条依据为《行政许可法》第50条第2款③。

案例7——问题：若陈某等人申请听证，行政机关是否应当举行听证？
答案：行政机关**应当举行**听证。本案中，刘某向市卫生健康委员会申请在小区设立个体诊所，诊所的医疗废物会造成环境污染，属于直接涉及申请人与他人之间**重大利益**关系的许可，若陈某等人申请听证，市卫生健康委员会应当举行听证。法条依据为《行政许可法》第47条第1款④。

（三）行政许可的监督

案例1：依云市花溪区政府准备出让一块国有土地建设大型商贸中心，大甲集团获得了行政许可，后发现大甲集团获得行政许可是因为其贿赂了区政府工作人员。
问题：对大甲集团的行政许可，谁有权撤销？

案例2：家住北河省黄冈市红星镇清心村的唐某于1991年12月12日经审核，取得由黄冈市人民政府颁发的农村宅基地使用证。2014年，该户因原有平房一间，生活不便，无法居住，申请造房两间。红星镇政府于2014年6月向唐某核发编号为1号的《红星镇村民造房许可书》，准许拆除老房44平方米，占用宅基地面积100平方米，建造两层房屋计200平方米。2019年经黄冈市人民政府调查后发现，该《造房许可书》所载的许可范围明显超过了2012年10月3日黄冈市人民政府发布的《黄冈市农村个人住房建设管理办法》规定的建筑占地面积范围。
问题：此时黄冈市政府应当如何处理？

---

① 《行政许可法》第46条：法律、法规、规章规定实施行政许可应当听证的事项，或者行政机关认为需要听证的其他涉及公共利益的重大行政许可事项，行政机关应当向社会公告，并举行听证。
② 《行政许可法》第34条第3款：根据法定条件和程序，需要对申请材料的实质内容进行核实的，行政机关应当指派两名以上工作人员进行核查。
③ 《行政许可法》第50条第2款：行政机关应根据被许可人的申请，在该行政许可有效期届满前作出是否准予延续的决定；逾期未作决定的，视为准予延续。
④ 《行政许可法》第47条第1款：行政许可直接涉及申请人与他人之间重大利益关系的，行政机关在作出行政许可决定前，应当告知申请人、利害关系人享有要求听证的权利；申请人、利害关系人在被告知听证权利之日起五日内提出听证申请的，行政机关应当在二十日内组织听证。

一、小案例

案例3：刘某、黎某向一冠市规划和自然资源局梦舟分局提出建设住宅申请，申请在一冠市梦舟县城西村民委员会的个人用地范围内建设住宅楼一栋。一冠市规自局梦舟分局向刘某、黎某作出286号审批意见，并向刘某、黎某颁发了286号规划许可证，许可两人进行住宅楼建设。后梦舟县遭遇百年来第一大规模海啸，286号规划许可证上所载的许可建设土地范围全部沉入海平面之下。

问题：此时一冠市规自局梦舟分局应当如何处理？

案例4：王某为在A市美青公司工作的声发射设备检测员，持有A市市场监督管理局下发的特种设备检验检测人员证。一日，王某在车间操作时因地面湿滑意外摔倒，头部被尖锐设备贯穿，送往医院后因伤重不治被医院宣告死亡。

问题：对王某生前持有的特种设备检验检测人员证，A市市监局应当如何处理？

案例5：A市子华公司现有的生产设备无法满足取得烟花爆竹生产企业安全生产许可证的基本要求，子华公司法定代表人蒋某通过贿赂A市应急管理局的工作人员，取得了该许可证。后经A市应急管理局工作人员核查后发现该贿赂事实，A市应急管理局遂做出了撤销该许可证的决定。

问题：在被撤销该许可证后，子华公司是否可以在1年之内再次申请取得该许可？

案例6：某公司在申请建筑工程施工许可证时，由于该地县级人民政府建设行政主管部门工作人员工作疏忽，未认真核实有关材料导致发放许可证错误。但在知晓该情况时，该公司正在进行城中村改造，若撤销该行政许可，将会对公共利益造成重大损害。

问题：行政机关是否应当撤销该许可？

案例1—问题：对大甲集团的行政许可，谁有权撤销？

答案：区政府、区政府的上级机关以及法院有权撤销。被许可人大甲集团以贿赂的不正当手段取得行政许可，应当予以撤销，作出行政许可决定的行政机关区政府或者区政府的上级行政机关有权撤销。此外，法院也可以通过判决撤销许可。法条依据为《行政许可法》第69条第1款、第2款[①]。

案例2—问题：此时黄冈市政府应当如何处理？

答案：黄冈市政府可以撤销许可。本案中，唐某取得的《红星镇村民造房许可书》是因行政许可机关红星镇政府违法准予该许可而取得的，黄冈市政府作为决定机关可以撤销许可。法条依据为《行政许可法》第69条第1款第3项[②]。

[①]《行政许可法》第69条第1款、第2款：有下列情形之一的，作出行政许可决定的行政机关或者其上级行政机关，根据利害关系人的请求或者依据职权，可以撤销行政许可：
（一）行政机关工作人员滥用职权、玩忽职守作出准予行政许可决定的；
（二）超越法定职权作出准予行政许可决定的；
（三）违反法定程序作出准予行政许可决定的；
（四）对不具备申请资格或者不符合法定条件的申请人准予行政许可的；
（五）依法可以撤销行政许可的其他情形。
被许可人以欺骗、贿赂等不正当手段取得行政许可的，应当予以撤销。

[②]《行政许可法》第69条第1款第3项：有下列情形之一的，作出行政许可决定的行政机关或者其上级行政机关，根据利害关系人的请求或者依据职权，可以撤销行政许可：
（三）违反法定程序作出准予行政许可决定的。

案例3—问题：此时一冠市规自局梦舟分局应当如何处理？

答案：梦舟分局应当撤回该行政许可。本案中，梦舟分局准予行政许可所依据的客观情况在海啸后已然发生重大变化，为了公共利益的需要，梦舟分局可以依法撤回已经生效的行政许可。法条依据为《行政许可法》第8条第2款①。

案例4—问题：对王某生前持有的特种设备检验检测人员证，A市市监局应当如何处理？

答案：A市市监局应当注销该特种设备检验检测人员证。本案中，该特种设备检验检测人员证系行政机关A市市监局赋予公民王某特定资格的行政许可，王某死亡后，A市市监局应当依法办理有关行政许可的注销手续。法条依据为《行政许可法》第70条第1款第2项②。

案例5—问题：在被撤销该许可证后，子华公司是否可以在1年之内再次申请取得该许可？

答案：子华公司不可以在1年之内再次申请取得该许可。子华公司申请的烟花爆竹生产企业安全生产许可证属于直接关系公共安全、人身健康、生命财产安全事项的许可，申请人子华公司在以贿赂手段取得该行政许可后，申请人在3年内不得再次申请该行政许可。法条依据为《行政许可法》第79条③。

案例6—问题：行政机关是否应当撤销该许可？

答案：不应当。某公司在申请建筑工程施工许可证时，由于该政府部门工作人员工作疏忽导致发放许可证错误，系行政机关的工作人员因为玩忽职守、违法作出许可决定的情形，属于可撤销的情形，但是该公司正在进行城中村改造，撤销该许可可能对公共利益造成重大损害，因此应当不予撤销。法条依据为《行政许可法》第69条第1款第1项、第3款④。

行政处罚法

（一）行政处罚的概述与设定

案例1：高某将松香运往A省乙县出售，乙县林业局以高某未办理运输证为由，依据A省地方性法规《林业行政处罚条例》以及授权省林业厅制定的《林产品目录》(该目录规定松香为林产品，应当办理运输证）的规定，将高某无证运输的松香认定为"非法财物"，予以没收。有关规定：

《森林法》及行政法规《森林法实施条例》涉及运输证的规定如下："除国家统一调拨的木材外，从林区运出木材，必须持有运输证，否则由林业部门给予没收、罚款等处罚。"

A省地方性法规《林业行政处罚条例》规定："对规定林产品无运输证的，予以没收"。

问题：依《行政处罚法》，法律、行政法规对违法行为已经作出行政处罚规定，地方性法规需要作

---

① 《行政许可法》第8条第2款：行政许可所依据的法律、法规、规章修改或者废止，或者准予行政许可所依据的客观情况发生重大变化的，为了公共利益的需要，行政机关可以依法变更或者撤回已经生效的行政许可。由此给公民、法人或者其他组织造成财产损失的，行政机关应当依法给予补偿。

② 《行政许可法》第70条第1款第2项：有下列情形之一的，行政机关应当依法办理有关行政许可的注销手续：
（二）赋予公民特定资格的行政许可，该公民死亡或者丧失行为能力的。

③ 《行政许可法》第79条：被许可人以欺骗、贿赂等不正当手段取得行政许可的，行政机关应当依法给予行政处罚；取得的行政许可属于直接关系公共安全、人身健康、生命财产安全事项的，申请人在三年内不得再次申请该行政许可；构成犯罪的，依法追究刑事责任。

④ 《行政许可法》第69条第1款第1项、第3款：下列情形之一的，作出行政许可决定的行政机关或者其上级行政机关，根据利害关系人的请求或者依职权，可以撤销行政许可：
（一）行政机关工作人员滥用职权、玩忽职守作出准予行政许可决定的。
依照前两款的规定撤销行政许可，可能对公共利益造成重大损害的，不予撤销。

出具体规定的，应当符合什么要求？本案《林业行政处罚条例》关于没收的规定是否符合该要求？

案例2：2021年8月16日，中山市市场监督管理局在杨龙云生产的豆腐皮中检测出法律规定不得添加的非食用物质。由于尚没有法律、行政法规对这一行为予以规制，中山市市场监督管理局根据市场监督管理总局发布的部门规章和国务院规定的罚款限额，对杨龙云作出罚款500元的处罚决定。

问题：中山市市场监督管理局的做法是否正确？

案例3：甲省乙县一农户出售自宰猪肉时被乙县动物防疫监督机构工作人员发现。经调查，动物防疫监督机构认定该农户出售的猪肉未经检疫，遂依据甲省人大常委会制定的《动物防疫和动物产品安全管理办法》对其处以3千元罚款和拘留1天的行政处罚。该《办法》规定：违反本办法，不按规定报检或经营依法应当检疫而没有检疫证明的动物、动物产品的，由动物防疫监督机构责令停止经营，没收违法所得，可并处100元以上5千元以下的罚款。情节特别严重的，处1-3天行政拘留。

问题：动物防疫监督机构依据该《办法》进行罚款及拘留的行为是否合法？

案例4：天心市政府为加强城市环境卫生管理、创建全国文明城市，出台《天心市环境卫生管理办法》，其中规定：对违反规定倾倒垃圾的企业，主管机关有权责令其停产停业。

问题：《天心市环境卫生管理办法》是否有权设定责令停产停业的行政处罚？

案例5：为打击非法采矿行为，某省人大常委会在《矿产资源法》未对非法采矿行为的处罚进行规定的情况下，颁布《非法采矿行为处罚条例》，针对非法采矿行为补充设定没收违法所得，并处违法所得50%以上、1倍以下罚款的行政处罚。

问题：《非法采矿行为处罚条例》补充设定上述处罚是否合法？

案例1—问题：依《行政处罚法》，法律、行政法规对违法行为已经作出行政处罚规定，地方性法规需要作出具体规定的，应当符合什么要求？本案《林业行政处罚条例》关于没收的规定是否符合该要求？

答案：法律、行政法规对违法行为已经作出行政处罚规定，地方性法规需要作出具体规定的，必须在法律、行政法规规定的给予行政处罚的行为、种类和幅度的范围内规定。本案《林业行政处罚条例》关于没收的规定不符合该要求。《林业行政处罚条例》将处罚的行为对象从"木材"扩充为"林产品"，超越处罚行为范围，不符合《森林法》及《森林法实施条例》的要求。法条依据为《行政处罚法》第12条第2款①。

案例2—问题：中山市市场监督管理局的做法是否正确？

答案：中山市市场监督管理局的做法正确。尚未制定法律、行政法规的，国务院部门规章对违反行政管理秩序的行为，可以设定警告、通报批评或者一定数额罚款的行政处罚，罚款的限额由国务院规定。故市场监督管理总局发布的部门规章和国务院规定的罚款限额合法，中山市市场监督管理局可

---

① 《行政处罚法》第12条第2款：法律、行政法规对违法行为已经作出行政处罚规定，地方性法规需要作出具体规定的，必须在法律、行政法规规定的给予行政处罚的行为、种类和幅度的范围内规定。

以据此对杨龙云作出罚款500元的处罚决定。法条依据为《行政处罚法》第13条第2款①。

案例3—问题：动物防疫监督机构依据该《办法》进行罚款及拘留的行为是否合法？

答案：动物防疫监督机构依据《办法》对农户进行罚款的行为合法，但其处以行政拘留的行为不合法。该行政处罚的依据《办法》系地方性法规，有权设定罚款，无权设定限制人身自由的行政处罚。因此，动物防疫监督机构据此对农户处以拘留不合法、处以罚款合法。法条依据为《行政处罚法》第10条第2款②、第12条第1款③。

案例4—问题：《天心市环境卫生管理办法》是否有权设定责令停产停业的行政处罚？

答案：天心市政府制定的《天心市环境卫生管理办法》无权设定该行政处罚。《天心市环境卫生管理办法》系地方政府规章，只可设定警告、通报批评或一定数额罚款。因此，该《办法》设立责令停产停业的行政处罚不合法。法条依据为《行政处罚法》第14条第2款④。

案例5—问题：《非法采矿行为处罚条例》补充设定上述处罚是否合法？

答案：合法。上位法《矿产资源法》未对非法采矿行为的行政处罚作出规定，《非法采矿行为处罚条例》作为地方性法规，可以补充设定行政处罚。法条依据为《行政处罚法》第12条第3款⑤。

（二）行政处罚的实施（主体、程序、适用）

案例1：孙原在集市违规摆地摊被市场监督管理局执法人员发现，执法人员当场对其作出罚款50元的决定。

问题1：市场监督管理局对孙原当场作出处罚决定是否合法？

问题2：执法人员当场作出处罚决定有什么程序要求？

案例2：刘某向某区卫生部门举报，声称自己吃了马某饺子馆的饺子后食物中毒。办案人员吴某接到举报后，独自一人来到饺子馆，二话不说作出了罚款100元的处罚决定。马某提出质疑，吴某便将罚款数额涨至200元。

问题：以上哪个（哪些）做法违反了《行政处罚法》的相关规定？

案例3：为了治理一交叉路口违法闯红灯的情况，相关行政机关在未设置明显标志的情况下在该路口安装了监控抓拍设备。陈某由于大雾天气未看清交通信号灯，不慎闯红灯被抓拍。由于受天气影响，抓拍照片不清晰，但是行政机关依旧依据该照片对陈某进行了处罚。陈某申请查询，该机关以电脑设备损坏为由，拒绝提供查询。

---

① 《行政处罚法》第13条第2款：尚未制定法律、行政法规的，国务院部门规章对违反行政管理秩序的行为，可以设定警告、通报批评或者一定数额罚款的行政处罚。罚款的限额由国务院规定。
② 《行政处罚法》第10条第2款：限制人身自由的处罚，只能由法律设定。
③ 《行政处罚法》第12条第1款：地方性法规可以设定除限制人身自由、吊销营业执照以外的行政处罚。
④ 《行政处罚法》第14条第2款：尚未制定法律、法规的，地方政府规章对违反行政管理秩序的行为，可以设定警告、通报批评或者一定数额罚款的行政处罚。罚款的限额由省、自治区、直辖市人民代表大会常务委员会规定。
⑤ 《行政处罚法》第12条第3款：法律、行政法规对违法行为未作出行政处罚规定，地方性法规为实施法律、行政法规，可以补充设定行政处罚。拟补充设定行政处罚的，应当通过听证会、论证会等形式广泛听取意见，并向制定机关作出书面说明。地方性法规报送备案时，应当说明补充设定行政处罚的情况。

问题：上述哪个（哪些）行为违反了《行政处罚法》的相关规定？

案例 4：2018 年 3 月，河南省新乡市某区化工厂违反国家要求，向工厂旁边河道排放污水。2021 年 8 月，经举报，当地生态环境局查实河道内污染物含量已超标，严重危害了河道旁公民的生命健康安全。

问题：化工厂认为其排污行为已超过 2 年处罚时效，不得处罚。这种主张是否正确？

案例 5：甲公司将承建的建筑工程承包给无特种作业操作资格证书的吴某，致使引发较大安全责任事故，市安全监督管理局对此作出责令关闭、限制从业的处罚决定，并于 3 月 20 日通知甲公司可以申请听证，甲公司于 3 月 27 日提出听证请求。4 月 20 日，市安全监督管理局告知甲公司于 4 月 25 日举行听证。之后，该局事先参与过案件调查的公务员王某主持了听证会，并收取了听证组织费 500 元。

问题：以上哪个（哪些）做法违反了《行政处罚法》的规定？

案例 6：李某擅自使用机动渔船渡客，被某港航监督站的执法人员胡某发现。胡某认为该案违法事实确凿，当场对李某作出罚款 200 元的行政处罚决定，并当场收缴了罚款。

问题：本案是否可以适用简易程序并当场收缴罚款？

案例 7：李某因未经许可擅自在 A 市 B 区步行街人行道中央摆摊设点，被执勤的城市管理行政执法部门工作人员当场处以 200 元罚款。随后，A 市 B 区市监局又基于同一事实对李某处以 300 元罚款。

问题：A 市 B 区市监局对李某的处罚是否合法？

案例 8：申某向同事借用了一辆机动车，2023 年 6 月 17 日，申某驾驶该机动车被高速云岭大队查获。2023 年 9 月 23 日，因申某涉嫌使用上述机动车伪造、变造的行驶证、登记证书及号牌，巢凤区公安分局对其作出罚款 15000 元、拘留 15 日的行政处罚。申某称自己仅是因为自有车辆无法长途行驶，故向朋友借用涉案车辆，且涉案车辆真实登记的车牌号与车辆上悬挂车牌所显示的号码一致，根本不具备使用所谓伪造牌照的故意。即使违法，也属于初犯，情节轻微，没有造成社会危害后果，应当免于行政处罚。

问题：申某是否应当承担行政法律责任？为什么？

案例 9：某化工厂非法向附近河流排污，市生态环境局执法人员经调查，认定该化工厂排污行为违法，给公共利益造成损失，拟作出责令关闭的处罚。经听证后，市生态环境局负责人直接根据听证笔录作出责令关闭的处罚。

问题：该市生态环境局的行为是否合法？

案例 10：2020 年 8 月 8 日，S 县烟草专卖局执法人员在对辖区零售户程某的店铺（位于边远地区）进行检查时，依法查获两条非该店喷码的真品卷烟。因程某无法提供合法有效证明，执法人员依法适用简易程序，对程某进行批评教育，责令其改正，并罚款 20.5 元，要求其到指定银行或者通过电子支付系统缴清罚款。程某以前往银行交通不便以及不会使用电子支付系统为由，要求当场缴纳罚款。

问题：S 县烟草专卖局执法人员是否可以当场收缴罚款？

案例 11：金州开发区管委会生态环境局为治理位于开发区内的福山建材公司堆放污染物造成的环境污染问题，在该公司厂界安装隐蔽式污染物自动检测装置，将检测装置伪装成普通变电器、广告牌和移动通信基站，实时监测福山建材公司厂界的环境指数。一旦发现相关指数超标，管委会便依据相关检测指数开具《环境行政处罚决定书》。

问题：金州开发区管委会生态环境局能否依据隐蔽设置的自动检测装置收集的证据实施行政处罚？为什么？

案例 12：河西市一火车站附近的小卖部涉嫌贩卖假烟。接到民众举报后，河西市监局执法人员到现场检查，发现确实存在贩卖假烟的违法行为（但尚不构成刑事犯罪）。执法人员当场缴获了所有的假烟，并对该小卖部送达了《行政处罚决定书》，该小卖部老板拒绝签收。

问题：对于拒绝签收的行为，应当如何处理？

案例 1—问题 1：市场监督管理局对孙原当场作出处罚决定是否合法？

答案：市场监督管理局对孙原当场作出处罚决定**合法**。违法事实确凿并有法定依据，对公民处以**200 元以下**罚款的行政处罚的，可以当场作出行政处罚决定。因此，市场监督管理局可以当场对孙原作出罚款 50 元的行政处罚。法条依据为《行政处罚法》第 51 条①。

案例 1—问题 2：执法人员当场作出处罚决定有什么程序要求？

答案：执法人员当场作出行政处罚决定的，应当向当事人孙原**出示执法证件**，**填写**预定格式、编有号码的**行政处罚决定书**，并**当场交付**当事人孙原。行政处罚决定书应当载明孙原的违法行为，行政处罚的种类和依据、罚款数额、时间、地点，救济途径和期限以及行政机关名称，并由执法人员签名或者盖章。执法人员当场作出的行政处罚决定，应当报所属行政机关**备案**。法条依据为《行政处罚法》第 52 条②。

案例 2—问题：以上哪个（哪些）做法违反了《行政处罚法》的相关规定？

答案：（1）吴某**独自一人**实施处罚的行为**违法**。行政处罚应当由具有行政执法资格的执法人员实施，且执法人员不得**少于两人**。法条依据为《行政处罚法》第 42 条第 1 款③。

（2）吴某二话不说就作出罚款的行为违法。首先，公民、法人或者其他组织违反行政管理秩序的行为，依法应当给予行政处罚的，行政机关必须**查明事实**，违法事实不清、证据不足的，不得给予行政处罚。其次，行政机关在作出行政处罚决定之前，应当告知当事人拟作出的行政处罚**内容及事实**、**理由**、**依据**，并告知当事人依法享有的**陈述**、**申辩**、**要求听证等权利**。最后，执法人员吴某在调

---

① 《行政处罚法》第 51 条：违法事实确凿并有法定依据，对公民处以二百元以下、对法人或者其他组织处以三千元以下罚款或者警告的行政处罚的，可以当场作出行政处罚决定。法律另有规定的，从其规定。

② 《行政处罚法》第 52 条：执法人员当场作出行政处罚决定的，应当向当事人出示执法证件，填写预定格式、编有号码的行政处罚决定书，并当场交付当事人。当事人拒绝签收的，应当在行政处罚决定书上注明。
前款规定的行政处罚决定书应当载明当事人的违法行为，行政处罚的种类和依据、罚款数额、时间、地点，申请行政复议、提起行政诉讼的途径和期限以及行政机关名称，并由执法人员签名或者盖章。
执法人员当场作出的行政处罚决定，应当报所属行政机关备案。

③ 《行政处罚法》第 42 条第 1 款：行政处罚应当由具有行政执法资格的执法人员实施。执法人员不少于两人，法律另有规定的除外。

查或者进行检查时,应当主动向马某出示 执法证件。法条依据为《行政处罚法》第40条①、第44条②、第55条第1款③。

(3)吴某将罚款数额涨至200元的行为违法。行政机关 不得因当事人陈述、申辩而给予更重的处罚。法条依据为《行政处罚法》第45条第2款④。

案例3—问题:上述哪个(哪些)行为违反了《行政处罚法》的相关规定?

答案:(1)行政机关设置监控抓拍设备时未设置 合理、明显 的标志,并且设置地点也未 向社会公布,该行为违法。(2)行政机关依据不清晰的抓拍照片对陈某进行了处罚,违反了电子技术监控设备记录违法事实应当 真实、清晰、完整、准确 才能进行行政处罚的要求,该行为违法。(3)行政机关以电脑设备损坏为由拒绝提供查询,没有为当事人提供便利, 变相限制 了当事人享有的 陈述权、申辩权,该行为违法。法条依据为《行政处罚法》第41条⑤。

案例4—问题:化工厂认为其排污行为已超过2年处罚时效,不得处罚。这种主张是否正确?

答案:这种主张 不正确。本案中,化工厂的违法排污行为已经严重危害河道旁 公民生命健康安全 且有危害后果,处罚时效应 延长至5年,故生态环境局仍可对化工厂进行处罚。法条依据为《行政处罚法》第36条第1款⑥。

案例5—问题:以上哪个(哪些)做法违反了《行政处罚法》的规定?

答案:(1)甲公司听证 申请期限 超期违法。申请人甲公司应当在被告知听证权利之日起 5日内 提出听证申请,其于3月20日收到通知,3月27日才提出听证请求,超出法定期限。(2)市安全监督管理局 通知期限 超期违法。市安全监督管理局应当于举行听证的 7日前 将举行听证的时间、地点通知申请人,其4月20日才告知4月25日举行听证,通知期限超出法定期限。(3)本案 参与过案件调查 的公务员王某主持听证会的行为违法。听证前已经参与过处罚案件调查的工作人员不能担任听证主持人。(4)市安全监督管理局收取听证组织费500元的行为违法。 当事人不承担 行政机关组织听证的费用,该费用应当由行政机关即市安全监督管理局承担。法条依据为《行政处罚法》第63条第2款⑦、第64条第1、2、

---

① 《行政处罚法》第40条:公民、法人或者其他组织违反行政管理秩序的行为,依法应当给予行政处罚的,行政机关必须查明事实;违法事实不清、证据不足的,不得给予行政处罚。
② 《行政处罚法》第44条:行政机关在作出行政处罚决定之前,应当告知当事人拟作出的行政处罚内容及事实、理由、依据,并告知当事人依法享有的陈述、申辩、要求听证等权利。
③ 《行政处罚法》第55条第1款:执法人员在调查或者进行检查时,应当主动向当事人或者有关人员出示执法证件。当事人或者有关人员有权要求执法人员出示执法证件。执法人员不出示执法证件的,当事人或者有关人员有权拒绝接受调查或者检查。
④ 《行政处罚法》第45条第2款:行政机关不得因当事人陈述、申辩而给予更重的处罚。
⑤ 《行政处罚法》第41条:行政机关依照法律、行政法规规定利用电子技术监控设备收集、固定违法事实的,应当经过法制和技术审核,确保电子技术监控设备符合标准、设置合理、标志明显,设置地点应当向社会公布。
电子技术监控设备记录违法事实应当真实、清晰、完整、准确。行政机关应当审核记录内容是否符合要求;未经审核或者经审核不符合要求的,不得作为行政处罚的证据。
行政机关应当及时告知当事人违法事实,并采取信息化手段或者其他措施,为当事人查询、陈述和申辩提供便利。不得限制或者变相限制当事人享有的陈述权、申辩权。
⑥ 《行政处罚法》第36条第1款:违法行为在二年内未被发现的,不再给予行政处罚;涉及公民生命健康安全、金融安全且有危害后果的,上述期限延长至五年。法律另有规定的除外。
⑦ 《行政处罚法》第63条第2款:当事人不承担行政机关组织听证的费用。

4项①。

案例6—问题：本案是否可以适用简易程序并当场收缴罚款？

答案：（1）本案可以适用简易程序。对于违法事实确凿并有法定依据，对公民处以200元以下罚款的行政处罚，可以当场作出处罚决定。本案中，胡某当场对李某作出罚款200元的行政处罚决定，符合简易程序的适用条件。法条依据为《行政处罚法》第51条。

（2）本案不可以当场收缴罚款。只有适用简易程序，且依法处以100元以下罚款或者不当场收缴事后难以执行这两种情形出现时，才可当场收缴罚款。本案不符合此两种情形，应当罚缴分离。法条依据为《行政处罚法》第68条②。

案例7—问题：A市B区市监局对李某的处罚是否合法？

答案：不合法。行政机关城市管理行政执法部门和区市监局针对李某的同一个违法行为，给予两次以上罚款的行政处罚，违反行政处罚的"一事不再罚"原则，因此A市B区市监局对李某的处罚决定不合法。法条依据为《行政处罚法》第29条③。

案例8—问题：申某是否应当承担行政法律责任？为什么？

答案：不应当。申某使用伪造证照的行为，情节轻微，没有造成危害后果，而且属于初次违法，可以不予行政处罚。且当事人有证据证明其对证照系伪造的事实不知情，没有主观过错，应当不予行政处罚。法条依据为《行政处罚法》第33条第1款、第2款④。

案例9—问题：该市生态环境局的行为是否合法？

答案：不合法。责令关闭直接关系该工厂的重大权益，且经过听证程序，应当由从事行政处罚决定法制审核的人员进行法制审核并通过后，市生态环境局负责人才能作出处罚决定。法条依据为《行政处罚法》第58条第1款第2项⑤。

案例10—问题：S县烟草专卖局执法人员是否可以当场收缴罚款？

答案：可以。根据法律规定，在交通不便地区，行政相对人程某到指定银行或者通过电子支付系统

---

① 《行政处罚法》第64条第1、2、4项：听证应当依照以下程序组织：
（一）当事人要求听证的，应当在行政机关告知后五日内提出；
（二）行政机关应当在举行听证的七日前，通知当事人及有关人员听证的时间、地点；
（四）听证由行政机关指定的非本案调查人员主持；当事人认为主持人与本案有直接利害关系的，有权申请回避。

② 《行政处罚法》第68条：依照本法第五十一条的规定当场作出行政处罚决定，有下列情形之一，执法人员可以当场收缴罚款：
（一）依法给予一百元以下罚款的；
（二）不当场收缴事后难以执行的。

③ 《行政处罚法》第29条：对当事人的同一个违法行为，不得给予两次以上罚款的行政处罚。同一个违法行为违反多个法律规范应当给予罚款处罚的，按照罚款数额高的规定处罚。

④ 《行政处罚法》第33条第1款、第2款：违法行为轻微并及时改正，没有造成危害后果的，不予行政处罚。初次违法且危害后果轻微并及时改正的，可以不予行政处罚。
当事人有证据足以证明没有主观过错的，不予行政处罚。法律、行政法规另有规定的，从其规定。

⑤ 《行政处罚法》第58条第1款第2项：有下列情形之一，在行政机关负责人作出行政处罚的决定之前，应当由从事行政处罚决定法制审核的人员进行法制审核；未经法制审核或者审核未通过的，不得作出决定：
（二）直接关系当事人或者第三人重大权益，经过听证程序的。

缴纳罚款确有困难的，经行政相对人程某提出，执法人员可以当场收缴罚款。法条依据为《行政处罚法》第 69 条①。

案例 11—问题：金州开发区管委会生态环境局能否依据隐蔽设置的自动检测装置收集的证据实施行政处罚？为什么？

答案：不能。行政机关设置的用于收集行政处罚证据的监控设备应当向社会公布其设置地点，隐藏设备收集的证据不能作为行政处罚的证据。因此，金州开发区管委会生态环境局不能依据隐蔽设置的自动检测装置收集的证据实施行政处罚。法条依据为《行政处罚法》第 41 条第 1 款②。

案例 12—问题：对于拒绝签收的行为，应当如何处理？

答案：应当在行政处罚决定书上注明。根据法律规定，行政相对人拒绝签收处罚决定书的，执法人员应当在行政处罚决定书上注明。行政相对人的拒绝签收，并不影响处罚的作出。法条依据为《行政处罚法》第 52 条第 1 款③。

治安管理处罚法

案例：乙区公安分局对违反《治安管理处罚法》的黄某作出罚款 1000 元和拘留 5 天的处罚决定。

问题：是否可以由乙区公安分局太平路派出所作出以上行政处罚？为什么？

案例—问题：是否可以由乙区公安分局太平路派出所作出以上行政处罚？为什么？

答案：不可以由乙区公安分局太平路派出所作出以上行政处罚。治安管理处罚由县级以上政府公安机关决定；其中警告、五百元以下的罚款可以由公安派出所决定。本案中的处罚包括 1000 元罚款和 5 天拘留，超出派出所的处罚权限，因此不可以由派出所作出以上行政处罚。法条依据为《治安管理处罚法》第 91 条④。

行政强制法

（一）行政强制概述

案例 1：王亮于 2010 年 8 月开始，在未取得《医疗机构执业许可证》的情况下，于光明市金通区某农场设置诊所，擅自开展诊疗活动，违反了《医疗机构管理条例》的规定。卫生局决定处罚如下：（1）没收药品一箱；（2）没收非法所得 639 元；（3）罚款 10000 元；（4）责令立即改正违法行为。罚款于收到决定书之日起 15 日内缴纳，逾期不缴纳罚款的，每日按罚款数额的 3% 加处罚款。

问题：加处罚款和责令立即改正违法行为属于何种性质的行政行为？

---

① 《行政处罚法》第 69 条：在边远、水上、交通不便地区，行政机关及其执法人员依照本法第五十一条、第五十七条的规定作出罚款决定后，当事人到指定的银行或者通过电子支付系统缴纳罚款确有困难，经当事人提出，行政机关及其执法人员可以当场收缴罚款。

② 《行政处罚法》第 41 条第 1 款：行政机关依照法律、行政法规规定利用电子技术监控设备收集、固定违法事实的，应当经过法制和技术审核，确保电子技术监控设备符合标准、设置合理、标志明显，设置地点应当向社会公布。

③ 《行政处罚法》第 52 条第 1 款：执法人员当场作出行政处罚决定的，应当向当事人出示执法证件，填写预定格式、编有号码的行政处罚决定书，并当场交付当事人。当事人拒绝签收的，应当在行政处罚决定书上注明。

④ 《治安管理处罚法》第 91 条：治安管理处罚由县级以上人民政府公安机关决定；其中警告、五百元以下的罚款可以由公安派出所决定。

案例2：《市廉租房管理条例》第15条规定："取得廉租房之后，连续六个月不在廉租房内实际居住的，市房管局有权作出收回廉租房的决定，收回廉租房。"市房管局接他人举报后，调查认定残疾人贾某存在取得廉租房后连续6个月未实际居住等情形，随后市房管局直接派人进入该无人居住的廉租房更换门锁、收回该房。

问题：市房管局直接派人进入贾某承租的但实际无人居住的廉租房更换门锁，收回该房，属于什么性质的行政行为？

案例3：李某发现某食品有限公司存在生产销售过期食品的行为，随即向该市市场监督管理局举报。市场监督管理局在接到举报后未采取任何行动，也未回复李某。李某为引起关注，手持扩音器在公司门口大声呼喊，指责该公司销售过期食品。公司报警后，民警到场将李某强制带离现场，并将其暂时扣留在派出所。

问题：民警将李某强制带离并暂时扣留的行为，属于行政强制执行还是行政强制措施？为什么？

案例1—问题：加处罚款和责令立即改正违法行为属于何种性质的行政行为？

答案：加处罚款和责令立即改正违法行为都属于行政强制行为。

（1）加处罚款属于行政强制执行中的**间接强制执行**。加处罚款的行为目的为**实现前行基础决定**，即行政处罚决定，具备强制性和**终局性**的特点，属于行政强制执行中的间接强制执行。

（2）责令立即改正的行为性质属于**行政强制措施**。责令立即改正的行为目的为**制止违法行为**、**控制危险扩大**，具备强制性、**非惩罚性**、**暂时性**和**行政性**的特点，属于行政强制措施。

法条依据为《行政强制法》第2条第2款、第3款①。

案例2—问题：市房管局直接派人进入贾某承租的但实际无人居住的廉租房更换门锁，收回该房，属于什么性质的行政行为？

答案：市房管局直接派人进入贾某承租的但实际无人居住的廉租房更换门锁，收回该房，属于**行政强制执行**。行政强制执行，是指行政机关或者行政机关申请法院，对不履行行政决定的公民、法人或者其他组织，**依法强制履行义务**的行为。根据规定，取得廉租房之后，连续六个月不在廉租房内实际居住的，市房管局有权作出收回廉租房的决定，收回廉租房。因此，收回廉租房是执行"收回廉租房行政决定"的执行行为，属于行政强制执行。强制执行的违法**不影响**强制执行的性质。法条依据为《行政强制法》第2条第3款。

案例3—问题：民警将李某强制带离并暂时扣留的行为，属于行政强制执行还是行政强制措施？为什么？

答案：属于**行政强制措施**。本案中，警察将李某强制带离并暂时扣留的行为，目的是制止李某的呼喊行为，避免造成更大的公共秩序混乱，具有**强制性**、**非惩罚性**、**暂时性**和**行政性**的特点。通过对李某

---

① 《行政强制法》第2条第2款、第3款：行政强制措施，是指行政机关在行政管理过程中，为制止违法行为、防止证据损毁、避免危害发生、控制危险扩大等情形，依法对公民的人身自由实施暂时性限制，或者对公民、法人或者其他组织的财物实施暂时性控制的行为。

行政强制执行，是指行政机关或者行政机关申请人民法院，对不履行行政决定的公民、法人或者其他组织，依法强制履行义务的行为。

的人身自由实施暂时性限制,防止危害进一步扩大,维护公共秩序。因此该行为属于行政强制措施。法条依据为《行政强制法》第2条第2款。

(二) 行政强制措施的实施

案例1：某日,龙江市三江区一名司机刘宝在地铁站驾车提供短途摆渡服务时,被三江区交管局一名交警腾飞和一名交通协管员王飞查获。二人将刘宝的车辆和车载货物予以扣押,但因现场发现违法行为,未当场交付扣押清单和决定书,二人于事后24小时内向行政机关负责人报告并补办批准程序。随后,区交管局将扣押的车辆委托一家停车场管理,并于3个月后对刘宝作出了罚款决定,在刘宝缴纳2000元车辆保管费用后将所扣车辆发还。

问题：交管局在本案中采取的行政强制措施,存在哪些违法之处?

案例2：甲县市场监督管理局在对好好喝饮料店进行例行检查时,发现饮料店用于制作饮品的珍珠、西米露、布丁等都已过期,为防止该饮料店继续使用过期原材料制作、销售饮品,市场监督管理局行政执法人员对已过期的食品材料当场进行扣押。

问题：当场扣押后行政执法人员应当如何处理?

案例3：某区市场监督管理局接到群众举报称,某区城乡交界处有一工厂未取得药品生产许可证私自大规模生产药品,部分药品生产后已流入市场。市场监督管理局为尽快制止此违法行为,委托与该工厂临近的区公安分局对该工厂及其机器进行全面查封。

问题：某区市场监督管理局的行为是否合法?为什么?

案例4：李某系家具公司的一名司机,某日驾驶无机动车行驶证的机动车上路运送家具时,被执勤中的交警大队查处,交警大队当场将其机动车以及车上家具一并扣押。

问题：交警大队的行为是否合法?若不合法,应当如何处理?

案例5：甲和乙酒后产生矛盾,甲对乙大打出手,接到群众报案后派出所执法人员赶到现场。此时乙被甲打晕,神志不清。现场路人将乙送往医院,派出所执法人员直接将甲控制并带回派出所。次日下午,派出所执法人员通知甲的家属,并向派出所负责人报告并补办批准手续。

问题：派出所的行为是否合法?请说明理由。

案例1—问题：交管局在本案中采取的行政强制措施,存在哪些违法之处?

答案：(1) 由一名交警和一名交通协管员作出扣押决定的行为违法。行政强制措施应当由两名以上行政执法人员实施,并出示执法证件。法条依据为《行政强制法》第18条第2、3项①。

(2) 扣押刘宝车载货物的行为违法。查封、扣押限于涉案的场所、设施或者财物,不能查封、扣押与违法行为无关的场所、设施或者财物。车载货物与非法营运之间并没有直接的关联,因此不能扣押。

---

① 《行政强制法》第18条第2、3项：行政机关实施行政强制措施应当遵守下列规定:
(二) 由两名以上行政执法人员实施;
(三) 出示执法身份证件。

法条依据为《行政强制法》第 23 条第 1 款①。

（3）未当场交付扣押清单和决定书的行为违法。实施查封、扣押时，应当制作并当场交付查封、扣押决定书及清单。法条依据为《行政强制法》第 24 条第 1 款②。

（4）3 个月后才作出处罚决定的行为违法。查封、扣押的期限不得超过 30 日，情况复杂的，经行政机关负责人批准，可以延长，延长期限不得超过 30 日。3 个月明显超过了法定期限。法条依据为《行政强制法》第 25 条第 1 款③。

（5）收取 2000 元车辆保管费用的行为违法。因查封、扣押发生的保管费用由行政机关承担。法条依据为《行政强制法》第 26 条第 3 款④。

案例 2—问题：当场扣押后行政执法人员应当如何处理？

答案：行政执法人员应当在 24 小时内向行政机关负责人报告，并补办批准手续。行政机关负责人认为不应当采取行政强制措施的，应当立即解除。法条依据为《行政强制法》第 19 条⑤。

案例 3—问题：某区市场监督管理局的行为是否合法？为什么？

答案：不合法。行政强制措施权不得委托，查封由法律、法规规定的行政机关在法定职权范围内实施，其他任何行政机关或者组织不得实施。法条依据为《行政强制法》第 17 条第 1 款⑥、第 22 条⑦。

案例 4—问题：交警大队的行为是否合法？若不合法，应当如何处理？

答案：不合法，应当对机动车上的家具及时作出解除扣押决定并立即退还。查封、扣押的场所、设施或者财物与违法行为无关的，行政机关应当及时作出解除查封、扣押决定。本案中，机动车上的家具与李某驾驶无机动车行驶证的机动车这一违法行为无关，故交警大队应当对车上家具及时作出解除扣押决定并立即退还。法条依据为《行政强制法》第 28 条第 1 款第 2 项、第 2 款⑧。

案例 5—问题：派出所的行为是否合法？请说明理由。

答案：不合法。当场实施限制公民人身自由的行政强制措施后应立即通知当事人家属实施行政强制措施的行政机关、地点和期限，在返回行政机关后，立即向行政机关负责人报告并补办批准手续。派出所执法人员当场限制甲人身自由后，次日下午才通知家属并报告补办批准手续违法。法条依据为《行

---

① 《行政强制法》第 23 条第 1 款：查封、扣押限于涉案的场所、设施或者财物，不得查封、扣押与违法行为无关的场所、设施或者财物；不得查封、扣押公民个人及其所扶养家属的生活必需品。

② 《行政强制法》第 24 条第 1 款：行政机关决定实施查封、扣押的，应当履行本法第十八条规定的程序，制作并当场交付查封、扣押决定书和清单。

③ 《行政强制法》第 25 条第 1 款：查封、扣押的期限不得超过三十日；情况复杂的，经行政机关负责人批准，可以延长，但是延长期限不得超过三十日。法律、行政法规另有规定的除外。

④ 《行政强制法》第 26 条第 3 款：因查封、扣押发生的保管费用由行政机关承担。

⑤ 《行政强制法》第 19 条：情况紧急，需要当场实施行政强制措施的，行政执法人员应当在二十四小时内向行政机关负责人报告，并补办批准手续。行政机关负责人认为不应当采取行政强制措施的，应当立即解除。

⑥ 《行政强制法》第 17 条第 1 款：行政强制措施由法律、法规规定的行政机关在法定职权范围内实施。行政强制措施权不得委托。

⑦ 《行政强制法》第 22 条：查封、扣押应当由法律、法规规定的行政机关实施，其他任何行政机关或者组织不得实施。

⑧ 《行政强制法》第 28 条第 1 款第 2 项、第 2 款：有下列情形之一的，行政机关应当及时作出解除查封、扣押决定：
（二）查封、扣押的场所、设施或者财物与违法行为无关的。
解除查封、扣押应当立即退还财物；已获鲜活物品或者其他不易保管的财物拍卖或者变卖的，退还拍卖或者变卖所得款项。变卖价格明显低于市场价格，给当事人造成损失的，应当给予补偿。

18

政强制法》第20条第1款第1、2项[①]。

(三) 行政强制执行的程序

案例1： 青山市南湖区政府作出《关于平水湖整治的通告》，内容为：针对环境污染、自然资源遭受破坏的事实，决定对平水湖涉及高新通道建设范围内进行全面实施整治，依法拆除相关设施。许惠承包了平水湖水面，区政府向许惠送达《整治通告》，要求其依法拆除相关设施。许惠未自行拆除围网及辅助设施，区政府向其送达了《限期自行拆除告知书》，告知其必须在10日内自行拆除，否则将强制拆除。许惠仍不履行。

问题： 区政府是否可以代履行？

案例2： 钱顺于2015年3月开始违规在北华市花溪区嘉陵江段捕鱼，花溪区渔业部门对其作出没收违法所得、罚款2000元的处罚决定，并要求其于收到行政处罚决定书之日起15日内缴纳，如若逾期不缴纳罚款，每日按罚款的3%加处罚款。

问题： 花溪区渔业部门对钱顺每日按罚款的3%加处罚款是行政处罚吗？为什么？

案例3： 某市法规赋予该市建设委员会对违法建筑的自行强制执行权。该市建设委员会在李某逾期未拆除违法建筑的情况下，可予以强制执行。

问题： 该市建设委员会自行强制执行的行为是否合法？

案例4： 青羽公司拖欠马某、林某等22人工资50余万元。2024年2月1日，区人社局作出《劳动保障监察行政处理决定书》要求青羽公司支付工资，限其于收到决定书之日起5日内履行处理决定，并于当日将决定书送达，同时告知青羽公司逾期不履行处理决定的不利后果以及不服行政处理决定的救济途径和期限。2024年2月5日，青羽公司向马某等人支付了7万元工资，剩余工资一直未支付，且未申请行政复议或提起行政诉讼。相关期限届满后，区人社局向青羽公司送达《劳动保障监察履行行政决定催告书》，该公司仍不支付剩余款项。

问题： 若区人社局向法院申请强制执行，需要满足什么条件？

案例5： 小溪镇一村民梁某在某一集体土地上擅自搭建房屋，该行为引起其他村民强烈不满，其他村民立即向县规自局举报梁某的违建行为，要求县规自局严肃处理。县规自局经核实，确认梁某存在违建行为，责令梁某限期拆除。因梁某迟迟未进行拆除，村民向小溪镇政府直接反映了梁某逾期未履行的现实情况，小溪镇政府认为梁某态度恶劣，遂对其违法建筑进行了强制拆除。

问题： 小溪镇政府是否有权进行强制拆除？

案例6： 消防救援机构对三喜健身会所检查时，发现该公司存在未经消防救援机构许可即擅自投入使用、营业的情况，违反了《中华人民共和国消防法》第15条第4款。消防救援机构当即依法责令该公

[①]《行政强制法》第20条第1款第1、2项：依照法律规定实施限制公民人身自由的行政强制措施，除应当履行本法第十八条规定的程序外，还应当遵守下列规定：
（一）当场告知或者实施行政强制措施后立即通知当事人家属实施行政强制措施的行政机关、地点和期限；
（二）在紧急情况下当场实施行政强制措施的，在返回行政机关后，立即向行政机关负责人报告并补办批准手续。

司改正违法行为。待消防救援机构复查时，发现该公司仍处于营业状态，故拟对该会所依法作出强制停产停业的决定。

问题： 消防救援机构强制停产停业应当遵守什么程序？

案例 7： 哇嘻嘻工厂在生产时将污水直接排入下游河流中，导致下游村庄多人因饮用污染水源，身体产生异常反应。生态环境局收到群众反映后对哇嘻嘻工厂进行调查，确认哇嘻嘻工厂存在擅自排放工业污水的违法行为，遂责令其停产停业并处罚款20万元。哇嘻嘻工厂不服该处罚决定，迟迟不交罚款，生态环境局遂决定对其加处罚款。

问题： 生态环境局加处罚款应当遵守什么程序？

案例 8： 许某为装修位于街边的店铺，购买了大量钢筋、砖头及其他建筑材料。由于店铺内位置有限，许某将上述建筑材料堆放在路边，严重影响了行人、车辆的通行。交管局接到举报后，要求许某尽快将建筑材料移走。许某不服，迟迟不愿移动涉案建筑材料，周边居民出行因此受到极大困扰，交管局遂决定实施代履行。

问题： 交管局实施代履行应当遵守什么程序？

案例 9： 大牛在被划入城乡规划范围内的山坡上擅自拦网并搭建房屋，私自开展鸡鸭养殖业。山下居民在闻到养殖场臭味后，方得知大牛违法养殖的行为。县规划局得知该违法行为后，向大牛送达了《限期拆除通知》，要求大牛依法自行拆除养殖建设。

问题： 若大牛拒不拆除，县政府强制拆除应当遵循什么程序？

案例 1—问题： 区政府是否可以代履行？

答案： 区政府可以代履行。本案中，区政府依法要求当事人许惠履行排除妨碍、恢复原状的义务，许惠逾期不履行，经催告仍不履行，其后果已经造成环境污染、破坏自然资源，区政府可以代履行，或者委托没有利害关系的第三人代履行。法条依据为《行政强制法》第50条①。

案例 2—问题： 花溪区渔业部门对钱顺每日按罚款的3%加处罚款是行政处罚吗？为什么？

答案： 花溪区渔业部门对钱顺每日按罚款的3%加处罚款不是行政处罚。加处罚款是为了督促当事人按时缴纳罚款，不是为了惩罚当事人，不具有惩戒性，因此属于行政强制执行而非行政处罚。法条依据为《行政强制法》第45条第1款②。

案例 3—问题： 该市建设委员会自行强制执行的行为是否合法？

答案： 该市建设委员会自行强制执行的行为不合法。行政强制执行只能由法律设定，法律没有规定行政机关强制执行的，作出行政决定的行政机关应当申请法院强制执行。因此，市法规无权赋予某

---

① 《行政强制法》第50条：行政机关依法作出要求当事人履行排除妨碍、恢复原状等义务的行政决定，当事人逾期不履行，经催告仍不履行，其后果已经或者将危害交通安全、造成环境污染或者破坏自然资源的，行政机关可以代履行，或者委托没有利害关系的第三人代履行。

② 《行政强制法》第45条第1款：行政机关依法作出金钱给付义务的行政决定，当事人逾期不履行的，行政机关可以依法加处罚款或者滞纳金。加处罚款或者滞纳金的标准应当告知当事人。

市建设委员会自行强制执行权，该市建设委员会只能申请法院强制执行，无权自行强制执行。法条依据为《行政强制法》第13条①。

案例4—问题：若区人社局向法院申请强制执行，需要满足什么条件？
答案：区人社局应在催告书送达10日后申请法院强制执行。区人社局申请人民法院强制执行前催告青羽公司履行义务，催告书送达10日后青羽公司仍未履行的，区人社局可以向所在地有管辖权的人民法院申请强制执行。法条依据为《行政强制法》第54条②。

案例5—问题：小溪镇政府是否有权进行强制拆除？
答案：无权。县规自局作出责令限期拆除决定后，梁某逾期不拆除的，违法建筑所在地县级以上地方人民政府才可以责成有关部门采取查封施工现场、强制拆除等措施，小溪镇政府无权进行强制拆除。法条依据为《城乡规划法》第68条③。

案例6—问题：消防救援机构强制停产停业应当遵守什么程序？
答案：应当以书面形式事先催告当事人；催告期间，当事人有权进行陈述、申辩，行政机关应当充分听取当事人意见；经催告，当事人逾期仍不履行且无正当理由的，可以作出强制执行决定；催告书、强制执行决定书应直接送达当事人。法条依据为《行政强制法》第35条④、第36条⑤、第37条第1款⑥、第38条⑦。

案例7—问题：生态环境局加处罚款应当遵守什么程序？
答案：生态环境局应当将加处罚款的标准告知哇嘻嘻工厂，加处罚款的数额不得超出罚款数额。若实施加处罚款超过30日，经催告哇嘻嘻工厂仍不履行的，生态环境局可以申请法院强制执行。法条依据

---

① 《行政强制法》第13条：行政强制执行由法律设定。
法律没有规定行政机关强制执行的，作出行政决定的行政机关应当申请人民法院强制执行。
② 《行政强制法》第54条：行政机关申请人民法院强制执行前，应当催告当事人履行义务。催告书送达十日后当事人仍未履行义务的，行政机关可以向所在地有管辖权的人民法院申请强制执行；执行对象是不动产的，向不动产所在地有管辖权的人民法院申请强制执行。
③ 《城乡规划法》第68条：城乡规划主管部门作出责令停止建设或者限期拆除的决定后，当事人不停止建设或者逾期不拆除的，建设工程所在地县级以上地方人民政府可以责成有关部门采取查封施工现场、强制拆除等措施。
④ 《行政强制法》第35条：行政机关作出强制执行决定前，应当事先催告当事人履行义务。催告应当以书面形式作出，并载明下列事项：
（一）履行义务的期限；
（二）履行义务的方式；
（三）涉及金钱给付的，应当有明确的金额和给付方式；
（四）当事人依法享有的陈述权和申辩权。
⑤ 《行政强制法》第36条：当事人收到催告书后有权进行陈述和申辩。行政机关应当充分听取当事人的意见，对当事人提出的事实、理由和证据，应当进行记录、复核。当事人提出的事实、理由或者证据成立的，行政机关应当采纳。
⑥ 《行政强制法》第37条第1款：经催告，当事人逾期仍不履行行政决定，且无正当理由的，行政机关可作出强制执行决定。
⑦ 《行政强制法》第38条：催告书、行政强制执行决定书应当直接送达当事人。当事人拒绝接收或者无法直接送达当事人的，应当依照《中华人民共和国民事诉讼法》的有关规定送达。

为《行政强制法》第 45 条[①]、第 46 条[②]。

案例 8—问题：交管局实施代履行应当遵守什么程序？

答案：实施代履行前应送达代履行通知书，当事人许某仍不履行的，代履行 3 日前再催告当事人履行，如当事人许某履行，则停止代履行；代履行时交管局应当派员到场监督；代履行完毕后，监督工作人员、代履行人和当事人或见证人在执行文书上签名或盖章。代履行产生的合理费用由当事人承担。法条依据为《行政强制法》第 51 条[③]。

案例 9—问题：若大牛拒不拆除，县政府强制拆除应当遵循什么程序？

答案：（1）县政府应当先予以公告，限期大牛自行拆除。（2）若大牛拒不履行，则县政府应当进行书面催告，并听取大牛的陈述、申辩。（3）只有大牛在法定期限内不诉讼、不复议又不拆除的情况下，才可以作出强制拆除决定。法条依据为《行政强制法》第 35 条、第 36 条、第 44 条[④]。

政府信息公开

案例 1：李某得知滨海市生态环境局已经组织有关中介机构编制滨海大道景区改造工程的《环境影响评估报告》，并将此《环境影响评估报告》送至龙江省生态环境厅，以获得生态环境厅对该项目的行政许可。李某遂向省生态环境厅申请政府信息公开，要求省生态环境厅公布滨海大道景区项目《环境影响评估报告》的内容。省生态环境厅答复：具体信息请向滨海市生态环境局申请获取，同时告知了该机关的联系方式。

问题：省生态环境厅针对李某的政府信息公开申请答复是否合法？为什么？

案例 2：王女士欲了解甲市政府有关社会救助方面的信息，遂向甲市政府提出信息公开的申请，甲市政府认为其申请内容不明确，遂作出驳回其申请的决定。

问题：甲市政府的做法是否正确？

---

① 《行政强制法》第 45 条：行政机关依法作出金钱给付义务的行政决定，当事人逾期不履行的，行政机关可以依法加处罚款或者滞纳金。加处罚款或者滞纳金的标准应当告知当事人。
加处罚款或者滞纳金的数额不得超出金钱给付义务的数额。

② 《行政强制法》第 46 条：行政机关依照本法第四十五条规定实施加处罚款或者滞纳金超过三十日，经催告当事人仍不履行的，具有行政强制执行权的行政机关可以强制执行。
行政机关实施强制执行前，需要采取查封、扣押、冻结措施的，依照本法第三章规定办理。
没有行政强制执行权的行政机关应当申请人民法院强制执行。但是，当事人在法定期限内不申请行政复议或者提起行政诉讼，经催告仍不履行的，在实施行政管理过程中已经采取查封、扣押措施的行政机关，可以将查封、扣押的财物依法拍卖抵缴罚款。

③ 《行政强制法》第 51 条：代履行应当遵守下列规定：
（一）代履行前送达决定书，代履行决定书应当载明当事人的姓名或者名称、地址，代履行的理由和依据、方式和时间、标的、费用预算以及代履行人；
（二）代履行三日前，催告当事人履行，当事人履行的，停止代履行；
（三）代履行时，作出决定的行政机关应当派员到场监督；
（四）代履行完毕，行政机关到场监督的工作人员、代履行人和当事人或者见证人应当在执行文书上签名或者盖章。
代履行的费用按照成本合理确定，由当事人承担。但是，法律另有规定的除外。
代履行不得采用暴力、胁迫以及其他非法方式。

④ 《行政强制法》第 44 条：对违法的建筑物、构筑物、设施等需要强制拆除的，应当由行政机关予以公告，限期当事人自行拆除。当事人在法定期限内不申请行政复议或者提起行政诉讼，又不拆除的，行政机关可以依法强制拆除。

案例3：某乡属企业多年未归还方某借给的资金，双方发生纠纷。方某得知乡政府曾发过5号文件和210号文件处分该企业的资产，遂向乡政府递交申请，要求公开此两份文件。由于5号文件涉及第三人的商业秘密，乡政府口头征询其意见，其答复是该文件涉及商业秘密，不同意公开，乡政府罔顾其意见依然决定向方某公开，且并未告知该第三人公开的决定和理由。而210号文件部分涉及国家秘密，可区分处理，乡政府为减少麻烦决定不予公开。

问题：乡政府的做法哪些是错误的？

案例4：某县市监局根据乙公司的申请，向乙公司公开了甲公司的基本信息，甲公司对该行为不服，提起行政诉讼。法院审理认为市监局的行为侵犯了甲公司的商业秘密且不存在公共利益的事由。

问题：法院应当作出何种判决？

案例5：家住容隆市甲县阳光镇的张某对自家的土地征收补偿数额存在疑问，与邻居核对之后发现自家的补偿标准低于镇上其他居民的补偿标准，张某遂向容隆市高新区开发管委会（以下简称"高新区管委会"）申请公开"依据《甲县实施阳光镇城镇规划建设农用地转用和土地征收的批复》所签订的全部土地征收补偿协议"的政府信息。高新区管委会收到申请后，作出《政府信息公开申请答复书》，称张某申请公开的政府信息涉及个人隐私，属于绝对不予公开的政府信息范畴。

问题：高新区管委会作出的《政府信息公开申请答复书》内容是否正确？

案例6：李某从邻居处听闻其位于华生小区的一间商品房很有可能被纳入2025年度滨海区政府房屋征收范围，为了解滨海区此次房屋征收可能的拆迁补偿数额，李某向区政府申请公开2000年度至2024年度滨海区所有房屋征收项目拆迁补偿数额每年的增减情况，并要求区政府以图表形式给予回复。区政府收到李某的申请后，表示拒绝提供相关信息。李某不服，向法院起诉。

问题：法院是否应当受理李某的起诉？

案例7：王某在市人社局官网上查询到自己的社保信息记录有误，向市人社局申请更正相关信息。市人社局经核实，认为官网所记载社保信息准确无误，遂拒绝更正。王某不服，向市政府申请复议，市政府审理后维持原决定。王某为维护自身权益，向法院提起诉讼。

问题：如何确定王某和市人社局的举证责任？

案例8：小林拟承包一片山林从事养殖业，为了解本市林地承包情况，向市林业局申请公开本市林地承包具体信息。市林业局收到申请后进行核实，认为小林与其所申请政府信息无关，遂拒绝公开。小林不服申请复议，市政府维持了原决定，小林遂向法院提起诉讼，请求撤销不予公开决定，并要求市林业局公开相关信息。法院审理后认为，小林所申请公开的林地承包政府信息不存在不予公开的法定理由。

问题：法院应当如何判决？

案例1—问题：省生态环境厅针对李某的政府信息公开申请答复是否合法？为什么？

答案：省生态环境厅针对李某的政府信息公开申请答复合法。《环境影响评估报告》是滨海市生态环境局制作的，应由滨海市生态环境局负责公开，所以省生态环境厅对李某的政府信息公开申请答复合法。

法条依据为《政府信息公开条例》第 10 条第 1 款①、第 36 条第 5 项②。

案例 2—问题：甲市政府的做法是否正确？

答案：甲市政府的做法**不正确**。政府信息公开申请内容不明确的，甲市政府应当对王女士给予**指导和释明**，并自收到申请之日起 **7 个工作日内一次性**告知王女士作出补正，说明需要补正的事项和合理的补正期限，不能直接驳回申请。法条依据为《政府信息公开条例》第 30 条③。

案例 3—问题：乡政府的做法哪些是错误的？

答案：（1）乡政府**口头征询**第三方意见的做法**错误**。依申请公开的政府信息公开会损害第三方合法权益的，行政机关应当**书面**征求第三方的意见。法条依据为《政府信息公开条例》第 32 条④。

（2）乡政府**公开** 5 号文件**且未告知**第三人公开**决定和理由**的做法**错误**。第三方不同意公开并有合理理由，且不存在**不公开可能对公共利益造成重大影响**的情况下，乡政府应不予公开 5 号文件。法条依据为《政府信息公开条例》第 32 条。

（3）乡政府**不予公开** 210 号文件的做法**错误**。虽然 210 号文件部分涉及国家秘密，是绝对不能公开的政府信息，但是其能够作**区分处理**，乡政府应当将**能公开的内容予以公开**，不能公开的内容告知当事人理由，而非嫌麻烦全部不予公开。法条依据为《政府信息公开条例》第 37 条⑤。

案例 4—问题：法院应当作出何种判决？

答案：法院应当判决**确认**公开政府信息的行为**违法**。县市监局公开的政府信息涉及甲公司商业秘密且不存在公共利益等法定事由，法院应当判决确认公开政府信息的行为违法，并可以责令县市监局采取相应的**补救**措施；**造成损害**的，根据甲公司的请求依法判决县市监局承担**赔偿**责任。法条依据为《信息公开案件规定》第 11 条第 1 款⑥。

案例 5—问题：高新区管委会作出的《政府信息公开申请答复书》内容是否正确？

答案：**不正确**。涉及**商业秘密**、**个人隐私**等公开会对第三方合法权益造成损害的政府信息，行政机

---

① 《政府信息公开条例》第 10 条第 1 款：行政机关制作的政府信息，由制作该政府信息的行政机关负责公开。行政机关从公民、法人和其他组织获取的政府信息，由保存该政府信息的行政机关负责公开；行政机关获取的其他行政机关的政府信息，由制作或者最初获取该政府信息的行政机关负责公开。法律、法规对政府信息公开的权限另有规定的，从其规定。

② 《政府信息公开条例》第 36 条第 5 项：对政府信息公开申请，行政机关根据下列情况分别作出答复：

（五）所申请公开信息不属于本行政机关负责公开的，告知申请人并说明理由；能够确定负责公开该政府信息的行政机关的，告知申请人该行政机关的名称、联系方式。

③ 《政府信息公开条例》第 30 条：政府信息公开申请内容不明确的，行政机关应当给予指导和释明，并自收到申请之日起 7 个工作日内一次性告知申请人作出补正，说明需要补正的事项和合理的补正期限。答复期限自行政机关收到补正的申请之日起计算。申请人无正当理由逾期不补正的，视为放弃申请，行政机关不再处理该政府信息公开申请。

④ 《政府信息公开条例》第 32 条：依申请公开的政府信息公开会损害第三方合法权益的，行政机关应当书面征求第三方的意见。第三方应当自收到征求意见书之日起 15 个工作日内提出意见。第三方逾期未提出意见的，由行政机关依照本条例的规定决定是否公开。第三方不同意公开且有合理理由的，行政机关不予公开。行政机关认为不公开可能对公共利益造成重大影响的，可以决定予以公开，并将决定公开的政府信息内容和理由书面告知第三方。

⑤ 《政府信息公开条例》第 37 条：申请公开的信息中含有不应当公开或者不属于政府信息的内容，但是能够作区分处理的，行政机关应当向申请人提供可以公开的政府信息内容，并对不予公开的内容说明理由。

⑥ 《信息公开案件规定》第 11 条第 1 款：被告公开政府信息涉及原告商业秘密、个人隐私且不存在公共利益等法定事由的，人民法院应当判决确认公开政府信息的行为违法，并可以责令被告采取相应的补救措施；造成损害的，根据原告请求依法判决被告承担赔偿责任。政府信息尚未公开的，应当判决行政机关不得公开。

关不得公开，但第三方同意公开或者行政机关认为不公开会对公共利益造成重大影响的，予以公开。因此涉及个人隐私的政府信息并非绝对不予公开，而是相对不予公开。法条依据为《政府信息公开条例》第15条①。

案例6——问题：法院是否应当受理李某的起诉？

答案：不应当受理。公民、法人或者其他组织要求行政机关对若干政府信息进行汇总、分析、加工，因对行政机关予以拒绝不服提起行政诉讼的，法院不予受理。李某要求区政府对滨海区房屋征收项目拆迁补偿数额每年的增减情况进行汇总、分析、加工，区政府予以拒绝，不属于政府信息公开诉讼受案范围，法院不应当受理。法条依据为《信息公开案件规定》第2条第3项②。

案例7——问题：如何确定王某和市人社局的举证责任？

答案：（1）原告王某起诉市人社局拒绝更正政府信息记录的，应当提供其向被告市人社局提出过更正申请以及市人社局官网记录的社保信息与其自身相关且记录不准确的事实根据。

（2）被告市人社局拒绝更正与原告相关的政府信息记录的，应当对拒绝的理由进行举证和说明。法条依据为《信息公开案件规定》第5条第3款、第7款③。

案例8——问题：法院应当如何判决？

答案：法院应当撤销被诉不予公开决定和复议维持决定，并判决被告市林业局在一定期限内公开。尚需被告市林业局调查、裁量的，判决其在一定期限内重新答复。法条依据为《信息公开案件规定》第9条第1款④、《行诉解释》第136条第1款⑤。

行政诉讼与行政复议总论

（一）行政诉讼与复议概述

案例1：兰州某驾驶员培训服务有限公司（以下简称"培训公司"）以甘肃某文化用品有限公司（以下简称"文化公司"）进行违法建设，对其练车场的正常使用造成影响为由，向其所在街道社区和甘肃省兰州市城关区城市管理行政执法局（以下简称"区行政执法局"）等多个机关进行举报。但以上机关对其所反映事项均无任何回应或处理。故培训公司以区行政执法局为被告，向法院提起行政诉讼，要求判令被告履行法定职责。

问题：法院应当如何处理？

---

① 《政府信息公开条例》第15条：涉及商业秘密、个人隐私等公开会对第三方合法权益造成损害的政府信息，行政机关不得公开。但是，第三方同意公开或者行政机关认为不公开会对公共利益造成重大影响的，予以公开。

② 《信息公开案件规定》第2条第3项：公民、法人或者其他组织对下列行为不服提起行政诉讼的，人民法院不予受理：……（三）要求行政机关为其制作、搜集政府信息，或者对若干政府信息进行汇总、分析、加工，行政机关予以拒绝的。

③ 《信息公开案件规定》第5条第3款、第7款：被告拒绝更正与原告相关的政府信息记录的，应当对拒绝的理由进行举证和说明。

原告起诉被告拒绝更正政府信息记录的，应当提供其向被告提出过更正申请以及政府信息与其自身相关记录不准确的事实根据。

④ 《信息公开案件规定》第9条第1款：被告对依法应当公开的政府信息拒绝或者部分拒绝公开的，人民法院应当撤销或者部分撤销被诉不予公开决定，并判决被告在一定期限内公开。尚需被告调查、裁量的，判决其在一定期限内重新答复。

⑤ 《行诉解释》第136条第1款：人民法院对原行政行为作出判决的同时，应当对复议决定一并作出相应判决。

案例 2：王女士认为甲区社保中心登记的有关其社保方面的信息错误，遂向甲区社保中心提出更正信息的申请。甲区社保中心认为王女士提供的材料无法确认登记信息有误，遂作出驳回更正申请的决定。王女士对驳回决定不服向法院提起诉讼，法院认为该案件属于复议前置情形，遂裁定不予立案。

问题：法院的做法是否正确？

案例 3：豪客来公司经营规模不断扩大，当地税务局决定将该公司的税收征管权由下属某分局调整归自己行使，并将该公司的征收方式由定额缴纳变更为自行申报。豪客来公司不服，拒绝在规定期限内缴纳税款，于是税务局对其作出罚款 5000 元的决定，并冻结了该公司的账户。

问题：对于上述行为，豪客来公司应当如何救济？

案例 4：2020 年，王某与 A 县政府签订《B 地块土地承包经营合同》，截至 2024 年一直在 B 地块上进行土地承包经营。2025 年 1 月，A 县自然资源局就 B 地块土地给王某的同村村民李某颁发土地使用权证。后李某要求王某腾空 B 地块上的设施，王某才得知 A 县自然资源局颁发土地使用权证的行为。

问题：若王某不服，应当如何救济自己的权利？

案例 5：税务机关向进口商大力公司收取反倾销税 20 万元，大力公司未按时缴纳。后税务机关对该公司处以罚款 5 万元，大力公司认为税务机关的罚款决定存在错误。

问题：大力公司能否直接向人民法院提起诉讼？

案例 6：百城公司与富力公司签署协议，拟共同设立合营企业，从事商用车销售业务并取得共同控制权。百城公司与富力公司均为汽车行业巨头，二公司的国内外营业额均已达到《国务院关于经营者集中申报标准的规定》中第三条规定的申报标准，故向国务院反垄断执法机构进行经营者集中申报。国务院反垄断执法机构进行评估后，作出禁止集中的决定，百城公司不服。

问题：百城公司能否直接向人民法院提起诉讼？

案例 7：张三欲在 A 市 B 区郊区建设一座小型工厂，向 B 区市监局提交了营业执照申请，并依照相关文件规定提交了所有必要材料。B 区市监局在收到申请后，未在法定期限内作出决定，也未向张三说明原因。张三认为区市监局的行为侵犯其合法权益，拟寻求救济。

问题：张三能否直接向人民法院提起行政诉讼？

案例 8：丁某向南湖省绿湖区人民政府提出公开绿湖区土地财政相关信息的申请，但绿湖区人民政府以该区土地财政信息涉及国家秘密为由，作出不予公开决定。丁某拟向人民法院提起诉讼。

问题：丁某能否直接向人民法院提起诉讼？

案例 9：周某对 A 省人民政府作出的行政处罚决定不服，拟申请行政复议。

问题：如何确定本案复议机关？若周某对复议结果不服，应当如何获取救济？

案例 10：根据《治安管理处罚法》的相关规定，违反治安管理的行为事实清楚，证据确凿，处警

一、小案例

告或者二百元以下罚款的，可以当场作出治安管理处罚决定。北河市公安局在执行公务时，发现王五在公共场所扰乱秩序，根据现场情况，执法人员当场对王五作出了罚款200元的处罚决定。

问题：若王五不服处罚决定，应当如何救济自己的权利？

案例1—问题：法院应当如何处理？

答案：法院应当裁定不予立案。本题属于行政不作为案件，属于复议前置情形，应当先申请复议。培训公司未申请复议直接提起诉讼，法院应当裁定不予立案。法条依据为《行政复议法》第23条第1款第3项①、《行诉解释》第56条第1款②。

案例2—问题：法院的做法是否正确？

答案：法院的做法正确。本案中，社保中心驳回更正政府信息申请属于行政不作为案件，属于复议前置情形，应当先申请复议，不得直接提起行政诉讼。因此法院不予立案的做法正确。法条依据为《行政复议法》第23条第1款第3项、《行诉解释》第56条第1款。

案例3—问题：对于上述行为，豪客来公司应当如何救济？

答案：（1）罚款5000元属于行政处罚，冻结属于行政强制措施，对此不服的豪客来公司既可以申请复议，也可以直接提起行政诉讼；（2）对调整征收方式的行为不服，该行为属于复议前置的案件类型，豪客来公司应当先申请复议后才能提起行政诉讼。法条依据为《税收征收管理法》第88条第1款、第2款③。

案例4—问题：若王某不服，应当如何救济自己的权利？

答案：王某应当先申请行政复议，对复议决定不服的，可以再提起行政诉讼。本案中，王某认为A县自然资源局颁发的土地使用权证侵犯了其已经取得的土地使用权，属于自然资源确权案件，属于复议前置的情形，故应当王某先申请行政复议，对复议决定不服的，再向人民法院提起诉讼。法条依据为《行政复议法》第23条第1款第2项④。

案例5—问题：大力公司能否直接向人民法院提起诉讼？

答案：能。当事人对税务机关的处罚决定不服的，可以依法申请行政复议，也可以依法向人民法院起诉。本案中，大力公司对税务机关的罚款决定不服，不属于复议前置的情形，大力公司可以直接向人

---

① 《行政复议法》第23条第1款第3项：有下列情形之一的，申请人应当先向行政复议机关申请行政复议，对行政复议决定不服的，可以再依法向人民法院提起行政诉讼：
（三）认为行政机关存在本法第十一条规定的未履行法定职责情形。

② 《行诉解释》第56条第1款：法律、法规规定应当先申请复议，公民、法人或者其他组织未申请复议直接提起诉讼的，人民法院裁定不予立案。

③ 《税收征收管理法》第88条第1款、第2款：纳税人、扣缴义务人、纳税担保人同税务机关在纳税上发生争议时，必须先依照税务机关的纳税决定缴纳或者解缴税款及滞纳金或者提供相应的担保，然后可以依法申请行政复议；对行政复议决定不服的，可以依法向人民法院起诉。
当事人对税务机关的处罚决定、强制执行措施或者税收保全措施不服的，可以依法申请行政复议，也可以依法向人民法院起诉。

④ 《行政复议法》第23条第1款第2项：有下列情形之一的，申请人应当先向行政复议机关申请行政复议，对行政复议决定不服的，可以再依法向人民法院提起行政诉讼：
（二）对行政机关作出的侵犯其已经依法取得的自然资源的所有权或者使用权的决定不服。

民法院提起行政诉讼。法条依据为《税收征收管理法》第88条第2款。

案例6—问题：百城公司能否直接向人民法院提起诉讼？

答案：不能。本案中，百城公司对国务院反垄断执法机构作出的禁止集中决定不服，属于反垄断案件中的禁止经营者集中行为，应当先申请行政复议，对复议决定不服的，再向人民法院提起诉讼。法条依据为《行政复议法》第23条第1款第5项[①]、《反垄断法》第34条[②]、第65条[③]。

案例7—问题：张三能否直接向人民法院提起行政诉讼？

答案：不能。本案中，行政机关B区市监局未在法定期限内作出许可决定，属于行政不作为，属于复议前置的情形，张三应当先申请行政复议，对复议决定不服的，再依法向人民法院提起行政诉讼。法条依据为《行政复议法》第23条第1款第3项。

案例8—问题：丁某能否直接向人民法院提起诉讼？

答案：不能。本案中，丁某申请公开绿湖区土地财政相关信息，绿湖区人民政府以涉及国家秘密为由不予公开，属于不予公开政府信息案件，属于复议前置的情形，丁某应当先申请行政复议，不能直接向人民法院提起诉讼。法条依据为《行政复议法》第23条第1款第4项[④]。

案例9—问题：如何确定本案复议机关？若周某对复议结果不服，应当如何获取救济？

答案：应当向A省人民政府申请复议。本案中，作出行政处罚的行政主体为A省人民政府，系省部级行政机关，因此周某应当向A省人民政府申请行政复议，即自我复议。若周某对复议结果不服，可以向国务院申请作出最终裁决；也可以向人民法院提起行政诉讼。法条依据为《行政复议法》第24条第2款[⑤]、第26条[⑥]。

案例10—问题：若王五不服处罚决定，应当如何救济自己的权利？

答案：王五应当先申请行政复议，对复议决定不服的，可以再提起行政诉讼。本案中，行政机关对王五当场作出处罚决定，属于复议前置的情形，王五应当先申请行政复议，对复议决定不服的，再依法

[①] 《行政复议法》第23条第1款第5项：下列情形之一的，申请人应当先向行政复议机关申请行政复议，对行政复议决定不服的，可以再依法向人民法院提起行政诉讼：
（五）法律、行政法规规定应当先向行政复议机关申请行政复议的其他情形。

[②] 《反垄断法》第34条：经营者集中具有或者可能具有排除、限制竞争效果的，国务院反垄断执法机构应当作出禁止经营者集中的决定。但是，经营者能够证明该集中对竞争产生的有利影响明显大于不利影响，或者符合社会公共利益的，国务院反垄断执法机构可以作出对经营者集中不予禁止的决定。

[③] 《反垄断法》第65条：反垄断执法机构依据本法第三十四条、第三十五条作出的决定不服的，可以先依法申请行政复议；对行政复议决定不服的，可以依法提起行政诉讼。
对反垄断执法机构作出的前款规定以外的决定不服的，可以依法申请行政复议或者提起行政诉讼。

[④] 《行政复议法》第23条第1款第4项：下列情形之一的，申请人应当先向行政复议机关申请行政复议，对行政复议决定不服的，可以再依法向人民法院提起行政诉讼：
（四）申请政府信息公开，行政机关不予公开。

[⑤] 《行政复议法》第24条第2款：除前款规定外，省、自治区、直辖市人民政府同时管辖对本机关作出的行政行为不服的行政复议案件。

[⑥] 《行政复议法》第26条：对省、自治区、直辖市人民政府依照本法第二十四条第二款的规定、国务院部门依照本法第二十五条第一项的规定作出的行政复议决定不服的，可以向人民法院提起行政诉讼；也可以向国务院申请裁决，国务院依照本法的规定作出最终裁决。

向人民法院提起行政诉讼。法条依据为《行政复议法》第 23 条第 1 款第 1 项[①]。

（二）受案范围

案例 1：光明市市监局经约谈东方股份有限公司无效后，责令其销毁相关食品原料，东方公司拒不履行义务，书面催告无效后，光明市市监局责成花溪区市监局作出强制销毁的决定。

问题：东方公司就约谈、强制销毁决定、催告提起诉讼，法院应当受理的行为有？

案例 2：2019 年 3 月 1 日，某市政府根据国务院的授权出台了该市的《城市综合执法规定》，规定了本市无证摊贩管理主体、管理程序和救济途径等内容。甲摊贩认为《城市综合执法规定》侵犯了自己的权利。

问题：如果甲摊贩就《城市综合执法规定》提起行政诉讼，法院是否应当受理？

案例 3：2019 年 6 月 11 日，经县市场监督管理局核准，甲公司取得企业法人营业执照，经营范围为林产品加工。2019 年 8 月 1 日，市政府接到关于甲公司破坏性地砍伐林木的举报，遂致函县政府要求调查。

问题：甲公司是否可以就市政府向县政府的致函提起行政诉讼？

案例 4：县政府与向某签订了《房屋征收补偿安置协议》后，依法拆除了向某的房屋。后县政府觉得补偿标准过高，遂修改了《房屋征收补偿安置协议》的部分条款，并直接按照新条款履行。向某认为自己的财产权益受到严重侵害，拟申请复议。

问题：向某可否申请复议？

案例 5：赖某超出规划范围修建花园，规划局责令其限期拆除，否则将强制拆除。赖某非但不听，还逐渐扩大花园修建面积。县政府遂直接派工作人员强制拆除，导致花园内所有东西都归于泥土。赖某勃然大怒，向县政府申请赔偿，县政府以赖某事先违规为由不予赔偿。赖某不服，拟申请复议。

问题：赖某可否申请复议？

案例 6：北河市安田区蓝翔玻璃实业有限公司系从事玻璃制品生产加工、销售、安装等的有限责任公司。周某为装修餐厅，于 2022 年 9 月 25 日向蓝翔玻璃实业有限公司订购了钢化玻璃。2023 年 1 月 14 日，周某在监督蓝翔公司卸运钢化玻璃过程中，被倒塌的玻璃及玻璃架砸倒受重伤，后因抢救无效于当日死亡。2023 年 12 月 13 日，安田区应急局向安田区政府报送了请示并附调查报告。2023 年 12 月 16 日，安田区政府作出 44 号批复，同意安田区应急局的处理意见，并要求依法依规追究责任。2024 年 2 月 13 日，安田区应急局作出《行政处罚决定书》，对蓝翔玻璃实业有限公司作出罚款人民币 22 万元的行政处罚，并将 44 号批复作为依据告知蓝翔公司，并送达了复印件，蓝翔公司不服该 44 号批复，诉至人民法院。

问题：该 44 号批复是否属于行政诉讼受案范围？

[①] 《行政复议法》第 23 条第 1 款第 1 项：下列情形之一的，申请人应当先向行政复议机关申请行政复议，对行政复议决定不服的，可以再依法向人民法院提起行政诉讼：

（一）对当场作出的行政处罚决定不服。

案例1—问题：东方公司就约谈、强制销毁决定、催告提起诉讼，法院应当受理的行为有？

答案：法院应当受理的是强制销毁决定。（1）约谈属于不影响当事人权利义务的过程性行为，不具有处分性，不属于行政诉讼受案范围。（2）催告只是强制执行过程的一个环节，也不具有处分性，不属于行政诉讼受案范围。（3）强制销毁决定具备特定性、处分性、外部性、行政性，对相对人的权利义务产生了实质影响，是具体行政行为，属于行政诉讼的受案范围，法院应当受理。法条依据为《行诉解释》第1条第1款，第2款第6项、第10项①。

案例2—问题：如果甲摊贩就《城市综合执法规定》提起行政诉讼，法院是否应当受理？

答案：法院不应当受理。《城市综合执法规定》是行政机关制定、发布的具有普遍约束力的决定、命令，不具备特定性，不是具体行政行为，不属于行政诉讼的受案范围，所以法院不应当受理。法条依据为《行政诉讼法》第13条第2项②。

案例3—问题：甲公司是否可以就市政府向县政府的致函提起行政诉讼？

答案：甲公司不可以就市政府向县政府的致函提起行政诉讼。市政府向县政府的致函属于内部层级监督行为，不具备外部性，不是具体行政行为，不属于行政诉讼的受案范围。法条依据为《行诉解释》第1条第2款第8项③。

案例4—问题：向某可否申请复议？

答案：向某可以申请复议。认为行政机关违法变更行政协议的，属于复议受案范围。向某认为县政府违法变更《房屋征收补偿安置协议》，可以申请复议。法条依据为《行政复议法》第11条第13项④。

案例5—问题：赖某可否申请复议？

答案：赖某可以申请复议。县政府所作的不予赔偿决定具有行政性、特定性、处分性、外部性，对当事人赖某的权利义务产生了实质影响，是具体行政行为，属于复议受案范围，赖某对县政府作出的不予赔偿决定不服的，可以申请复议。法条依据为《行政复议法》第11条第6项⑤。

案例6—问题：该44号批复是否属于行政诉讼受案范围？

答案：属于。安田区政府作出的44号批复原属行政机关的内部行为，但经安田区应急局将该批复作为行政处罚依据送达蓝翔公司后，该内部行为已然外部化，即44号批复已然对蓝翔公司的权利

---

① 《行诉解释》第1条第1款、第2款第6项、第10项：公民、法人或者其他组织对行政机关及其工作人员的行政行为不服，依法提起诉讼的，属于人民法院行政诉讼的受案范围。
下列行为不属于人民法院行政诉讼的受案范围：
（六）行政机关为作出行政行为而实施的准备、论证、研究、层报、咨询等过程性行为；
（十）对公民、法人或者其他组织权利义务不产生实际影响的行为。
② 《行政诉讼法》第13条第2项：人民法院不受理公民、法人或者其他组织对下列事项提起的诉讼：
（二）行政法规、规章或者行政机关制定、发布的具有普遍约束力的决定、命令。
③ 《行诉解释》第1条第2款第8项：下列行为不属于人民法院行政诉讼的受案范围：
（八）上级行政机关基于内部层级监督关系对下级行政机关作出的听取报告、执法检查、督促履责等行为。
④ 《行政复议法》第11条第13项：有下列情形之一的，公民、法人或者其他组织可以依照本法申请行政复议：
（十三）认为行政机关不依法订立、不依法履行、未按照约定履行或者违法变更、解除政府特许经营协议、土地房屋征收补偿协议等行政协议。
⑤ 《行政复议法》第11条第6项：有下列情形之一的，公民、法人或者其他组织可以依照本法申请行政复议：
（六）对行政机关作出的赔偿决定或者不予赔偿决定不服。

义务产生了**实质影响**,具有**外部性**、**特定性**、**处分性**、**行政性**,是具体行政行为,属于行政诉讼的受案范围。法条依据为《行政诉讼法》第12条第1款第12项[①]。

(三)诉讼和复议主体

案例1:黄晓与定安县政府签订了《定安县国有土地上房屋征收补偿安置协议》,因高杉提出异议,认为房屋应归其所有,后协议被解除。2018年4月,黄晓向定安县法院提起行政诉讼,要求确认解除协议的通知无效。

问题:如果黄晓有权提起诉讼,高杉在本案中处于什么地位?为什么?

案例2:李海洋是一家餐馆老板,因对市市场监督管理局吊销其营业执照的行为不服,遂向市政府提起复议,复议机关因本案案情复杂一直没有作出复议决定。李海洋故向法院起诉。

问题:本案被告是否为市政府?

案例3:2022年2月1日(春节前),钱某手持横幅到景田县生态环境局门前抗议,当天被景田县公安局人民路派出所民警以"恢复生态环境局办公秩序"为由强制带离并关押在派出所,一直关押到2月4日除夕当天。在此期间,钱某没有拿到任何法律文书。钱某被释放后,认为派出所有人故意整他,是对其举报行为进行惩罚。

问题:钱某若不服,应当针对谁提起行政诉讼?为什么?

案例4:2006年,云杉省山南市政府向张某颁发了经营人力客运三轮车的运营证。2009年,市政府发布《公告》和《补充公告》。其中,《公告》要求原已具有合法证照的客运人力三轮车经营者必须在规定期间重新登记,《补充公告》要求原有合法证照的客运人力三轮车经营者重新交费。张某对《公告》和《补充公告》不服申请行政复议。

问题:若复议机关作出维持决定,张某不服,提起行政诉讼,则该行政诉讼被告是谁?

案例5:洪某系江南市江东区真挚物业管理有限公司保安,一日在执勤中见义勇为,击倒了意图在马路上实施抢劫的不法分子,但自身受到重伤。因真挚公司认为洪某非受工伤,洪某向江东区人力资源和社会保障局(以下简称江东区人社局)提出了工伤认定申请;江东区人社局受理后,作出了《视同工伤认定书》,认定洪某的伤情属于视同因工受伤。真挚公司不服,向江东区政府申请行政复议,江东区政府作出的《行政复议决定书》维持了江东区人社局作出的决定。真挚物业公司遂提起行政诉讼,请求判决撤销《认定工伤决定书》,并责令被告重新作出认定。

问题:本案的诉讼参加人应如何确定?

案例6:甲市明星区盛夏花园小区3栋全体居民(共20户,以下简称"3栋全体居民")居住的房屋位于甲市南线铁路改造工程项目(以下简称"涉案项目")沿线,为了解涉案项目的相关情况,3栋全体居民向市生态环境局邮寄政府信息公开申请,要求市生态环境局公开"项目竣工环境保护验收报告"。甲市生态环境局收到信息公开申请后,认为该申请不属于《信息公开条例》及《甲市政府信息公开规定》

---

① 《行政诉讼法》第12条第1款第12项:人民法院受理公民、法人或者其他组织提起的下列诉讼:
(十二)认为行政机关侵犯其他人身权、财产权等合法权益的。

所指的政府信息，3栋全体居民遂向甲市政府申请行政复议。甲市政府在收到申请、进行调查后，作出《行政复议决定书》，决定维持市生态环境局的行政行为，3栋全体居民遂决定提起行政诉讼。

问题：若3栋全体居民认为集体出庭诉讼存在困难，可以如何处理？

案例7：张先生是一名在某大型跨国公司工作的高级技术专家。近日，他在申请国家科学技术奖的过程中，被科学技术部（以下简称"科技部"）认定其提交的材料存在虚假内容，作出了《不予受理决定书》。张先生认为这一决定有误，决定向科技部申请行政复议。

问题：张先生向科技部申请行政复议是否正确？

案例8：厦门海关在一次货物查验中，发现某进出口贸易公司进口的货物中夹带有违禁品，遂作出没收全部货物并罚款2万元的行政处罚决定。该公司不服，决定向厦门市政府申请行政复议。

问题：该公司向厦门市政府申请复议的行为是否正确？

案例9：乙市丙区司法局在一次律师执业资格审查中，发现某律师存在于同一案件中为双方当事人担任代理人的违法行为，遂作出吊销其律师执业证书的行政处罚决定。该律师不服，决定申请行政复议。

问题：如何确定本案复议机关？

案例1—问题：如果黄晓有权提起诉讼，高杉在本案中处于什么地位？为什么？

答案：高杉在本案中处于第三人的地位。本案中，高杉对黄晓和定安县政府签署的《定安县国有土地上房屋征收补偿安置协议》提出异议，导致该协议被解除。黄晓不服该解除行为而起诉，高杉与被诉行政行为有利害关系但没有提起诉讼，可以作为本案第三人申请参加诉讼或者由法院通知参加诉讼。法条依据为《行政诉讼法》第29条第1款①。

案例2—问题：本案被告是否为市政府？

答案：本案被告不一定为市政府。本案属于复议机关未在法定期限内作出复议决定的情形，如果李海洋起诉原行政行为的，则被告是市监局；如果李海洋起诉市政府不作为的，则被告是复议机关市政府。法条依据为《行政诉讼法》第26条第3款②。

案例3—问题：钱某若不服，应当针对谁提起行政诉讼？为什么？

答案：应当针对景田县公安局提起行政诉讼。派出所仅有权实施警告和500元以下的罚款，无权实施关押，故本案派出所关押钱某的行为属于种类越权，应当以其所属的行政机关景田县公安局为被告。法条依据为《治安管理处罚法》第91条③、《行诉解释》第20条第3款④。

---

① 《行政诉讼法》第29条第1款：公民、法人或者其他组织同被诉行政行为有利害关系但没有提起诉讼，或者同案件处理结果有利害关系的，可以作为第三人申请参加诉讼，或者由人民法院通知参加诉讼。

② 《行政诉讼法》第26条第3款：复议机关在法定期限内未作出复议决定，公民、法人或者其他组织起诉原行政行为的，作出原行政行为的行政机关是被告；起诉复议机关不作为的，复议机关是被告。

③ 《治安管理处罚法》第91条：治安管理处罚由县级以上人民政府公安机关决定；其中警告、五百元以下的罚款可以由公安派出所决定。

④ 《行诉解释》第20条第3款：没有法律、法规或者规章规定，行政机关授权其内设机构、派出机构或者其他组织行使行政职权的，属于行政诉讼法第二十六条规定的委托。当事人不服提起诉讼的，应当以该行政机关为被告。

一、小案例

案例 4—问题：若复议机关作出维持决定，张某不服，提起行政诉讼，则该行政诉讼被告是谁？

答案：该行政诉讼的被告是云杉省政府和山南市政府。本案属于经过复议的案件，复议机关决定维持原行政行为的，作出原行政行为的行政机关山南市政府和复议机关云杉省政府是共同被告。法条依据为《行政诉讼法》第 26 条第 2 款①。

案例 5—问题：本案的诉讼参加人应如何确定？

答案：真挚物业公司为本案原告，江东区政府与江东区人社局为本案共同被告，洪某为本案第三人。公民、法人和其他组织认为行政机关的行政行为侵犯其合法权益的，有权向人民法院提起行政诉讼，本案中真挚物业公司认为江东区政府与江东区人社局的行政行为侵犯了自身的合法权益，故其应为原告；复议机关决定维持原行政行为的，作出原行政行为的行政机关和复议机关是共同被告，故本案被告应为江东区政府与江东区人社局；公民、法人或者其他组织同案件处理结果有利害关系的，可以作为第三人申请参加诉讼，本案中洪某属于与案件处理结果有利害关系的人，故应为第三人。法条依据为《行政诉讼法》第 25 条第 1 款②、第 26 条第 2 款、第 29 条第 1 款。

案例 6—问题：若 3 栋全体居民认为集体出庭诉讼存在困难，可以如何处理？

答案：可推选代表人进行诉讼。3 栋全体居民超过 20 户，人数超过十人，属于"人数众多"的情形，可由当事人推选诉讼代表人。当事人推选不出的，可以由人民法院在起诉的当事人中指定代表人。法条依据为《行政诉讼法》第 28 条③、《行诉解释》第 29 条第 1 款、第 2 款④。

案例 7—问题：张先生向科技部申请行政复议是否正确？

答案：张先生向科技部申请行政复议正确。对国务院部门科技部作出的具体行政行为不服的，应向作出该具体行政行为的国务院部门申请行政复议。因此，张先生对该决定不服，应向科技部申请行政复议。法条依据为《行政复议法》第 25 条第 1 项⑤。

案例 8—问题：该公司向厦门市政府申请复议的行为是否正确？

答案：该公司向厦门市政府申请复议错误。对海关、金融、国税、外汇管理等实行垂直领导的行政机关的具体行政行为不服的，向上一级主管部门申请行政复议。因此，该公司对厦门海关作出的行政处罚不服，应向海关总署申请复议。法条依据为《行政复议法》第 27 条⑥。

---

① 《行政诉讼法》第 26 条第 2 款：经复议的案件，复议机关决定维持原行政行为的，作出原行政行为的行政机关和复议机关是共同被告；复议机关改变原行政行为的，复议机关是被告。
② 《行政诉讼法》第 25 条第 1 款：行政行为的相对人以及其他与行政行为有利害关系的公民、法人或者其他组织，有权提起诉讼。
③ 《行政诉讼法》第 28 条：当事人一方人数众多的共同诉讼，可以由当事人推选代表人进行诉讼。代表人的诉讼行为对其所代表的当事人发生效力，但代表人变更、放弃诉讼请求或者承认对方当事人的诉讼请求，应当经被代表的当事人同意。
④ 《行诉解释》第 29 条第 1 款、第 2 款：行政诉讼法第二十八条规定的"人数众多"，一般指十人以上。
根据行政诉讼法第二十八条的规定，当事人一方人数众多的，由当事人推选代表人。当事人推选不出的，可以由人民法院在起诉的当事人中指定代表人。
⑤ 《行政复议法》第 25 条第 1 项：国务院部门管辖下列行政复议案件：
（一）对本部门作出的行政行为不服的。
⑥ 《行政复议法》第 27 条：对海关、金融、外汇管理等实行垂直领导的行政机关、税务和国家安全机关的行政行为不服的，向上一级主管部门申请行政复议。

案例9—问题：如何确定本案复议机关？

答案：该律师可以向丙区政府或乙市司法局申请复议。对履行行政复议机构职责的地方人民政府司法行政部门的行政行为不服的，可以向本级人民政府申请行政复议，也可以向上一级司法行政部门申请行政复议。因此，该律师对履行行政复议机构职责的丙区司法局作出的吊销执业证书的行政行为不服，既可以向丙区政府，也可以向乙市司法局申请复议。法条依据为《行政复议法》第28条①。

行政复议法

（一）复议被申请人与复议机关的确定

案例1：东西大学乃教育部管理的高校，依据相关法律，东西大学行使颁发学位证书的权力并依法进行管理、监督。就读于东西大学的学生徐某曾因身体不适，申请休学一年，后顺利完成所有课程学习，并通过了所有学业考试。当徐某依照学校规章申请学位证书时，东西大学教务处认为徐某之前办理休学程序有误，认定其旷课一年，并以其未满足在校时长为由不予颁发学位证书。徐某不服，向教育部申请复议。

问题：本案的复议管辖是否正确？

案例2：摊贩李某在摆摊时恶意阻塞消防通道，造成严重的安全隐患问题。派出所民警责令李某移动摊位，李某不予理睬并恶语相对，民警遂强行移动摊位，过程中不慎致李某摔伤。李某不服，向县公安局申请复议。

问题：李某向县公安局申请复议是否正确？

案例3：工人林某自1990年起就在十公里综合公司工作，岗位工种类别等级为井下一类工种登钩。林某与十公里综合公司解除劳动关系后，向甲市人力资源和社会保障局（以下简称"甲市人社局"）申请特殊工种提前退休。甲市人社局对林某的档案同公司其他人员的档案进行对比，发现林某档案存在各种问题，明显异常，遂作出不批准林某提前退休的《特殊工种提前退休核准告知书》。林某不服，申请复议。

问题：如何确定本案的复议机关？

案例4：天元市生态环境局根据其制定的《天元市环境保护管理办法》（以下简称《管理办法》），授权天元市环保志愿者协会对辖区内企业排放污染物情况进行监督检查，并对违反规定的企业作出处罚决定。某日，天元市环保志愿者协会在检查中发现大同公司存在超标排放污染物的行为，遂对其作出罚款5000元的行政处罚决定。大同公司不服，欲申请行政复议。

问题：如何确定行政复议的被申请人？

案例5：江阳市生态环境局与江阳市规划和自然资源局在一次联合执法检查中，发现某化工厂存在超标排放污染物和占用耕地的行为。两局共同署名作出《责令改正违法行为通知书》，要求化工厂立即停产停业，并限期恢复耕地原状。化工厂不服，决定申请行政复议。

问题：如何确定本案的被申请人？

---

① 《行政复议法》第28条：对履行行政复议机构职责的地方人民政府司法行政部门的行政行为不服的，可以向本级人民政府申请行政复议，也可以向上一级司法行政部门申请行政复议。

一、小案例

案例6：霞浦市交通局与某民营交通管理公司在一次联合道路安全检查中，发现某运输公司存在违规运输危险品的行为。交通局与该公司共同署名作出《整改通知书》，要求运输公司限期整改。运输公司认为该通知书不合理，决定申请行政复议。

问题：该公司以霞浦市交通局与某民营交通管理公司为被申请人是否正确？

案例7：上海市发展和改革委员会为促进科技创新和经济发展，按照行政区划在浦东新区设立了张江高科技园区管理委员会（下称张江管委会），作为其派出机构，负责张江高科技园区的管理和行政事务。张江管委会在行政许可审批过程中，发现某生物科技公司提供的材料存在虚假内容，遂作出不予行政许可的决定。该公司不服该决定，欲申请行政复议。

问题：如何确定本案的复议机关？

案例1—问题：本案的复议管辖是否正确？
答案：本案的复议管辖正确。对国务院部门管理的法律、行政法规、部门规章授权的组织作出的行政行为不服申请复议的，由国务院部门管辖。东西大学是教育部管理的授权组织，徐某对东西大学不予颁发学位证书的行为不服申请复议的，应由教育部管辖。法条依据为《行政复议法》第25条第3项①。

案例2—问题：李某向县公安局申请复议是否正确？
答案：李某向县公安局申请复议不正确。对派出机构以其名义作出的行政行为不服申请复议的，由本级人民政府管辖。本案中，李某对派出所民警执法行为不服申请复议的，应由县政府管辖，而不是县公安局。因此，李某向县公安局申请复议不正确。法条依据为《行政复议法》第24条第4款②。

案例3—问题：如何确定本案的复议机关？
答案：本案的复议机关应为甲市政府。对县级以上地方政府工作部门作出的行政行为不服申请复议的，由本级政府管辖。本案中，林某对甲市人社局作出的提前退休核准告知书不服申请复议的，应由甲市政府管辖。法条依据为《行政复议法》第24条第1款第1项③。

案例4—问题：如何确定行政复议的被申请人？
答案：行政复议的被申请人为天元市生态环境局。天元市生态环境局根据其制定的《管理办法》授权天元市环保志愿者协会对辖区内企业排放污染物情况进行监督检查，并作出行政处罚决定，由于《管理办法》属于规范性文件，而非法律、法规或规章，故属于假授权真委托的情形。因此，行政机关委托的组织作出行政行为的，委托的行政机关即天元市生态环境局是被申请人。法条依据为《行政复议法》

---

① 《行政复议法》第25条第3项：国务院部门管辖下列行政复议案件：
（三）对本部门管理的法律、行政法规、部门规章授权的组织作出的行政行为不服的。
② 《行政复议法》第24条第4款：对县级以上地方各级人民政府工作部门依法设立的派出机构依照法律、法规、规章规定，以派出机构的名义作出的行政行为不服的行政复议案件，由本级人民政府管辖；其中，对直辖市、设区的市人民政府工作部门按照行政区划设立的派出机构作出的行政行为不服的，也可以由其所在地的人民政府管辖。
③ 《行政复议法》第24条第1款第1项：县级以上地方各级人民政府管辖下列行政复议案件：
（一）对本级人民政府工作部门作出的行政行为不服的。

第 19 条第 3 款①。

案例 5——问题：如何确定本案的被申请人？

答案：本案中的被申请人是江阳市生态环境局和江阳市规划和自然资源局。对两个或者两个以上行政机关以共同的名义作出的具体行政行为不服的，共同作出行政行为的行政机关是被申请人。《责令改正违法行为通知书》是由江阳市生态环境局与江阳市规划和自然资源局共同签署的，属于共同行政行为。因此，江阳市生态环境局与江阳市规划和自然资源局应当作为共同被申请人。法条依据为《行政复议法》第 19 条第 2 款②。

案例 6——问题：该公司以霞浦市交通局与某民营交通管理公司为被申请人是否正确？

答案：该公司以霞浦市交通局与某民营交通管理公司为复议被申请人不正确。对两个或者两个以上行政机关以共同的名义作出的具体行政行为不服的，共同作出行政行为的行政机关是被申请人。但某民营交通管理公司并非行政机关，只有霞浦市交通局是具有行政主体资格的行政机关。因此，该行政行为的被申请人应仅为霞浦市交通局。法条依据为《行政复议法》第 19 条第 2 款。

案例 7——问题：如何确定本案的复议机关？

答案：本案的复议机关既可以为上海市政府，也可以为浦东区政府。对县级以上地方各级人民政府工作部门依法设立的派出机构，以其自身名义作出的行政行为不服的行政复议案件，由本级人民政府管辖。对设区的市人民政府工作部门按照行政区划设立的派出机构作出的行政行为不服的，也可以由其所在地的人民政府管辖。张江高科技园区管理委员会是上海市发展和改革委员会的派出机构，同时又位于浦东区。因此，该公司对张江高科技园区管理委员会作出的不予行政许可决定不服，既可向本级政府上海市人民政府，亦可向所在地政府即浦东区政府申请行政复议。法条依据为《行政复议法》第 24 条第 4 款③。

（二）复议申请与受理程序

案例 1：经王某请求，国家专利复审机构宣告授予李某的专利无效，于 5 月 20 日通过电子邮件向李某送达决定书，但决定书中未载明申请行政复议的权利、行政复议机关和申请期限。李某于 9 月 21 日得知其有权申请复议，遂于 10 月 11 日向复议机关申请复议，复议机关以超过申请期限为由不予受理该复议申请。

问题：复议机关不予受理的决定是否合法？

案例 2：县交管局依据十字路口电子摄像头记录的违章拍照，对李某的超速行为作出罚款 200 元的处罚决定，并通过交通处罚电子送达系统送达处罚决定书。李某不服该处罚决定，向县交管局递交复议申请书。

---

① 《行政复议法》第 19 条第 3 款：行政机关委托的组织作出行政行为的，委托的行政机关是被申请人。

② 《行政复议法》第 19 条第 2 款：两个以上行政机关以共同的名义作出同一行政行为的，共同作出行政行为的行政机关是被申请人。

③ 《行政复议法》第 24 条第 4 款：对县级以上地方各级人民政府工作部门依法设立的派出机构依照法律、法规、规章规定，以派出机构的名义作出的行政行为不服的行政复议案件，由本级人民政府管辖；其中，对直辖市、设区的市人民政府工作部门按照行政区划设立的派出机构作出的行政行为不服的，也可以由其所在地的人民政府管辖。

问题：县交管局接收复议申请书后应当如何处理？

案例3：环乐公司注册地位于乙市丹阳区，郑某系环乐公司员工，与环乐公司签订有《劳动合同》。2024年8月，郑某外派至甲市博南区，任环乐公司事业部施工现场主任，日常工作内容为施工管理。2024年9月晚11点，郑某被同事发现在员工宿舍浴室内死亡。2024年11月，环乐公司向丹阳区人社局提交了工伤认定申请。丹阳区人社局受理后，作出《工伤认定书》，认定郑某为工伤。环乐公司遂向丹阳区人民政府提交了行政复议申请。

问题：如丹阳区政府在受理复议申请时发现环乐公司提交的材料不齐全，应当如何处理？

案例4：王女士是一名个体工商户，因当地区市场监管局认定其存在虚假宣传行为而被处以罚款。由于文化水平较低，书写困难，王女士想要通过口头方式向区政府申请复议。区政府工作人员拒绝了她的口头申请。

问题：区政府工作人员的拒绝口头申请的行为是否合法？

案例5：5月20日，李老师在递交优秀教师评选材料时，被教育局退回，并告知其因受到警告处分而无法参评。此时，李老师才收到此前于3月1日作出的《行政处罚决定书》，其载明：区教育局认定李老师在教育教学过程中存在不当行为而对其处以警告。李老师对该警告不服，于6月1日向区政府申请复议。

问题：李老师的复议申请是否超出了法定期限？

案例6：某区生态环境局认定赵某所经营的企业排放超标而处以罚款3万元。赵某通过邮寄方式向区政府申请复议，但在邮寄过程中漏寄了部分关键证据材料。区政府在收到赵某复议申请后的第10天，向赵某发出《行政复议申请补正通知书》，要求其在10日内补正材料。

问题：区政府在收到赵某复议申请后，其处理材料不全的行为是否符合法律规定？

案例1—问题：复议机关不予受理的决定是否合法？

答案：复议机关不予受理的决定违法。国家专利复审机构的行政决定书中未告知复议权利、机关和期限，复议申请期限自李某知道或者应当知道复议权利之日起计算60日，但从知道决定书内容之日起最长不得超过一年。本案中，5月20日决定书送达李某，李某于9月21日知道其复议权利，并于10月11日申请复议，未超过60日的复议申请期限，且自知道决定书内容之日起未超过一年。因此复议机关不予受理的决定违法。法条依据为《行政复议法》第20条第1款、第3款[①]。

案例2—问题：县交管局接收复议申请书后应当如何处理？

答案：本案属于行政机关依据电子技术监控设备记录的违法事实作出的行政处罚，李某通过作出行

[①]《行政复议法》第20条第1款、第3款：公民、法人或者其他组织认为行政行为侵犯其合法权益的，可以自知道或者应当知道该行政行为之日起六十日内提出行政复议申请；但是法律规定的申请期限超过六十日的除外。

行政机关作出行政行为时，未告知公民、法人或者其他组织申请行政复议的权利、行政复议机关和申请期限的，申请期限自公民、法人或者其他组织知道或者应当知道申请行政复议的权利、行政复议机关和申请期限之日起计算，但是自知道或者应当知道行政行为内容之日起最长不得超过一年。

政处罚决定的行政机关即县交管局提交行政复议申请的,县交管局收到复议申请书后,应当及时处理;认为需要维持行政处罚决定的,应当自收到复议申请之日起五日内转送行政复议机关县政府。法条依据为《行政复议法》第24条第1款第1项①、第32条②。

案例3—问题:如丹阳区政府在受理复议申请时发现环乐公司提交的材料不齐全,应当如何处理?

答案:应当自收到申请之日起5日内书面通知补正,补正通知应当一次性载明需要补正的事项。行政复议申请材料不齐全或者表述不清楚,无法判断行政复议申请是否符合法律规定的,行政复议机关应当自收到申请之日起五日内书面通知申请人补正。法条依据为《行政复议法》第31条第1款③。

案例4—问题:区政府工作人员的拒绝口头申请的行为是否合法?

答案:区政府工作人员拒绝口头申请的行为不合法。申请复议的方式以书面为原则,但对于书面申请有困难的申请人,可以口头申请。因此,区政府工作人员拒绝王女士的口头申请的行为违法。法条依据为《行政复议法》第22条第1款④。

案例5—问题:李老师的复议申请是否超出了法定期限?

答案:李老师的复议申请没有超出法定期限。行政复议申请期限为自知道或应当知道行政行为之日起60日内,同时不超过行政行为作出之日起的5年。李先生于5月20日才知道3月1日作出的行政行为,并于6月1日申请复议,并未超出60日的法定期限,也未超出5年的最长法定期限。法条依据为《行政复议法》第20条第1款、第21条⑤。

案例6—问题:区政府在收到赵某复议申请后,其处理材料不全的行为是否符合法律规定?

答案:区政府在收到赵某的复议申请后,其处理材料不全的行为不合法。行政复议申请材料不齐全或者表述不清楚,行政复议机关应当自收到申请之日起五日内书面通知申请人补正。区政府在收到赵某的复议申请后的第10天才发出《行政复议申请补正通知书》,超过法定的5日期限,违反了法律规定。法条依据为《行政复议法》第31条第1款。

(三)行政复议的审理程序

案例1:因甜甜圈公司的宣传海报内容涉嫌违法,区政府依据省政府制定的规章《某省广告法实施办法》和市市监局制定的《某市虚假广告处罚实施细则》,对甜甜圈公司作出罚款5000元的处罚。甜甜圈公司提出复议申请,因甜甜圈公司的法定代表人在国外,于是复议机关决定书面审理本案。

---

① 《行政复议法》第24条第1款第1项:县级以上地方各级人民政府管辖下列行政复议案件:
(一)对本级人民政府工作部门作出的行政行为不服的。
② 《行政复议法》第32条:对当场作出或者根据电子技术监控设备记录的违法事实作出的行政处罚决定不服申请行政复议的,可以通过作出行政处罚决定的行政机关提交行政复议申请。
行政机关收到行政复议申请后,应当及时处理;认为需要维持行政处罚决定的,应当自收到行政复议申请之日起五日内转送行政复议机关。
③ 《行政复议法》第31条第1款:行政复议申请材料不齐全或者表述不清楚,无法判断行政复议申请是否符合本法第三十条第一款规定的,行政复议机关应当自收到申请之日起五日内书面通知申请人补正。补正通知应当一次性载明需要补正的事项。
④ 《行政复议法》第22条第1款:申请人申请行政复议,可以书面申请;书面申请有困难的,也可以口头申请。
⑤ 《行政复议法》第21条:因不动产提出的行政复议申请自行政行为作出之日起超过二十年,其他行政复议申请自行政行为作出之日起超过五年的,行政复议机关不予受理。

一、小案例

问题：复议机关决定书面审理的做法是否合法？为什么？

案例2：阳光县公安局接到举报后调查发现月亮KTV违法提供色情服务，遂决定吊销月亮KTV营业许可证并处以罚款2万元，并对提供色情服务的胡某等人员予以警告。胡某辩称其只是该KTV的普通工作人员，并没有提供任何色情服务，警告决定损害了其声誉，遂向县政府申请复议。县政府于9月1日受理复议申请后，认为本案事实清楚、权利义务关系明确、争议不大，适用简易程序审理了该案，并于9月29日作出了维持决定。

问题：本案县政府的审理程序是否正确？

案例3：市税务局因星光公司未按规定设置账簿，对其处以罚款5000元，星光公司不服申请复议。复议过程中，复议机关在取得双方同意后进行调解，双方经调解达成调解协议，市税务局根据《税收征收管理办法》将罚款金额改为2000元。

问题：复议机关的处理是否合法？双方达成调解协议后，复议机关应如何处理？

案例4：在双庆市第一中学担任高级地理老师的向某因对收到的交通处罚决定不服，向有关部门申请了行政复议。在复议期间，恰逢向某担任双庆市高考地理学科阅卷组组长，复议机关遂作出书面审理本案的决定。

问题：复议机关决定书面审理的做法是否合法？为什么？

案例5：甲市市场监督管理局经举报对明月大药房开展调查，后就其违法行为对明月大药房作出通报批评并罚款3000元的处罚，明月大药房不服，申请行政复议。因其符合简易程序审理条件，复议机关依法适用简易程序进行审理。案件审理中复议机关发现，本案申请人提交的投诉举报事项多，反映的医药问题专业性强，且当事人之间对立情绪严重。

问题：若复议机关发现本案案情复杂，可以如何处理？

案例6：甲因对所受市监局行政处罚不服向区政府申请复议，区政府于1月2日受理。且甲申请听证，区政府复议机构于1月10日电话通知甲听证将于1月12日于区政府某会议室进行，并告知拟听证事项。4月1日区政府作出复议决定并向当事人送达。

问题：复议机关的审理程序存在哪些违法之处？

案例1—问题：复议机关决定书面审理的做法是否合法？为什么？

答案：不合法。复议机关应当当面或者通过互联网、电话等方式听取当事人的意见，并将听取的意见记录在案。因当事人原因不能听取意见的，才能进行书面审理。本案中，虽然甜甜圈公司的法定代表人在国外，但复议机关仍可通过互联网、电话等方式听取当事人的意见，直接以此为由决定书面审理不合法。法条依据为《行政复议法》第49条[①]。

[①]《行政复议法》第49条：适用普通程序审理的行政复议案件，行政复议机构应当当面或者通过互联网、电话等方式听取当事人的意见，并将听取的意见记录在案。因当事人原因不能听取意见的，可以书面审理。

案例2—问题：本案县政府的审理程序是否正确？

答案：正确。

（1）适用简易程序审理正确。本案中，胡某就县公安局对其警告的行为申请行政复议，属于警告或通报批评的行政行为，且县政府认为本案事实清楚、权利义务关系明确、争议不大，可以适用简易程序。

（2）审理期限正确。本案中，县政府适用简易程序审理本案，应当自受理申请之日起30日内作出复议决定，于9月29日作出复议决定没有超出审理期限。

法条依据为《行政复议法》第53条第1款第2项①、第62条第2款②。

案例3—问题：复议机关的处理是否合法？双方达成调解协议后，复议机关应如何处理？

答案：（1）合法。本案中，复议机关取得双方同意后进行调解，遵循合法、自愿的原则，调解协议中市税务局根据《税收征收管理办法》调整罚款金额，未违反法律、法规的强制性规定，因此复议机关可以进行调解。法条依据为《行政复议法》第5条③。

（2）复议机关应制作行政复议调解书，经市税务局和星光公司签字或盖章，并加盖复议机关印章，调解书即发生法律效力。法条依据为《行政复议法》第73条第1款④。

案例4—问题：复议机关决定书面审理的做法是否合法？为什么？

答案：合法。本案中存在当事人向某因自身原因不能听取意见的情况，根据法律规定，复议机关可以书面审理。法条依据为《行政复议法》第49条⑤。

案例5—问题：若复议机关发现本案案情复杂，可以如何处理？

答案：可转为普通程序审理。本案中，复议机关发现案情复杂，不适宜适用简易程序，经复议机构的负责人批准，可以转为普通程序审理。法条依据为《行政复议法》第55条⑥。

案例6—问题：复议机关的审理程序存在哪些违法之处？

答案：（1）违反听证告知时间及方式。本案中，行政复议机构于举行听证两日前电话通知甲听证时间、地点和拟听证事项违反了五日前书面通知的规定。

（2）超过审理期限。区政府应当自受理申请之日起六十日内作出行政复议决定，且本案不存在情况

---

① 《行政复议法》第53条第1款第2项：行政复议机关审理下列行政复议案件，认为事实清楚、权利义务关系明确、争议不大的，可以适用简易程序：

（二）被申请行政复议的行政行为是警告或者通报批评的。

② 《行政复议法》第62条第2款：适用简易程序审理的行政复议案件，行政复议机关应当自受理申请之日起三十日内作出行政复议决定。

③ 《行政复议法》第5条：行政复议机关办理行政复议案件，可以进行调解。

调解应当遵循合法、自愿的原则，不得损害国家利益、社会公共利益和他人合法权益，不得违反法律、法规的强制性规定。

④ 《行政复议法》第73条第1款：当事人经调解达成协议的，行政复议机关应当制作行政复议调解书，经各方当事人签字或者签章，并加盖行政复议机关印章，即具有法律效力。

⑤ 《行政复议法》第49条：适用普通程序审理的行政复议案件，行政复议机构应当当面或者通过互联网、电话等方式听取当事人的意见，并将听取的意见记录在案。因当事人原因不能听取意见的，可以书面审理。

⑥ 《行政复议法》第55条：适用简易程序审理的行政复议案件，行政复议机构认为不宜适用简易程序的，经行政复议机构的负责人批准，可以转为普通程序审理。

复杂等情形，1月2日受理，4月1日作出复议决定不合法。

法条依据为《行政复议法》第51条第1款[①]、第62条第1款[②]。

（四）规范性文件的附带审查

案例1：因甲公司供水质量检测不达标，A市B区政府依据A市水利局制定的《A市水资源质量标准实施细则》，对甲公司处以1万元的罚款。甲公司不服，向A市政府申请行政复议，并请求对《A市水资源质量标准实施细则》进行附带审查。

问题1：A市政府收到附带审查申请后，应当如何处理？

问题2：如A市政府经审查认为《A市水资源质量标准实施细则》不合法，应如何处理？

案例2：胖哥饺子馆因顾客实际支付价格与菜单价格不符被认定为价格欺诈，县物价局依据市物价局制定的《某市开展放心消费保护行动实施意见》（以下简称《实施意见》），决定对胖哥饺子馆作出吊销营业执照的行政处罚，该餐馆不服向县政府申请复议。县政府在复议过程中，发现该《实施意见》存在违法规定。

问题：县政府应当如何处理？

案例3：市生态环境局依据其自身制定的《关于本市环境违法行为行政处罚的实施细则》（以下简称《实施细则》）对随地乱扔垃圾的小马处以500元罚款的处罚，小马不服向市政府申请复议，并请求审查该《实施细则》。

问题：市政府审查《实施细则》时，复议程序应当如何处理？

案例1—问题1：A市政府收到附带审查申请后，应当如何处理？

答案：应当进行审查，并在三十日内依法处理。A市政府对A市水利局制定的《实施细则》有权审查，因此根据法律规定，A市应当自行政复议中止之日起三日内，书面通知该规范性文件的制定机关即A市水利局就相关条款的合法性提出书面答复；A市水利局应当自收到书面通知之日起十日内提交书面答复及相关材料。A市政府认为必要时，可以要求规范性文件或者依据的制定机关当面说明理由，制定机关应当配合。法条依据为《行政复议法》第57条[③]、第58条[④]。

案例1—问题2：如A市政府经审查认为《A市水资源质量标准实施细则》不合法，应如何处理？

答案：A市政府应当决定停止执行《A市水资源质量标准实施细则》，并责令制定机关A市水利局予以纠正。本案中，A市政府有权处理A市水利局制定的规范性文件，其认为相关条款超越权限或者违反

[①] 《行政复议法》第51条第1款：行政复议机构组织听证，应当于举行听证的五日前将听证的时间、地点和拟听证事项书面通知当事人。

[②] 《行政复议法》第62条第1款：适用普通程序审理的行政复议案件，行政复议机关应当自受理申请之日起六十日内作出行政复议决定；但是法律规定的行政复议期限少于六十日的除外。情况复杂，不能在规定期限内作出行政复议决定的，经行政复议机构的负责人批准，可以适当延长，并书面告知当事人；但是延长期限最多不得超过三十日。

[③] 《行政复议法》第57条：行政复议机关在对被申请人作出的行政行为进行审查时，认为其依据不合法，本机关有权处理的，应当在三十日内依法处理；无权处理的，应当在七日内转送有权处理的国家机关依法处理。

[④] 《行政复议法》第58条：行政复议机关依照本法第五十六条、第五十七条的规定有权处理有关规范性文件或者依据的，行政复议机构应当自行政复议中止之日起三日内，书面通知规范性文件或者依据的制定机关就相关条款的合法性提出书面答复。制定机关应当自收到书面通知之日起十日内提交书面答复及相关材料。

行政复议机构认为必要时，可以要求规范性文件或者依据的制定机关当面说明理由，制定机关应当配合。

上位法的，有权决定停止该条款的执行，并责令制定机关予以纠正。法条依据为《行政复议法》第59条[①]。

案例2——问题： 县政府应当如何处理？

答案： 县政府应当在七日内转送有权处理的行政机关依法处理。本案中，县政府在复议过程中发现《实施意见》存在违法规定，可以依职权对该规范性文件进行附带性审查，但县政府无权处理市物价局制定的《实施意见》，故应当在七日内转送有权处理的行政机关依法处理。法条依据为《行政复议法》第57条。

案例3——问题： 市政府审查《实施细则》时，复议程序应当如何处理？

答案： 市政府应当中止复议，并在30日内依法处理该规范性文件。本案中，小马请求一并审查《实施细则》，在规范性文件附带性审查期间，应当中止复议。同时，市政府有权处理市生态环境局制定的规范性文件，其应当在30日内依法处理该规范性文件。具体而言，应当自行政复议中止之日起3日内，书面通知市生态环境局就相关条款的合法性提出书面答复。法条依据为《行政复议法》第56条[②]、第58条第1款。

（五）行政复议证据制度

案例1： 张聪超出规划范围修建停车棚，被县规划局责令自行拆除。后县政府未经催告直接拆除了停车棚，张聪因未来得及搬离电动车及相关杂物而遭受损失。张聪对县政府的拆除行为不服，申请复议并提出行政赔偿请求。

问题： 因强拆行为造成的财物损失的举证责任由谁承担？

案例2： 山南市自然资源局对一块使用权存有争议的土地作出处理，分别给新月公司、红杉公司颁发了《国有土地使用权证》。大鹏公司认为自然资源局的行为侵犯了其享有的国有土地使用权，于是向山南市政府申请行政复议。

问题： 本案由哪个主体承担证明颁发《国有土地使用权证》合法的举证责任？举证期限如何确定？

案例3： 家住甲市乙区的赖某一日外出买菜时，恰逢两名菜市场老板因个人情感纠纷在菜市场内斗殴。出于好奇，赖某上前与其中一位老板搭讪，被另一名老板误认为是对方派来的打手，当即扇了赖某一耳光，赖某不服，三人遂扭打在一起。此时甲市公安局巡查民警赶到现场，将赖某与菜市场老板一并押回公安局，并依据《治安管理处罚法》对赖某处以罚款200元的行政处罚。赖某不服，向甲市政府申请复议。行政复议审理过程中，甲市公安局为证明自身处罚决定合法性，向复议机关出示了在复议审理期间甲市公安局工作人员自行搜集到的事发当时围观群众的证言。

问题： 该证言是否可以被法院采纳？

---

① 《行政复议法》第59条：行政复议机关依照本法第五十六条、第五十七条的规定有权处理有关规范性文件或者依据，认为相关条款合法的，在行政复议决定书中一并告知；认为相关条款超越权限或者违反上位法的，决定停止该条款的执行，并责令制定机关予以纠正。

② 《行政复议法》第56条：申请人依照本法第十三条的规定提出对有关规范性文件的附带审查申请，行政复议机关有权处理的，应当在三十日内依法处理；无权处理的，应当在七日内转送有权处理的行政机关依法处理。

一、小案例

案例1—问题：因强拆行为造成的财物损失的举证责任由谁承担？

答案：应当由被申请人县政府承担。申请复议时一并提出行政赔偿请求的，因被申请人原因导致申请人无法举证的，由被申请人承担举证责任。本案中，张聪因县政府的原因导致其无法证明受损害的事实，故应由县政府承担财物损失的举证责任。法条依据为《行政复议法》第44条第2款第2项①。

案例2—问题：本案由哪个主体承担证明颁发《国有土地使用权证》合法的举证责任？举证期限如何确定？

答案：（1）应当由山南市自然资源局承担证明颁发《国有土地使用权证》合法的举证责任。本案中山南市自然资源局给新月公司、红杉公司颁发了《国有土地使用权证》的行为被申请复议，因此，山南市自然资源局对其所作的发证行为的合法性负有举证责任。

（2）山南市自然资源局应当在收到复议申请书副本之日起10日内，提供据以作出被申请复议行政行为的证据和所依据的规范性文件。

法条依据为《行政复议法》第44条第1款②、第48条③。

案例3—问题：该证言是否可以被法院采纳？

答案：不可以。行政复议期间，甲市公安局作为行政复议被申请人不得自行向其他有关单位或者个人收集证据，其自行收集的围观群众的证言不作为认定行政行为合法性、适当性的依据。法条依据为《行政复议法》第46条第1款④。

（六）行政复议决定

案例1：某县公安局以扰乱公共场所秩序为由对石某处以罚款1000元，石某对该罚款不服，向该县政府申请复议。复议期间，县公安局意识到原处罚行为确实不当，遂将罚款变更为200元，石某仍要求复议机关撤销原处罚行为。

问题：县政府应当如何处理？

案例2：A市甲县公安局以李某打架斗殴为由对其作出拘留15日的处罚决定。李某不服向甲县政府申请复议，县政府查明县公安局在处罚决定作出前，拒绝听取李某的陈述和申辩。

问题：甲县政府应当如何处理？

案例3：区生态环境局因检查中发现的违法行为对甲生物技术公司作出罚款44万余元的行政处罚决定。甲公司不服，认为其违法行为轻微并已及时改正，没有造成危害后果，应适用《生态环境行政处罚办法》有关规定不予行政处罚，遂向区政府申请行政复议，请求撤销处罚决定。复议机关审查认为甲

---

① 《行政复议法》第44条第2款第2项：有下列情形之一的，申请人应当提供证据：

（二）提出行政赔偿请求的，提供受行政行为侵害而造成损害的证据，但是因被申请人原因导致申请人无法举证的，由被申请人承担举证责任。

② 《行政复议法》第44条第1款：被申请人对其所作出的行政行为的合法性、适当性负有举证责任。

③ 《行政复议法》第48条：行政复议机构应当自行政复议申请受理之日起七日内，将行政复议申请书副本或者行政复议申请笔录复印件发送被申请人。被申请人应当自收到行政复议申请书副本或者行政复议申请笔录复印件之日起十日内，提出书面答复，并提交作出行政行为的证据、依据和其他有关材料。

④ 《行政复议法》第46条第1款：行政复议期间，被申请人不得自行向申请人和其他有关单位或者个人收集证据；自行收集的证据不作为认定行政行为合法性、适当性的依据。

公司虽已完成部分整改措施，但尚未完成配套环境保护设施竣工验收，仍有造成危害生态环境的风险，不符合《生态环境行政处罚办法》规定的"违法行为轻微并及时改正"而不予行政处罚的情形，且处罚决定无其他问题。

问题：复议机关应作出何种复议决定？

案例 4：花园小区具备成立业主委员会的条件，但开发商拒绝出具成立业委会的申请。甲乙丙系小区居民，向所属街道办事处提出申请，要求街道办事处督促开发商召开业主大会成立业主委员会，街道办事处未予答复。申请人不服，提起行政复议。复议机关认为，根据《某市物业管理实施细则》规定，应由建设单位向案涉小区所在社区、街道提交关于成立业主委员会的书面申请，而不应由居民自行组织成立首届业主委员会。

问题：复议机关应作出何种复议决定？

案例 5：由于甲酒店未按《市场主体登记管理条例实施细则》在规定时间内报送并公示 2022 年度报告，N 市市场监督管理局将其列入经营异常名录，作出罚款 8000 元并责令改正的行政处罚决定。甲酒店不服该决定，向 N 市政府申请复议。市政府经审查，认为甲酒店系初次违法，违法行为单一，危害后果轻微，综合判定甲违法行为轻微，可以从轻处罚。市监局作出罚款 8000 元的处罚决定，违反了过罚相当原则，缺乏适当性。

问题：复议机关应作出何种复议决定？

案例 6：某行政机关执法中发现吴某涉嫌无证开采，该行政机关立案调查，但后受委托的某综合行政执法大队以自己名义作出《行政处罚决定》，给予申请人责令立即停止违法开采行为、赔偿损失、没收违法所得并处罚款的行政处罚。申请人不服，申请行政复议。

问题：复议机关应作出何种复议决定？

案例 7：某地区发生了严重的环境污染事件，该污染如没有第一时间遏制，将会造成严重危害，且将导致后续治理效果甚微。生态环境局在接到居民举报后，未能及时采取有效措施进行监管和治理，导致污染持续扩散，对周边环境和居民健康造成了严重影响。周边居民提起行政复议。

问题：复议机关应作出何种复议决定？

案例 8：林某从某平台购买某公司生产的代餐粉后，认为存在虚假宣传的行为，通过全国 12315 平台向市场监督管理局投诉举报，市场监督管理部门受理后，作出不予受理反馈，林某对此答复不服，申请行政复议。

问题：复议机关应作出何种复议决定？

案例 1—问题：县政府应当如何处理？

答案：县政府应当确认原处罚行为违法。本案中，县公安局对石某处以罚款 1000 元的行为违法，其已经改变原违法行政行为，申请人石某仍要求撤销行政行为，复议机关县政府应当确认原行政行为违法。

法条依据为《行政复议法》第 65 条第 2 款第 2 项①。

案例 2—问题：甲县政府应当如何处理？
答案：甲县政府应决定撤销该行政处罚。本案中，甲县公安局在作出处罚决定前拒绝听取李某的陈述和申辩的行为属于违反法定程序的情形，复议机关甲县政府应作出撤销行政行为的复议决定，并可以责令甲县公安局在一定期限内重新作出行政行为。法条依据为《行政处罚法》第 45 条第 1 款②、《行政复议法》第 64 条第 1 款第 2 项③。

案例 3—问题：复议机关应作出何种复议决定？
答案：复议机关应作出维持决定。本案中，复议机关区政府审查认为行政机关区生态环境局的行政处罚行为认定事实清楚、证据确凿、适用依据正确、程序合法、内容适当，复议机关区政府应当决定维持该行政行为。法条依据为《行政复议法》第 68 条④。

案例 4—问题：复议机关应作出何种复议决定？
答案：复议机关应作出驳回申请人复议请求。本案中，街道办事处不具有督促开发商召开业主大会成立业主委员会的法定职责，复议机关应当决定驳回申请人甲乙丙的行政复议请求。法条依据为《行政复议法》第 69 条⑤。

案例 5—问题：复议机关应作出何种复议决定？
答案：复议机关应作出变更决定。本案中，复议机关 N 市政府审查发现，该案事实清楚，证据确凿，适用依据正确，程序合法，但罚款数额较高，违反了过罚相当原则，即该行为的内容不适当。因此，复议机关可以决定变更该行政行为。法条依据为《行政复议法》第 63 条第 1 款第 1 项⑥。

案例 6—问题：复议机关应作出何种复议决定？
答案：复议机关应作出确认无效决定。本案中，行政机关委托的某综合行政执法大队不具有行政主体资格，由其作出行政处罚，属于重大且明显违法情形。当事人申请确认行政行为无效的，复议机关应当确认处罚行为无效。法条依据为《行政复议法》第 67 条⑦。

---

① 《行政复议法》第 65 条第 2 款第 2 项：行政行为有下列情形之一，不需要撤销或者责令履行的，行政复议机关确认该行政行为违法：
（二）被申请人改变原违法行政行为，申请人仍要求撤销或者确认该行政行为违法。
② 《行政处罚法》第 45 条第 1 款：当事人有权进行陈述和申辩。行政机关必须充分听取当事人的意见，对当事人提出的事实、理由和证据，应当进行复核；当事人提出的事实、理由或者证据成立的，行政机关应当采纳。
③ 《行政复议法》第 64 条第 1 款第 2 项：行政行为有下列情形之一的，行政复议机关决定撤销或者部分撤销该行政行为，并可以责令被申请人在一定期限内重新作出行政行为：
（二）违反法定程序。
④ 《行政复议法》第 68 条：行政行为认定事实清楚，证据确凿，适用依据正确，程序合法，内容适当的，行政复议机关决定维持该行政行为。
⑤ 《行政复议法》第 69 条：行政复议机关受理申请人认为被申请人不履行法定职责的行政复议申请后，发现被申请人没有相应法定职责或者在受理前已经履行法定职责的，决定驳回申请人的行政复议请求。
⑥ 《行政复议法》第 63 条第 1 款第 1 项：行政行为有下列情形之一的，行政复议机关决定变更该行政行为：
（一）事实清楚，证据确凿，适用依据正确，程序合法，但是内容不适当。
⑦ 《行政复议法》第 67 条：行政行为有实施主体不具有行政主体资格或者没有依据等重大且明显违法情形，申请人申请确认行政行为无效的，行政复议机关确认该行政行为无效。

案例7—问题：复议机关应作出何种复议决定？

答案：复议机关应作出**确认违法**决定。本案中，行政机关生态环境局接居民举报后未及时采取有效措施，属于被申请人**不履行法定职责**，污染持续扩散，造成严重影响后**责令履行没有意义**，故复议机关应当确认行政行为违法。法条依据为《行政复议法》第65条第2款第3项①。

案例8—问题：复议机关应作出何种复议决定？

答案：复议机关应作出**履行决定**。本案中，被申请人市场监督管理局有履行受理消费者投诉查处经营者虚假宣传行为的**法定职责**，且有**履行能力**，其不履行受理林某投诉的行为违法，且被申请人的履行仍然**有意义**，复议机关应当决定被申请人市场监督管理局**在一定期限内履行**。法条依据为《行政复议法》第66条②。

（七）行政复议决定的执行监督

案例1：A村旁建有一B工厂，B工厂持续性夜间生产且噪声巨大。村民沈某不堪其扰，要求县生态环境局对B工厂进行整治，但县生态环境局迟迟未作出回复和处理。沈某对县生态环境局不履行职责的行为不服，向县政府申请复议。复议过程中，县政府向县生态环境局制发行政复议意见书，要求尽快处理B工厂噪音污染问题。但县生态环境局仍然不作出相关举措。

问题1：对此县政府可采取何种措施？

问题2：若在行政复议机关介入调解后沈某与县生态环境局签订了调解协议，但沈某到期仍未履行调解协议中的约定义务，且未提起行政诉讼，此时复议机关应当如何处理？

案例2：王小五因违规摆摊被县城管执法局处以罚款500元，王小五认为罚款数额过高，向县政府申请复议，县政府经审理后将罚款数额更改为200元。但王小五认为自己摆摊收益都不到200元，内心实在不服气，故迟迟不愿交罚款。

问题：小五逾期不缴纳罚款，由哪个机关监督执行？

案例3：大胖炸串店被发现使用过期食品原材料，且后厨检测出各项细菌含量超标，县市场监督管理局责令其停业整顿，并处罚款10000元。大胖炸串店认为处罚过重，向县政府申请复议，县政府认为原决定事实清楚、证据充足、依据充分、处罚合理，遂予以维持。大胖炸串店不服，复议决定生效后仍继续营业。

问题1：大胖炸串店逾期不履行行政复议决定，如何监督执行？

问题2：若县政府在复议审理过程中组织双方调解并达成行政复议调解书，后大胖炸串店拒不履行调解书，如何监督执行？

案例1—问题1：对此县政府可采取何种措施？

答案：县政府应**责令**县生态环境局**限期履行**复议意见书，并可以**约谈**县生态环境局的**有关负责人**或

---

① 《行政复议法》第65条第2款第3项：行政行为有下列情形之一，不需要撤销或者责令履行的，行政复议机关确认该行政行为违法：
（三）被申请人不履行或者拖延履行法定职责，责令履行没有意义。

② 《行政复议法》第66条：被申请人不履行法定职责的，行政复议机关决定被申请人在一定期限内履行。

予以通报批评。本案中,被申请人县生态环境局不履行或者无正当理由拖延履行行政复议意见书,行政复议机关县政府应当责令其限期履行,并可以约谈县生态环境局的有关负责人或者予以通报批评。法条依据为《行政复议法》第 77 条第 2 款①。

案例 1—问题 2:若在行政复议机关介入调解后沈某与县生态环境局签订了调解协议,但沈某到期仍未履行调解协议中的约定义务,且未提起行政诉讼,此时复议机关应当如何处理?

答案:应当依法强制执行或申请人民法院强制执行。沈某作为申请人逾期不起诉又不履行行政复议调解书,应当由行政复议机关依法强制执行,或者申请人民法院强制执行。法条依据为《行政复议法》第 78 条第 3 项②。

案例 2—问题:小五逾期不缴纳罚款,由哪个机关监督执行?

答案:县政府。本案属于复议改变案件,申请人王小五逾期不起诉又不履行变更行政行为的行政复议决定书,由行政复议机关县政府依法强制执行,或者申请人民法院强制执行。法条依据为《行政复议法》第 78 条第 2 项③。

案例 3—问题 1:大胖炸串店逾期不履行行政复议决定,如何监督执行?

答案:本案属于复议维持案件,申请人大胖炸串店逾期不起诉又不履行维持行政行为的行政复议决定书,由作出行政行为的行政机关县市场监督管理局依法强制执行,或者申请人民法院强制执行。法条依据为《行政复议法》第 78 条第 1 项④。

案例 3—问题 2:若县政府在复议审理过程中组织双方调解并达成行政复议调解书,后大胖炸串店拒不履行调解书,如何监督执行?

答案:本案申请人大胖炸串店逾期不起诉又不履行行政复议调解书,由行政复议机关县政府依法强制执行,或者申请人民法院强制执行。法条依据为《行政复议法》第 78 条第 3 项。

行政诉讼法

(一)行政诉讼的管辖

案例 1:廖某在龙江市南湖区人民街道 218 号拥有 3 间旧房、3 间新房,均完成物权登记。后龙江市房管局将廖某的 3 间新房认定为违章建筑,决定变更 218 号房屋产权登记,将廖某 6 间新旧房变更为 3 间旧房。

问题:廖某就变更其房屋登记的行政行为提起行政诉讼,哪个法院有管辖权?为什么?

---

① 《行政复议法》第 77 条第 2 款:被申请人不履行或者无正当理由拖延履行行政复议决定书、调解书、意见书的,行政复议机关或者有关上级行政机关应当责令其限期履行,并可以约谈被申请人的有关负责人或者予以通报批评。
② 《行政复议法》第 78 条第 3 项:申请人、第三人逾期不起诉又不履行行政复议决定书、调解书的,或者不履行最终裁决的行政复议决定的,按照下列规定分别处理:
(三)行政复议调解书,由行政复议机关依法强制执行,或者申请人民法院强制执行。
③ 《行政复议法》第 78 条第 2 项:申请人、第三人逾期不起诉又不履行行政复议决定书、调解书的,或者不履行最终裁决的行政复议决定的,按照下列规定分别处理:
(二)变更行政行为的行政复议决定书,由行政复议机关依法强制执行,或者申请人民法院强制执行。
④ 《行政复议法》第 78 条第 1 项:申请人、第三人逾期不起诉又不履行行政复议决定书、调解书的,或者不履行最终裁决的行政复议决定的,按照下列规定分别处理:
(一)维持行政行为的行政复议决定书,由作出行政行为的行政机关依法强制执行,或者申请人民法院强制执行。

案例 2：居住在甲市乙区的黄某前往丙市丁区出差，被位于丙市丁区的市公安局扣留在位于丙市戊区的公安机关。黄某不服，向位于丙市己区的丙市政府申请行政复议，丙市政府作出维持决定，黄某仍不服提起行政诉讼。

问题 1：本案是否由中级法院管辖？
问题 2：如何确定本案的地域管辖？

案例 3：和平区市场监督管理局以生产不符合标准的户外运动用品为由对江山公司罚款 2 万元，没收违法所得 7 万元，江山公司不服向和平区政府申请复议，和平区政府将罚款改为 4 万元，维持了其他处罚。江山公司不服提起诉讼。

问题：如何确定本案被告？如何确定本案的级别管辖？

案例 4：户籍地在中国内地的居民赵某与香港永久性居民刘某于 2004 年 7 月登记结婚，赵某于 2011 年 10 月成为香港永久性居民，其中国内地户籍于 2011 年 10 月由原籍中国内地甲市公安局派出所注销，户口已迁往香港，现持有香港居民身份证及通行证。2021 年，赵某不服甲市房管部门向第三人 A 银行颁发房屋他项权证，向法院起诉。

问题：如何确定本案的级别管辖？

案例 5：甲在驾驶机动车行驶的过程中被位于车后的乙驾车追尾，甲下车后，直接对乙大打出手，造成乙面部、手部、背部多处软组织轻度挫伤。县公安局执法人员对甲处以 7 日拘留，并处罚款 500 元。甲对该处罚决定不服，遂提起行政复议。县政府经审理后决定对甲处以 5 日拘留，并处罚款 500 元。甲仍不服，预备提起行政诉讼。

问题 1：该行政诉讼案件的当事人具体有哪些？
问题 2：如何确定本案的管辖法院？

案例 1——问题：廖某就变更其房屋登记的行政行为提起行政诉讼，哪个法院有管辖权？为什么？

答案：龙江市南湖区人民法院有管辖权。从级别管辖来看，本案被告是龙江市房管局，不是县级以上地方政府，应当由基层法院管辖；从地域管辖来看，本案是因行政行为导致不动产物权变动的案件，故应当由不动产所在地的龙江市南湖区人民法院专属管辖。所以，本案应当由龙江市南湖区人民法院管辖。法条依据为《行政诉讼法》第 14 条①、第 15 条②、第 20 条③、《行诉解释》第 9 条④。

---

① 《行政诉讼法》第 14 条：基层人民法院管辖第一审行政案件。
② 《行政诉讼法》第 15 条：中级人民法院管辖下列第一审行政案件：
（一）对国务院部门或者县级以上地方人民政府所作的行政行为提起诉讼的案件；
（二）海关处理的案件；
（三）本辖区内重大、复杂的案件；
（四）其他法律规定由中级人民法院管辖的案件。
③ 《行政诉讼法》第 20 条：因不动产提起的行政诉讼，由不动产所在地人民法院管辖。
④ 《行诉解释》第 9 条：行政诉讼法第二十条规定的"因不动产提起的行政诉讼"是指因行政行为导致不动产物权变动而提起的诉讼。
不动产已登记的，以不动产登记簿记载的所在地为不动产所在地；不动产未登记的，以不动产实际所在地为不动产所在地。

一、小案例

案例2—问题1：本案是否由中级法院管辖？

答案：本案不是由中级法院管辖。本案复议机关丙市政府维持了原机关丙市公安局的决定，属于复议维持，丙市公安局和丙市政府为共同被告。复议机关作共同被告的案件，以作出原行政行为的行政机关即丙市公安局确定案件的级别管辖，故本案应当由基层法院管辖。法条依据为《行政诉讼法》第26条第2款①、《行诉解释》第134条第3款②。

案例2—问题2：如何确定本案的地域管辖？

答案：甲市乙区、丙市丁区、丙市戊区、丙市己区的法院对本案都有管辖权。第一，经过复议的案件，可以由最初作出行政行为的行政机关所在地法院管辖，也可以由复议机关所在地法院管辖。本案经过复议，所以原机关所在地和复议机关所在地法院都有管辖权，即丙市丁区、丙市己区的法院都有管辖权；第二，对限制人身自由的行政强制措施不服提起的诉讼，由被告所在地或者原告所在地法院管辖。本案是共同被告，所以被告所在地为丙市丁区和丙市己区，原告所在地为经常居住地甲市乙区和被限制人身自由地丙市戊区。综上所述，甲市乙区、丙市丁区、丙市戊区、丙市己区的法院对本案都有管辖权。法条依据为《行政诉讼法》第18条第1款③、第19条④、《行诉解释》第8条第1款⑤。

案例3—问题：如何确定本案被告？如何确定本案的级别管辖？

答案：应当由基层法院管辖。本案既有复议维持，又有复议改变，此时原机关、复议机关为共同被告。复议机关作共同被告的案件，以作出原行政行为的机关和平区市场监督管理局确定级别管辖，故本案应当由基层法院管辖。法条依据为《行诉解释》第134条第2款、第3款⑥。

案例4—问题：如何确定本案的级别管辖？

答案：应当由中级法院管辖。本案中赵某已成为香港特区居民，本案属于涉香港特区案件，属于本辖区内重大复杂的案件，因此应由中级法院管辖。法条依据为《行政诉讼法》第15条第3项⑦、《行诉解释》第5条第2项⑧。

案例5—问题1：该行政诉讼案件的当事人具体有哪些？

答案：该行政诉讼案件的当事人具体有：

---

① 《行政诉讼法》第26条第2款：经复议的案件，复议机关决定维持原行政行为的，作出原行政行为的行政机关和复议机关是共同被告；复议机关改变原行政行为的，复议机关是被告。
② 《行诉解释》第134条第3款：复议机关作共同被告的案件，以作出原行政行为的行政机关确定案件的级别管辖。
③ 《行政诉讼法》第18条第1款：行政案件由最初作出行政行为的行政机关所在地人民法院管辖。经复议的案件，也可以由复议机关所在地人民法院管辖。
④ 《行政诉讼法》第19条：对限制人身自由的行政强制措施不服提起的诉讼，由被告所在地或原告所在地人民法院管辖。
⑤ 《行诉解释》第8条第1款：行政诉讼法第十九条规定的"原告所在地"，包括原告的户籍所在地、经常居住地和被限制人身自由地。
⑥ 《行诉解释》第134条第2款、第3款：行政复议决定既有维持原行政行为内容，又有改变原行政行为内容或者不予受理申请内容的，作出原行政行为的行政机关和复议机关为共同被告。
复议机关作共同被告的案件，以作出原行政行为的行政机关确定案件的级别管辖。
⑦ 《行政诉讼法》第15条第3项：中级人民法院管辖下列第一审行政案件：
（三）本辖区内重大、复杂的案件。
⑧ 《行诉解释》第5条第2项：有下列情形之一的，属于行政诉讼法第十五条第三项规定的"本辖区内重大、复杂的案件"：
（二）涉外或者涉及香港特别行政区、澳门特别行政区、台湾地区的案件。

（1）甲为原告。甲是处罚决定的行政相对人，其权利义务受到了实质性影响，有权作为原告提起诉讼。法条依据为《行政诉讼法》第25条第1款①。

（2）县公安局为被告。县公安局是处罚决定的作出机关，甲就处罚决定起诉的，县公安局为被告。法条依据为《行政诉讼法》第26条第1款②。

（3）县政府为被告。县政府是作出维持决定和改变决定的复议机关，既有复议维持，又有复议改变，原机关、复议机关为共同被告，故县政府为共同被告。法条依据为《行诉解释》第134条第2款。

（4）乙为第三人。乙被甲打伤，乙与被诉的处罚决定具有法律上的利害关系，可以作为第三人参加诉讼。法条依据为《行政诉讼法》第29条第1款③。

案例5—问题2：如何确定本案的管辖法院？

答案：复议机关作共同被告的案件，以作出原行政行为的机关县公安局确定级别管辖，故本案应当由基层法院即县法院管辖。法条依据为《行诉解释》第134条第3款。

（二）行政诉讼的起诉与立案

案例1：李某以甲省乙市丙区政府为被告向乙市中院提起诉讼，乙市中院认为此案并不属于行政诉讼的受案范围，故而不予处理。

问题：李某对于乙市中院不予处理的行为不服，应当如何寻求救济？

案例2：年满70岁的张老汉认为区民政局对其发放的抚恤金低于正常标准，于2025年1月8日向区政府申请复议，区政府于1月30日作出复议维持决定并向张老汉送达。张老汉于2月18日收到行政复议决定书，仍不服，于2月25日向法院提起诉讼。

问题：本案是否超过起诉期限？

案例3：村民王某和冯某就某处宅基地使用权归属产生纠纷，双方无法达成一致意见。王某提请镇政府进行裁决，镇政府裁决该处宅基地使用权归冯某所有。王某不服，向县法院口头起诉。县法院告知王某一定要提交书面起诉状，否则不予审查。王某补充提交了书面起诉状后，法院工作人员告知其提交的证据材料有欠缺，不予接收起诉状。王某又继续补充起诉材料并提交，工作人员审查后认为该案未经复议，不符合立案条件，口头告知其不予立案。

问题：法院的行为存在哪些违法之处？

案例4：2024年5月谢某在驾驶机动车未系安全带被抓拍，交警大队发现该违法行为，对其罚款500元。交警大队将行政处罚决定书送达谢某，但该决定书上未告知谢某在法定期间内享有的诉讼权利。2025年1月8日，谢某始得知行政诉讼的起诉期限仅为6个月。

问题：谢某拟于1月15日提起诉讼，是否超过起诉期限？

---

① 《行政诉讼法》第25条第1款：行政行为的相对人以及其他与行政行为有利害关系的公民、法人或者其他组织，有权提起诉讼。

② 《行政诉讼法》第26条第1款：公民、法人或者其他组织直接向人民法院提起诉讼的，作出行政行为的行政机关是被告。

③ 《行政诉讼法》第29条第1款：公民、法人或者其他组织同被诉行政行为有利害关系但没有提起诉讼，或者同案件处理结果有利害关系的，可以作为第三人申请参加诉讼，或者由人民法院通知参加诉讼。

一、小案例

案例 5：县生态环境局向哇嘻嘻工厂颁发排污许可证，工厂下游村庄居民黄某担心工厂的排污行为将污染其生活用水，遂对县生态环境局提起诉讼，要求法院撤销排污许可证。法院接收了黄某的起诉状，但当场无法判断是否符合起诉条件。

问题：法院应当如何处理？若法院最终作出不予立案裁定，黄某应当如何寻求救济？

案例 1—问题：李某对于乙市中院不予处理的行为不服，应当如何寻求救济？

答案：李某可以向甲省高级法院起诉。乙市中院既不立案，又不作出不予立案裁定的，李某可以向上一级人民法院即甲省高院起诉。甲省高院认为符合起诉条件的，应当立案、审理，也可以指定其他下级人民法院立案、审理。法条依据为《行政诉讼法》第52条①。

案例 2—问题：本案是否超过起诉期限？

答案：未超过起诉期限。当事人经过复议后再起诉，应当自收到复议决定书之日起15日内提出。当事人张老汉于2月18日收到行政复议决定书，其是在2月25日起诉的，因此未超过15日的法定起诉期限。法条依据为《行政诉讼法》第45条②。

案例 3—问题：法院的行为存在哪些违法之处？

答案：（1）强制要求王某提交书面起诉状的行为违法。当事人书写起诉状确有困难的，可以口头起诉，由法院记入笔录，出具注明日期的书面凭证，并告知对方当事人。故王某可以口头起诉，强制要求其提交书面起诉状的行为违法。法条依据为《行政诉讼法》第50条第2款③。

（2）以证据材料有欠缺为由不予接收起诉状的行为违法。起诉状内容欠缺或者有其他错误的，应当给予指导和释明，并一次性告知当事人需要补正的内容。不得未经指导和释明即以起诉不符合条件为由不接收起诉状。法条依据为《行政诉讼法》第51条第3款④。

（3）口头告知不予立案的行为违法。不符合起诉条件的，应当作出不予立案的书面裁定，不得仅以口头告知。法条依据为《行政诉讼法》第51条第2款⑤。

案例 4—问题：谢某拟于1月15日提起诉讼，是否超过起诉期限？

答案：未超过起诉期限。行政机关交警大队作出行政行为时，未告知当事人谢某起诉期限，起诉期限从当事人谢某知道起诉期限之日即2025年1月8日起计算6个月，但从知道或者应当知道罚款决定之日起最长不得超过1年。若谢某于1月15日提起诉讼，仍未超过起诉期限。法条依据为《行政诉讼法》

---

① 《行政诉讼法》第52条：人民法院既不立案，又不作出不予立案裁定的，当事人可以向上一级人民法院起诉。上一级人民法院认为符合起诉条件的，应当立案、审理，也可以指定其他下级人民法院立案、审理。
② 《行政诉讼法》第45条：公民、法人或者其他组织不服复议决定的，可以在收到复议决定书之日起十五日内向人民法院提起诉讼。复议机关逾期不作决定的，申请人可以在复议期满之日起十五日内向人民法院提起诉讼。法律另有规定的除外。
③ 《行政诉讼法》第50条第2款：书写起诉状确有困难的，可以口头起诉，由人民法院记入笔录，出具注明日期的书面凭证，并告知对方当事人。
④ 《行政诉讼法》第51条第3款：起诉状内容欠缺或者有其他错误的，应当给予指导和释明，并一次性告知当事人需要补正的内容。不得未经指导和释明即以起诉不符合条件为由不接收起诉状。
⑤ 《行政诉讼法》第51条第2款：对当场不能判定是否符合本法规定的起诉条件的，应当接收起诉状，出具注明收到日期的书面凭证，并在七日内决定是否立案。不符合起诉条件的，作出不予立案的裁定。裁定书应当载明不予立案的理由。原告对裁定不服的，可以提起上诉。

第 46 条第 1 款①、《行诉解释》第 64 条第 1 款②。

案例 5—问题：法院应当如何处理？若法院最终作出不予立案裁定，黄某应当如何寻求救济？

答案：（1）对当场不能判定是否符合起诉条件的，应当先接收起诉状，出具注明收到日期的书面凭证，并在 7 日内决定是否立案。7 日内仍不能作出判断的，应当先予立案。法条依据为《行政诉讼法》第 51 条第 2 款、《行诉解释》第 53 条第 2 款③。

（2）提起上诉。本案中，当事人黄某起诉后，法院作出不予立案裁定，当事人黄某不服的，可以提起上诉。法条依据为《行政诉讼法》第 51 条第 2 款。

（三）行政诉讼的审理程序

案例 1：李某某向区市场监督管理局申请政府信息公开，市场监督管理局以申请的内容不属于政府信息为由不予公开。李某某不服申请复议，复议机关作出维持决定。李某某遂提起诉讼，一审法院认为本案事实清楚、关系明确、争议不大，于是用简易程序审理了本案。

问题：本案适用简易程序是否正确？若当事人反对适用简易程序审理此案，法院能否直接适用？简易程序的类型有？

案例 2：廖某房屋被纳入拆迁范围，但就拆迁安置补偿事宜，龙江市政府一直未与廖某达成一致意见，后市政府违法强拆廖某房屋，廖某提起行政诉讼。

问题 1：在行政诉讼一审程序中，龙江市政府负责人因公无法出庭，全权委托律师出庭应诉，自己没有委托相应工作人员出庭应诉，是否合法？

问题 2：若一审判决作出后，被告不服判决结果提出上诉，二审法院的审理范围应当如何确定？

案例 3：王兵因驾驶电动车未佩戴头盔，被县交管局工作人员当场处以罚款 50 元。王兵对罚款数额不服，向县政府申请复议。县政府认为王兵违法事实清楚，罚款数额与违法行为相当，维持了原处罚决定。王兵遂向法院提起诉讼。

问题：本案行政诉讼的审理对象是什么？

案例 4：2024 年 11 月 1 日，大马酒后破坏路边的公共设施，被小河县公安局处以罚款 500 元。大马不服，于 11 月 15 日向县法院提起诉讼，县法院于同日立案受理。县法院直接适用简易程序对本案进行审理。经审理，法院认为事实清楚、证据确凿、罚款数额适当，于 2025 年 1 月 10 日作出驳回大马诉讼请求的判决，并于当日将判决书以电子邮件形式发送给大马。大马不服判决内容，于 1 月 23 日提起上诉。市中院认为本案事实不清，遂发回县法院重审。县法院适用简易程序进行重新审理。

---

① 《行政诉讼法》第 46 条第 1 款：公民、法人或者其他组织直接向人民法院提起诉讼的，应当自知道或者应当知道作出行政行为之日起六个月内提出。法律另有规定的除外。

② 《行诉解释》第 64 条第 1 款：行政机关作出行政行为时，未告知公民、法人或者其他组织起诉期限的，起诉期限从公民、法人或者其他组织知道或者应当知道起诉期限之日起计算，但从知道或者应当知道行政行为内容之日起最长不得超过一年。

③ 《行诉解释》第 53 条第 2 款：对当事人依法提起的诉讼，人民法院应当根据行政诉讼法第五十一条的规定接收起诉状。能够判断符合起诉条件的，应当当场登记立案；当场不能判断是否符合起诉条件的，应当在接收起诉状后七日内决定是否立案；七日内仍不能作出判断的，应当先予立案。

一、小案例

问题1：本案审理程序存在哪些违法之处？

问题2：本案是否已超过上诉期限？

案例5：小八和小七因借款问题产生矛盾，小八将小七打伤，县公安局对小八作出行政拘留3天并处罚款200元的处罚决定。小八对处罚决定不服，起诉至法院。一审过程中，县公安局撤销了对小八作出的200元罚款的行政处罚。小八拟向法院申请撤诉，但小七表示反对。

问题：县公安局是否可以在一审中撤销原罚款决定？法院是否应当裁定准予撤诉？

案例1—问题：本案适用简易程序是否正确？若当事人反对适用简易程序审理此案，法院能否直接适用？简易程序的类型有？

答案：（1）本案适用简易程序正确。本案属于政府信息公开案件，事实清楚、权利义务关系明确、争议不大的，可以适用简易程序。

（2）若当事人反对适用简易程序审理此案，法院能直接适用。因为本案属于法律明确规定可以适用简易程序的情形，不需要经过当事人的同意，法院可直接适用简易程序。

（3）简易程序的类型有二：法定简易和协定简易。

法定简易。对于下列第一审案件，法院认为事实清楚、权利义务关系明确、争议不大，可以适用简易程序：①被诉行政行为是依法当场作出的；②案件涉及款额2000元以下的；③属于政府信息公开案件的。

协定简易。对第一审案件，当事人各方同意适用简易程序的，法院也可以适用简易程序。

法条依据为《行政诉讼法》第82条第1款、第2款①。

案例2—问题1：在行政诉讼一审程序中，龙江市政府负责人因公无法出庭，全权委托律师出庭应诉，自己没有委托相应工作人员出庭应诉，是否合法？

答案：龙江市政府负责人仅委托律师出庭应诉的做法不合法。行政机关负责人不能出庭的，应当委托行政机关相应的工作人员出庭，不得仅委托律师出庭。法条依据为《行诉解释》第128条第2款②。

案例2—问题2：若一审判决作出后，被告不服判决结果提出上诉，二审法院的审理范围应当如何确定？

答案：二审法院应当进行全面审查。二审法院审理上诉案件，应当对原审人民法院的判决、裁定和被诉行政行为进行全面审查。法条依据为《行政诉讼法》第87条③。

---

① 《行政诉讼法》第82条第1款、第2款：人民法院审理下列第一审行政案件，认为事实清楚、权利义务关系明确、争议不大的，可以适用简易程序：
（一）被诉行政行为是依法当场作出的；
（二）案件涉及款额二千元以下的；
（三）属于政府信息公开案件的。
除前款规定以外的第一审行政案件，当事人各方同意适用简易程序的，可以适用简易程序。

② 《行诉解释》第128条第2款：行政机关负责人出庭应诉的，可以另行委托一至二名诉讼代理人。行政机关负责人不能出庭的，应当委托行政机关相应的工作人员出庭，不得仅委托律师出庭。

③ 《行政诉讼法》第87条：人民法院审理上诉案件，应当对原审人民法院的判决、裁定和被诉行政行为进行全面审查。

案例 3—问题：本案行政诉讼的审理对象是什么？

答案：本案行政诉讼的审理对象是<u>罚款 50 元</u>的<u>行政处罚决定</u>以及<u>复议维持决定</u>的<u>合法性</u>。本案中，复议机关县政府决定<u>维持原行政行为</u>，故作出原行政行为的行政机关县交管局和复议机关县政府是<u>共同被告</u>，因此本案的审理对象是原行政行为和复议决定的合法性，法院应对其一并作出裁判。法条依据为《行政诉讼法》第 26 条第 2 款①、《行诉解释》第 135 条第 1 款②。

案例 4—问题 1：本案审理程序存在哪些违法之处？

答案：（1）<u>一审审理期限</u>违法。法院适用简易程序审理第一审行政案件，审理期限<u>自立案之日</u>起计算 <u>45 日</u>。本案中，法院于 2024 年 11 月 15 日立案，2025 年 1 月 10 日才作出判决，<u>已超过</u> 45 日的法定审理期限。法条依据为《行政诉讼法》第 83 条③。

（2）<u>以电子邮件形式发送判决书</u>违法。适用简易程序审理的行政案件，人民法院<u>不可以用简便方式送达裁判文书</u>，故法院以电子邮件形式给大马发送判决书的行为违法。法条依据为《行诉解释》第 103 条第 1 款④。

（3）<u>重审适用简易程序审理</u>违法。<u>发回重审</u>的案件<u>不适用简易程序</u>，本案中县法院适用简易程序进行重新审理的行为违法。法条依据为《行政诉讼法》第 82 条第 3 款⑤。

案例 4—问题 2：本案是否已超过上诉期限？

答案：<u>未超过</u>。本案是针对判决上诉，上诉期从<u>判决书送达之日</u>起计算 <u>15 日</u>。县法院于 2025 年 1 月 10 日作出判决并向大马送达，大马于 1 月 23 日提起上诉，没有超过 15 日法定上诉期。法条依据为《行政诉讼法》第 85 条⑥。

案例 5—问题：县公安局是否可以在一审中撤销原罚款决定？ 法院是否应当裁定准予撤诉？

答案：（1）<u>可以</u>。根据法律规定，行政机关县公安局可以在<u>一审期间改变</u>其所作出的具体行政行为。法条依据为《行政诉讼撤诉规定》第 1 条⑦。

（2）<u>不应当</u>。符合下列条件的，法院应当裁定准许：①申请撤诉是当事人小八的<u>真实意思表示</u>；②被告县公安局改变被诉具体行政行为，<u>不违反法律、法规</u>的<u>禁止性规定</u>，<u>不超越</u>或者<u>放弃职权</u>，<u>不损害公共利益和他人合法权益</u>；③被告县公安局<u>已经改变</u>或者<u>决定改变</u>被诉具体行政行为，并<u>书面告知</u>人民法院；④<u>第三人无异议</u>。本案中，第三人小七有异议，不满足上述所有条件，不应当准许撤诉。法条依

---

① 《行政诉讼法》第 26 条第 2 款：经复议的案件，复议机关决定维持原行政行为的，作出原行政行为的行政机关和复议机关是共同被告；复议机关改变原行政行为的，复议机关是被告。

② 《行诉解释》第 135 条第 1 款：复议机关决定维持原行政行为的，人民法院应当在审查原行政行为合法性的同时，一并审查复议决定的合法性。

③ 《行政诉讼法》第 83 条：适用简易程序审理的行政案件，由审判员一人独任审理，并应当在立案之日起四十五日内审结。

④ 《行诉解释》第 103 条第 1 款：适用简易程序审理的行政案件，人民法院可以用口头通知、电话、短信、传真、电子邮件等简便方式传唤当事人、通知证人、送达裁判文书以外的诉讼文书。

⑤ 《行政诉讼法》第 82 条第 3 款：发回重审、按照审判监督程序再审的案件不适用简易程序。

⑥ 《行政诉讼法》第 85 条：当事人不服人民法院第一审判决的，有权在判决书送达之日起十五日内向上一级人民法院提起上诉。当事人不服人民法院第一审裁定的，有权在裁定书送达之日起十日内向上一级人民法院提起上诉。逾期不提起上诉的，人民法院的第一审判决或者裁定发生法律效力。

⑦ 《行政诉讼撤诉规定》第 1 条：人民法院经审查认为被诉具体行政行为违法或者不当，可以在宣告判决或者裁定前，建议被告改变其所作的具体行政行为。

据为《行政诉讼撤诉规定》第2条[①]。

(四) 行政协议案件

案例1：甲市市监局与茂原公司签订行政协议，但法律规定该行政协议需要由甲市市监局报甲市政府批准后才可以生效。

问题1：若在一审法庭辩论终结前该协议仍未取得甲市政府的批准，法院应当如何判决？

问题2：由于甲市市监局没有履行报批义务而导致行政协议无效，茂原公司请求赔偿，法院是否应当支持？

案例2：临海市政府与衡态公司签订了《临海餐厨垃圾处理试运行项目合同书》，约定将该项目交由衡态公司。此后，衡态公司一直按合同约定履行，但临海市政府一直未履行其义务。因此，衡态公司提起诉讼要求解除合同。

问题1：若合同存在重大且违法的情形，法院应当如何处理？

问题2：衡态公司与临海市政府应当如何承担举证责任？

问题3：本案的审理对象是什么？

案例3：A市B区C街道某地块被纳入房屋征收范围，B区政府C街道办事处（以下简称C街道办）（甲方）与王某某户（乙方）订立《集体所有土地、房屋征迁补偿安置协议书》（以下简称《安置协议》）约定：经初步审核乙方安置人口6人（未包括王某某的女婿陈某某），该户可享受安置建筑面积480平方米。《安置协议》订立后，王某某户领取《安置协议》项下的拆迁补偿款并腾房。涉案房屋补偿安置协商过程中，王某某户多次要求将陈某某作为安置人口，均遭C街道办拒绝，陈某某、王某某遂诉至法院。

问题1：该《安置协议》的性质是什么？

问题2：若双方在《安置协议》中约定发生纠纷提交A市仲裁委解决，法院是否应当受理本案？

案例4：2023年9月30日，某市自然资源局认定该市某房地产发展有限公司（以下简称某房地产公司）使用的涉案土地为闲置地，但系政府方原因造成闲置。2024年7月19日，某市自然资源局与某房地产公司订立一份《国有土地使用权出让合同补充协议》（以下简称《补充协议》），约定涉案土地的动工开发日期为2023年9月30日，竣工期限为2年，还约定了动工开发的标准等其他内容。某房地产公司认为《补充协议》约定的动工开发日期早于合同订立日期，以及某市自然资源局存在违约行为导致合同目的不能实现，遂提起诉讼，请求法院判令解除《补充协议》。

问题：本案诉讼时效如何确定？

[①]《行政诉讼撤诉规定》第2条：被告改变被诉具体行政行为，原告申请撤诉，符合下列条件的，人民法院应当裁定准许：
（一）申请撤诉是当事人真实意思表示；
（二）被告改变被诉具体行政行为，不违反法律、法规的禁止性规定，不超越或者放弃职权，不损害公共利益和他人合法权益；
（三）被告已经改变或者决定改变被诉具体行政行为，并书面告知人民法院；
（四）第三人无异议。

案例5：A区政府负责B片区雪山村整合安置房项目。2024年3月，A区政府与赵某某订立了拆迁安置补偿协议。协议订立后，赵某某将其涉案房屋交付拆除。2024年12月，A区政府以赵某某在订立协议时隐瞒了其在C片区村庄整合中已经享受过拆迁安置房的事实，本次安置属于重复安置为由，通知赵某某更改协议，对赵某某家庭不再进行房屋安置。赵某某对A区政府单方变更拆迁安置补偿协议的行为不服，提起行政诉讼。经审理，法院认为A区政府变更协议的行为并没有充分的证据或依据。

问题：法院应当如何判决？

案例1—问题1：若在一审法庭辩论终结前该协议仍未取得甲市政府的批准，法院应当如何判决？

答案：法院应当确认该行政协议未生效。法律规定应当经过其他机关批准才能生效的行政协议，在一审法庭辩论终结前仍未获得批准，应当确认该协议未生效。法条依据为《行政协议案件规定》第13条第1款①。

案例1—问题2：由于甲市市监局没有履行报批义务而导致行政协议无效，茂原公司请求赔偿，法院是否应当支持？

答案：法院应当支持茂原公司的赔偿请求。本案中是市监局没有履行报批义务，由此给茂原公司造成损失，应当赔偿。法条依据为《行政协议案件规定》第13条第2款②。

案例2—问题1：若合同存在重大且违法的情形，法院应当如何处理？

答案：法院应当确认行政协议无效。本案中的合同属于行政协议，其存在重大且违法的情形的，法院应当作出确认行政协议无效的判决。法条依据为《行政协议案件规定》第12条第1款③。

案例2—问题2：衡态公司与临海市政府应当如何承担举证责任？

答案：衡态公司应当对解除合同的事由承担举证责任，临海市政府应当对自己不履行行政协议的合法性承担举证责任。对行政协议是否履行发生争议的，由负有履行义务的临海市政府承担举证责任。法条依据为《行政协议案件规定》第10条④。

案例2—问题3：本案的审理对象是什么？

答案：本案的审理对象是临海市政府行政行为的合法性。人民法院审理行政案件，对行政行为是否合法进行审查。本案中，原告衡态公司认为临海市政府没有履行义务，故法院应当依法审查临海市政府行政行为的合法性，即临海市政府的义务是否存在以及义务履行情况。法条依据为《行政诉讼法》第6条⑤、《行政协议案件规定》第11条第2款⑥。

---

① 《行政协议案件规定》第13条第1款：法律、行政法规规定应当经过其他机关批准等程序后生效的行政协议，在一审法庭辩论终结前未获得批准的，人民法院应当确认该协议未生效。

② 《行政协议案件规定》第13条第2款：行政协议约定被告负有履行批准程序等义务而被告未履行，原告要求被告承担赔偿责任的，人民法院应予支持。

③ 《行政协议案件规定》第12条第1款：行政协议存在行政诉讼法第七十五条规定的重大且明显违法情形的，人民法院应当确认行政协议无效。

④ 《行政协议案件规定》第10条：被告对于自己具有法定职权、履行法定程序、履行相应法定职责以及订立、履行、变更、解除行政协议等行为的合法性承担举证责任。

原告主张撤销、解除行政协议的，对撤销、解除行政协议的事由承担举证责任。

对行政协议是否履行发生争议的，由负有履行义务的当事人承担举证责任。

⑤ 《行政诉讼法》第6条：人民法院审理行政案件，对行政行为是否合法进行审查。

⑥ 《行政协议案件规定》第11条第2款：原告认为被告未依法或者未按照约定履行行政协议的，人民法院应当针对其诉讼请求，对被告是否具有相应义务或者履行相应义务等进行审查。

案例3—问题1：该《安置协议》的性质是什么？

答案：行政协议。行政协议是指行政机关为了实现行政管理或公共服务目标，与公民、法人或其他组织协商订立的具有行政法上权利义务内容的协议。本案中，行政机关C街道办与当事人王某某户签订的协议属于房屋征收补偿协议，符合行政协议的特征，因此属于行政协议。法条依据为《行政协议案件规定》第1条①。

案例3—问题2：若双方在《安置协议》中约定发生纠纷提交A市仲裁委解决，法院是否应当受理本案？

答案：应当受理。根据法律规定，行政协议约定仲裁条款的，法院原则上应当确认该条款无效，并且本案不存在法律、行政法规或者我国缔结、参加的国际条约另有规定的情形。因此，约定的仲裁条款无效，法院应当受理本案。法条依据为《行政协议案件规定》第26条②。

案例4—问题：本案诉讼时效如何确定？

答案：本案适用3年诉讼时效。公民、法人或者其他组织对行政机关不依法履行、未按照约定履行行政协议提起诉讼的，诉讼时效参照民事法律规范确定。本案中，某房地产公司对某市自然资源局未按照约定履行行政协议提起诉讼，故适用民事法律规范中3年诉讼时效。法条依据为《行政协议案件规定》第25条③、《民法典》第188条第1款④。

案例5—问题：法院应当如何判决？

答案：法院应作出撤销判决。本案中，被告A区政府的行为属于变更行政协议主要证据不足，法院应当判决撤销或者部分撤销，并可以责令被告A区政府重新作出行政行为；也可以判决被告A区政府继续履行协议、采取补救措施；给原告赵某某造成损失的，判决被告A区政府予以赔偿。法条依据为《行政协议案件规定》第16条第2款、第3款⑤。

（五）规范性文件的一并审查

案例：袁九某作为原告起诉孟岭市政府，要求法院判决撤销孟岭市政府作出的同意袁某建房的审批许可决定，同时袁九某要求对该行政行为所依据的《孟岭市个人建房用地管理办法》《孟岭市工业城二期用地范围房屋迁建补偿安置办法》(孟岭市政府制定)两个规范性文件进行一并审查。

问题：法院对规范性文件审查的诉讼请求是否应予受理？若受理，应如何处理？

---

① 《行政协议案件规定》第1条：行政机关为了实现行政管理或者公共服务目标，与公民、法人或者其他组织协商订立的具有行政法上权利义务内容的协议，属于行政诉讼法第十二条第一款第十一项规定的行政协议。

② 《行政协议案件规定》第26条：行政协议约定仲裁条款的，人民法院应当确认该条款无效，但法律、行政法规或者我国缔结、参加的国际条约另有规定的除外。

③ 《行政协议案件规定》第25条：公民、法人或者其他组织对行政机关不依法履行、未按照约定履行行政协议提起诉讼的，诉讼时效参照民事法律规范确定；对行政机关变更、解除行政协议等行政行为提起诉讼的，起诉期限依照行政诉讼法及其司法解释确定。

④ 《民法典》第188条第1款：向人民法院请求保护民事权利的诉讼时效期间为三年。法律另有规定的，依照其规定。

⑤ 《行政协议案件规定》第16条第2款、第3款：被告变更、解除行政协议的行政行为存在行政诉讼法第七十条规定情形的，人民法院判决撤销或者部分撤销，并可以责令被告重新作出行政行为。

被告变更、解除行政协议的行政行为违法，人民法院可以依据行政诉讼法第七十八条的规定判决被告继续履行协议、采取补救措施；给原告造成损失的，判决被告予以赔偿。

案例一问题：法院对规范性文件审查的诉讼请求是否应予受理？若受理，应如何处理？

答案：（1）法院对规范性文件审查的诉讼请求应予受理。原告申请一并审查的两个规范性文件属于法律规定的能够一并审查的范围，因此法院应予以受理。法条依据为《行政诉讼法》第53条[①]。

（2）首先对规范性文件进行审查，发现规范性文件可能不合法的，应当听取规范性文件制定机关的意见。若经审查认为行政行为所依据的规范性文件合法，应当作为认定行政行为合法的依据；若不合法，不作为认定行政行为合法的依据，并在裁判理由中予以阐明。此外，还应当向规范性文件的制定机关提出处理建议，并可以抄送制定机关的同级政府、上一级行政机关、监察机关以及规范性文件的备案机关。规范性文件不合法的，法院可以在裁判生效之日起三个月内，向规范性文件制定机关提出修改或者废止该规范性文件的司法建议。法条依据为《行诉解释》第147条第1款[②]、第149条第1款、第2款[③]。

（六）行政诉讼的证据制度

案例1：9月8日，某市某区交通管理局以无证非法营运为由给予孙某罚款2万元的处罚，并扣留了其车辆。孙某不服，提起诉讼并要求赔偿损失。

问题：本案的举证责任由谁承担？请分析双方举证责任。

案例2：刘某与李某斗殴，将李某打成轻微伤，甲市A县公安局对刘某作出拘留10天的行政处罚。刘某不服，向A县政府申请行政复议，县政府维持了原处罚决定，刘某遂提起行政诉讼。在诉讼中，刘某第一次提出自己未满16周岁而且是初次违法，不应执行行政拘留，被告向法院申请补充收集相关证据。

问题1：法院是否可以准许被告补充收集证据？

问题2：在本案中，县政府和县公安局应当负有哪些举证责任？

案例3：沈某向区住建局提交《政府信息公开申请书》，申请公开某购物广场项目物业服务企业营业执照副本及复印件等材料。区住建局回复沈某其所申请公开的政府信息不属于本机关公开的信息，并告知其向区行政审批服务局了解获取。沈某认为区住建局不履行机关职责，申请复议，区政府作出维持决定。沈某遂提起行政诉讼。

问题：本案中，沈某和区住建局分别应当承担什么举证责任？

案例4：城乡规划建设主管部门向大吉大利建筑公司下发某地块建设工程规划许可证，附近居民认为该地块建设高楼将影响采光，遂向法院提起诉讼，要求城乡规划建设主管部门撤销建设工程规划许可

[①]《行政诉讼法》第53条：公民、法人或者其他组织认为行政行为所依据的国务院部门和地方人民政府及其部门制定的规范性文件不合法，在对行政行为提起诉讼时，可以一并请求对该规范性文件进行审查。

前款规定的规范性文件不含规章。

[②]《行诉解释》第147条第1款：人民法院在对规范性文件审查过程中，发现规范性文件可能不合法的，应当听取规范性文件制定机关的意见。

[③]《行诉解释》第149条第1款、第2款：人民法院经审查认为行政行为所依据的规范性文件合法的，应当作为认定行政行为合法的依据；经审查认为规范性文件不合法的，不作为人民法院认定行政行为合法的依据，并在裁判理由中予以阐明。作出生效裁判的人民法院应当向规范性文件的制定机关提出处理建议，并可以抄送制定机关的同级人民政府、上一级行政机关、监察机关及规范性文件的备案机关。

规范性文件不合法的，人民法院可以在裁判生效之日起三个月内，向规范性文件制定机关提出修改或者废止该规范性文件的司法建议。

证。诉讼过程中，法院通知大吉大利建筑公司参与本案审理。

问题：大吉大利建筑公司是否应当承担举证责任？

案例 5：2024 年 8 月 12 日，区市场监督管理局在抽检过程中发现笑哈哈小吃店营业执照已超过有效期仍继续营业，遂责令笑哈哈小吃店关闭店铺并罚款 1 万元。笑哈哈小吃店认为处罚过重，于 2024 年 9 月 1 日诉至法院。法院受理后，向区市场监督管理局发送起诉状副本，区市场监督管理局于 9 月 5 日收到起诉状副本。因机关内部事务繁忙，区市场监督管理局于 9 月 23 日向法院提交作出处罚决定的证据材料。

问题：法院是否应当采纳区市场监督管理局提交的证据材料？

案例 1—问题：本案的举证责任由谁承担？请分析双方举证责任。

答案：被告交通管理局对作出的行政处罚的合法性负有举证责任，应当提供作出该行政行为的证据和所依据的规范性文件。

孙某作为原告，不承担证明被诉具体行政行为合法性的举证责任，但有举证的权利。同时，孙某也承担有限的举证责任，（1）孙某向法院起诉时，应当提供其符合起诉条件的相应的证据材料。（2）孙某主张行政机关给予赔偿，还应当对被诉行政处罚对其造成损害的事实提供证据。

法条依据为《行政诉讼法》第 34 条第 1 款①、第 38 条第 2 款②。

案例 2—问题 1：法院是否可以准许被告补充收集证据？

答案：法院可以准许被告补充收集证据。被告原则上不得补充证据，但诉讼中刘某第一次提出自己未满 16 周岁而且是初次违法，属于提出了在行政处理程序中没有提出的新理由，因此可以准许被告补充收集证据。法条依据为《行政诉讼法》第 36 条第 2 款③。

案例 2—问题 2：在本案中，县政府和县公安局应当负有哪些举证责任？

答案：作出原行政行为的行政机关县公安局和复议机关县政府对原行政行为即行政处罚的合法性共同承担举证责任，可以由其中一个机关实施举证行为；复议机关县政府还应对复议决定的合法性承担举证责任。法条依据为《行诉解释》第 135 条第 2 款④。

案例 3—问题：本案中，沈某和区住建局分别应当承担什么举证责任？

答案：（1）本案原告沈某向法院起诉时，应当提供其符合起诉条件的相应的证据材料；且其起诉行政机关区住建局不履行法定职责，还应当提供其曾向被告提出申请的证据。法条依据为《行政诉讼证据

---

① 《行政诉讼法》第 34 条第 1 款：被告对作出的行政行为负有举证责任，应当提供作出该行政行为的证据和所依据的规范性文件。
② 《行政诉讼法》第 38 条第 2 款：在行政赔偿、补偿的案件中，原告应当对行政行为造成的损害提供证据。因被告的原因导致原告无法举证的，由被告承担举证责任。
③ 《行政诉讼法》第 36 条第 2 款：原告或者第三人提出了其在行政处理程序中没有提出的理由或者证据的，经人民法院准许，被告可以补充证据。
④ 《行诉解释》第 135 条第 2 款：作出原行政行为的行政机关和复议机关对原行政行为合法性共同承担举证责任，可以由其中一个机关实施举证行为。复议机关对复议决定的合法性承担举证责任。

规定》第 4 条第 1 款①、《行政诉讼法》第 38 条第 1 款②。

（2）本案被告区住建局对其作出的拒绝公开政府信息决定的合法性承担举证责任，即应当对拒绝的根据以及履行法定告知和说明理由义务的情况举证。法条依据为《行政诉讼法》第 34 条第 1 款③、《信息公开案件规定》第 5 条第 1 款④。

案例 4—问题：大吉大利建筑公司是否应当承担举证责任？

答案：大吉大利建筑公司作为被许可人，属于本案第三人，其不承担举证责任，但有举证或申请法院调取证据的权利。法条依据为《行政诉讼法》第 41 条⑤。

案例 5—问题：法院是否应当采纳区市场监督管理局提交的证据材料？

答案：不应当。被告应当在收到起诉状副本之日起 15 日内向法院提交作出行政行为的证据和所依据的规范性文件，被告不提供或者无正当理由逾期提供证据的，视为被诉具体行政行为没有相应的证据。本案中，区市场监督管理局于 9 月 5 日收到起诉状副本，9 月 23 日才向法院提交证据材料，已超过 15 日的法定举证期限，故法院不应当采纳。法条依据为《行政诉讼法》第 67 条第 1 款⑥、《行政诉讼证据规定》第 1 条第 1 款⑦。

（七）行政诉讼的判决与执行

案例 1：因李宝驾驶货车与行人碰撞，交管局调查后，作出对李宝拘留 10 日的行政处罚决定。李宝遂向法院提起行政诉讼，请求撤销处罚决定并申请行政赔偿。法院经审理认定，拘留处罚畸重，于是作出撤销行政处罚的判决。李宝不服，提起上诉。

问题：若二审法院审理后认为不需要行政赔偿，应当如何处理？

案例 2：某县政府以甲公司所建钢架大棚未取得建设规划许可证为由责令限期拆除，该公司不拆除，县政府向其送达强制拆除通知书后组织人员拆除了大棚。该公司遂向法院起诉。

---

① 《行政诉讼证据规定》第 4 条第 1 款：公民、法人或者其他组织向人民法院起诉时，应当提供其符合起诉条件的相应的证据材料。

② 《行政诉讼法》第 38 条第 1 款：在起诉被告不履行法定职责的案件中，原告应当提供其向被告提出申请的证据。但有下列情形之一的除外：
（一）被告应当依职权主动履行法定职责的；
（二）原告因正当理由不能提供证据的。

③ 《行政诉讼法》第 34 条第 1 款：被告对作出的行政行为负有举证责任，应当提供作出该行政行为的证据和所依据的规范性文件。

④ 《信息公开案件规定》第 5 条第 1 款：被告拒绝向原告提供政府信息的，应当对拒绝的根据以及履行法定告知和说明理由义务的情况举证。

⑤ 《行政诉讼法》第 41 条：与本案有关的下列证据，原告或者第三人不能自行收集的，可以申请人民法院调取：
（一）由国家机关保存而须由人民法院调取的证据；
（二）涉及国家秘密、商业秘密和个人隐私的证据；
（三）确因客观原因不能自行收集的其他证据。

⑥ 《行政诉讼法》第 67 条第 1 款：人民法院应当在立案之日起五日内，将起诉状副本发送被告。被告应当在收到起诉状副本之日起十五日内向人民法院提交作出行政行为的证据和所依据的规范性文件，并提出答辩状。人民法院应当在收到答辩状之日起五日内，将答辩状副本发送原告。

⑦ 《行政诉讼证据规定》第 1 条第 1 款：根据行政诉讼法第三十二条（现改为第三十四条）和第四十三条（现改为第六十七条）的规定，被告对作出的具体行政行为负有举证责任，应当在收到起诉状副本之日起十日内（现改为十五日），提供据以作出被诉具体行政行为的全部证据和所依据的规范性文件。被告不提供或者无正当理由逾期提供证据的，视为被诉具体行政行为没有相应的证据。

问题： 如法院审理后认为县政府的行为违反法定程序，可作出何种判决？

案例3： A市B县政府根据A市政府发布的房屋征收公告和征收补偿方案，制定《B县荷花路学校新校建设项目房屋征收补偿实施细则》（以下简称《实施细则》）并予以发布。李某房屋位于荷花路征收范围内，B县政府根据《实施细则》与李某达成征收补偿协议，约定补偿李某100万元。后李某发现，与其房屋面积一样、且均适用《实施细则》的邻居与B县政府签订的《征收补偿协议》上约定的补偿数额为150万元，认为自己与B县政府签订的补偿协议内容显失公平，遂起诉至法院，请求撤销补偿协议。

问题： 法院应当如何处理？

案例4： 荷花街道派出所接到报案称有人在自家店铺门口闹事，执法人员赶到后，发现朱某正在用砖头打砸某小吃店的店铺，且砸伤一名无辜路人。执法人员见此状，立即控制朱某并带回派出所。次日，派出所对朱某作出行政拘留3天的行政处罚。朱某不服，向法院起诉。

问题： 法院应当如何处理？

案例5： 年满60周岁的金某刚从监狱刑满释放，由于年纪较大且存在身体缺陷，没有生活收入来源，遂向区民政局申请发放最低生活保障金。区民政局以金某因犯罪受过刑事处罚为由，拒绝发放最低生活保障金。金某申请复议，区政府维持了原决定。金某无奈，遂诉至法院。法院经审理认为，我国《宪法》明确规定"中华人民共和国公民在年老、疾病或者丧失劳动能力的情况下，有从国家和社会获得物质帮助的权利"，根据宪法精神和对人权的保障，没有劳动能力、没有生活来源的曾受刑事处罚的人员，也应当属于城乡最低生活保障覆盖范围。

问题： 法院应当如何判决？

案例6： 在区公安分局的扫黄行动中，叶某因涉嫌嫖娼被罚款1000元，叶某认为其嫖娼行为还未进行，不应当受到行政处罚，于是向区政府申请复议。因担心自身违法行为被家人知晓，叶某向区政府持续性施压，要求撤销原处罚决定。区政府审理后，最终仍作出维持决定。

问题： 若法院经审理认为原处罚决定合法，但复议决定作出时超过审理期限，应当如何处理？

案例1——问题： 若二审法院审理后认为不需要行政赔偿，应当如何处理？
答案： 若二审法院审理后认为不需要行政赔偿，应当判决驳回李宝的行政赔偿请求。本案中，原审判决遗漏了李宝的行政赔偿请求，二审法院经审理认为不需要行政赔偿，故应当判决驳回李宝的行政赔偿请求。法条依据为《行诉解释》第109条第4款①。

案例2——问题： 如法院审理后认为县政府的行为违反法定程序，可作出何种判决？
答案： 法院应当作出确认违法判决。本案中，县政府强制拆除行为程序违法，但因为大棚已经拆除，行政行为不具有可撤销内容，故法院应当判决确认违法，可以同时判决责令县政府采取补救措施。给甲

---

① 《行诉解释》第109条第4款：原审判决遗漏行政赔偿请求，第二审人民法院经审查认为依法不应予以赔偿的，应当判决驳回行政赔偿请求。

公司造成损失的，依法判决县政府承担赔偿责任。法条依据为《行政诉讼法》第74条第2款第1项①、第76条②。

案例 3—问题： 法院应当如何处理？

答案： 法院可以判决撤销征收补偿协议。本题中原告认为行政协议存在胁迫、欺诈、重大误解、显失公平等情形而请求撤销，人民法院经审理认为符合法律规定可撤销情形的，可以依法判决撤销该协议。法条依据为《行政协议案件规定》第14条③。

案例 4—问题： 法院应当如何处理？

答案： 法院应当判决确认行政拘留处罚无效，可以同时判决责令被告采取补救措施；给原告造成损失的，依法判决被告承担赔偿责任。派出所仅有权作出警告和500元以下罚款的行政处罚，无权作出行政拘留处罚，本案属于行政行为实施主体不具有行政主体资格的重大且明显违法情形。故原告朱某申请确认行政行为无效的，人民法院应当判决确认行政拘留决定无效。法条依据为《治安管理处罚法》第91条④、《行政诉讼法》第75条⑤、第76条⑥。

案例 5—问题： 法院应当如何判决？

答案： 法院应当判决区民政局履行发放最低生活保障金的义务。本案中，原告金某申请被告区民政局依法履行支付最低生活保障待遇的理由成立，被告区民政局依法负有给付义务而拒绝履行，法院应当判决被告区民政局在一定期限内履行相应的给付义务。法条依据为《行政诉讼法》第73条⑦、《行诉解释》第92条⑧。

案例 6—问题： 若法院经审理认为原处罚决定合法，但复议决定作出时超过审理期限，应当如何处理？

答案： 法院应当判决撤销复议决定，同时判决驳回叶某针对罚款1000元的诉讼请求。本案中，行政机关区公安分局罚款1000元的行为证据确凿、适用法律正确、符合法定程序，但复议机关区政府在作出复议维持决定时存在超过法定审理期限这一程序违法情形，法院应当判决撤销复议决定，同时判决驳

---

① 《行政诉讼法》第74条第2款第1项：行政行为有下列情形之一，不需要撤销或者判决履行的，人民法院判决确认违法：
（一）行政行为违法，但不具有可撤销内容的。
② 《行政诉讼法》第76条：人民法院判决确认违法或者无效的，可以同时判决责令被告采取补救措施；给原告造成损失的，依法判决被告承担赔偿责任。
③ 《行政协议案件规定》第14条：原告认为行政协议存在胁迫、欺诈、重大误解、显失公平等情形而请求撤销，人民法院经审理认为符合法律规定可撤销情形的，可以依法判决撤销该协议。
④ 《治安管理处罚法》第91条：治安管理处罚由县级以上人民政府公安机关决定；其中警告、五百元以下的罚款可以由公安派出所决定。
⑤ 《行政诉讼法》第75条：行政行为有实施主体不具有行政主体资格或者没有依据等重大且明显违法情形，原告申请确认行政行为无效的，人民法院判决确认无效。
⑥ 《行政诉讼法》第76条：人民法院判决确认违法或者无效的，可以同时判决责令被告采取补救措施；给原告造成损失的，依法判决被告承担赔偿责任。
⑦ 《行政诉讼法》第73条：人民法院经过审理，查明被告依法负有给付义务的，判决被告履行给付义务。
⑧ 《行诉解释》第92条：原告申请被告依法履行支付抚恤金、最低生活保障待遇或者社会保险待遇等给付义务的理由成立，被告依法负有给付义务而拒绝或者拖延履行义务的，人民法院可以根据行政诉讼法第七十三条的规定，判决被告在一定期限内履行相应的给付义务。

回原告针对原行政行为的诉讼请求。法条依据为《行诉解释》第136条第5款[①]。

国家赔偿法

（一）国家赔偿总论

案例：南湖区公安分局太平派出所民警钱顺、张聪欲将酗酒闹事的张巡带回派出所处理，张巡不从，与钱顺发生推搡。在推搡过程中，张巡被推倒，头撞在水泥地上，当时失去知觉，于送往医院途中死亡，后被鉴定为颅内出血死亡。张巡之父申请国家赔偿。

问题：公安机关是否应当对张巡的死亡承担国家赔偿责任？为什么？

案例—问题：公安机关是否应当对张巡的死亡承担国家赔偿责任？为什么？

答案：公安机关**应当**对张巡的死亡承担国家赔偿责任。因为公安民警在执行职务过程中与张巡发生推搡致张巡摔倒死亡，**未尽到合理注意义务**，其行为违法，符合国家赔偿责任构成要件，张巡虽也有过错，但不能免除公安机关的国家赔偿责任。法条依据为《国家赔偿法》第3条[②]。

（二）行政赔偿

案例1：县市场监督管理局对甲罚款10万元，甲不服向县政府申请复议。县政府经过审查作出罚款15万元的决定。甲不服起诉，法院经审理判决撤销罚款决定并责令赔偿。法院查明县市场监督管理局造成资金占用损失为3000元，县政府复议后新增损失1500元。

问题：赔偿义务机关为？赔偿数额为？

案例2：南湖区公安分局太平派出所民警钱顺、张聪执勤欲将酗酒闹事的张巡带回派出所处理，张巡不从，与钱顺发生推搡。双方在扭推过程中，张巡被推倒，头撞在水泥地上，当时失去知觉，送往医院途中死亡，后被鉴定为颅内出血死亡。张巡之父申请国家赔偿。

问题：公安机关对受害人赔偿后，对民警如何处理？

案例3：甲市市监局接到举报称李某开设的造纸厂违法排放污水，遂责令其停止违法排污行为，并停产整顿。李某不服，遂提起行政诉讼。

问题：若法院审查认为本案可能存在行政赔偿的，应当如何处理？若李某在法庭辩论时提出行政赔偿请求，法院应当如何处理？

---

① 《行诉解释》第136条第5款：原行政行为合法、复议决定违法的，人民法院可以判决撤销复议决定或者确认复议决定违法，同时判决驳回原告针对原行政行为的诉讼请求。
② 《国家赔偿法》第3条：行政机关及其工作人员在行使行政职权时有下列侵犯人身权情形之一的，受害人有取得赔偿的权利：
（一）违法拘留或者违法采取限制公民人身自由的行政强制措施的；
（二）非法拘禁或者以其他方法非法剥夺公民人身自由的；
（三）以殴打、虐待等行为或者唆使、放纵他人以殴打、虐待等行为造成公民身体伤害或者死亡的；
（四）违法使用武器、警械造成公民身体伤害或者死亡的；
（五）造成公民身体伤害或者死亡的其他违法行为。

案例1—问题：赔偿义务机关为？赔偿数额为？

答案：赔偿义务机关为<u>县市场监督管理局和县政府</u>。县市场监督管理局负责赔偿3000元，县政府负责赔偿1500元。本案中，罚款行为由县市场监督管理局作出，县市场监督管理局为赔偿义务机关，但县政府复议后增加了罚款数额，复议机关的复议决定<u>加重</u>损害，复议机关也应作赔偿义务机关对<u>加重的部分履行赔偿义务</u>。法条依据为《国家赔偿法》第8条①。

案例2—问题：公安机关对受害人赔偿后，对民警如何处理？

答案：公安机关对受害人赔偿后，若认为民警犯有<u>故意或者重大过失</u>，可以责令该民警<u>承担</u>部分或全部<u>赔偿费用</u>。本案中若钱顺等人有故意或者重大过失，有关机关应当<u>依法给予处分</u>；构成犯罪的，应当依法<u>追究刑事责任</u>。法条依据为《国家赔偿法》第16条②。

案例3—问题：若法院审查认为本案可能存在行政赔偿的，应当如何处理？若李某在法庭辩论时提出行政赔偿请求，法院应当如何处理？

答案：法院审查认为本案可能存在行政赔偿的，<u>应当告知</u>原告李某可以一并提起行政赔偿诉讼。若李某在法庭辩论时提出行政赔偿请求，此时<u>一审庭审未终结</u>，符合起诉条件的，法院<u>应当受理</u>。法条依据为《行政赔偿案件规定》第14条第1款、第2款③。

（三）司法赔偿

案例：阳普县公安局对赵武进行侦查后，向阳普县检察院移送审查起诉。阳普县检察院对赵武实施逮捕，7日后向阳普县法院提起公诉。阳普县法院判处赵武有期徒刑5年。赵武不服上诉到市中院，二审法院维持原判。赵武仍不服，向省高院申诉，省高院宣告赵武无罪，当庭释放。赵武申请国家赔偿。

问题1：本案的赔偿义务机关是谁？

问题2：赵武若对赔偿义务机关的决定不服，应如何寻求救济？

案例—问题1：本案的赔偿义务机关是谁？

答案：本案的赔偿义务机关是<u>市中院</u>。再审改判无罪的，<u>作出原生效判决的法院</u>为赔偿义务机关。本案原生效判决是市中院作出的，故市中院为赔偿义务机关。法条依据为《国家赔偿法》第21条第4款④。

案例—问题2：赵武若对赔偿义务机关的决定不服，应如何寻求救济？

答案：赵武应<u>向省高级法院赔偿委员会申请作出赔偿决定</u>。赔偿请求人对赔偿义务机关的决定不

---

① 《国家赔偿法》第8条：经复议机关复议的，最初造成侵权行为的行政机关为赔偿义务机关，但复议机关的复议决定加重损害的，复议机关对加重的部分履行赔偿义务。

② 《国家赔偿法》第16条：赔偿义务机关赔偿损失后，应当责令有故意或者重大过失的工作人员或者受委托的组织或者个人承担部分或者全部赔偿费用。

对有故意或者重大过失的责任人员，有关机关应当依法给予处分；构成犯罪的，应当依法追究刑事责任。

③ 《行政赔偿案件规定》第14条第1款、第2款：原告提起行政诉讼时未一并提起行政赔偿诉讼，人民法院审查认为可能存在行政赔偿的，应当告知原告可以一并提起行政赔偿诉讼。

原告在第一审庭审终结前提起行政赔偿诉讼，符合起诉条件的，人民法院应当依法受理；原告在第一审庭审终结后、宣判前提起行政赔偿诉讼的，是否准许由人民法院决定。

④ 《国家赔偿法》第21条第4款：再审改判无罪的，作出原生效判决的人民法院为赔偿义务机关。二审改判无罪，以及二审发回重审后作无罪处理的，作出一审有罪判决的人民法院为赔偿义务机关。

服,赔偿义务机关是法院的,赔偿请求人可以向其上一级法院赔偿委员会申请作出赔偿决定。法条依据为《国家赔偿法》第24条第2款、第3款①。

(四)精神损害赔偿

案例1:叶某在家中卖淫,一日嫖客张某上门接受服务。该区公安分局经人举报得知该卖淫场所,故出警将叶某与张某控制。执法过程中,张某不断挣脱,民警王某遂将其左腿打至骨折,又不慎将叶某一数码相机摔坏,相机中叶某与过世父母的唯一合照无法复原。

问题:张某与叶某能否请求精神损害赔偿?

案例2:王某在马路边支摊卖百货商品时遇到城管执法,因对执法行为表示不满,遭到城管执法局工作人员殴打,导致王某重伤且生活无法自理。王某以人身权受到侵犯为由申请国家赔偿。

问题1:王某是否有权申请精神损害抚慰金?若有权申请,赔偿数额如何计算?

问题2:若王某要求城管执法局赔偿其精神损害抚慰金500元,法院应当如何处理?

案例1—问题:张某与叶某能否请求精神损害赔偿?

答案:张某能请求精神损害赔偿,叶某不能请求精神损害赔偿。在行政机关执法过程中,公民的人身权受到侵犯的,有权请求精神损害赔偿。本案中张某被民警打至骨折,人身权受到侵犯,有权请求精神损害赔偿。叶某的数码相机被摔坏,是财产权受到侵犯而非人身权,故无权请求精神损害赔偿。法条依据为《国家赔偿法》第3条第3项②、第35条③。

案例2—问题1:王某是否有权申请精神损害抚慰金?若有权申请,赔偿数额如何计算?

答案:(1)王某有权申请精神损害抚慰金。城管执法局工作人员在执法时将王某殴打致重伤,导致其生活不能自理,属于后果特别严重的情形,应当支付相应的精神损害抚慰金。法条依据为《国家赔偿法》第35条、《行政赔偿案件规定》第26条第2款第3项④。

(2)精神损害抚慰金的赔偿数额可以在人身自由赔偿金、生命健康赔偿金总额的50%以上酌定。法条依据为《最高人民法院关于审理国家赔偿案件确定精神损害赔偿责任适用法律若干问题的解释》(以下简称《国赔精神损害解释》)第8条⑤。

案例2—问题2:若王某要求城管执法局赔偿其精神损害抚慰金500元,法院应当如何处理?

---

① 《国家赔偿法》第24条第2款、第3款:赔偿请求人对赔偿的方式、项目、数额有异议的,或者赔偿义务机关作出不予赔偿决定的,赔偿请求人可以自赔偿义务机关作出赔偿或者不予赔偿决定之日起三十日内,向赔偿义务机关的上一级机关申请复议。
赔偿义务机关是人民法院的,赔偿请求人可以依照本条规定向其上一级人民法院赔偿委员会申请作出赔偿决定。
② 《国家赔偿法》第3条第3项:行政机关及其工作人员在行使行政职权时有下列侵犯人身权情形之一的,受害人有取得赔偿的权利:
(三)以殴打、虐待等行为或者唆使、放纵他人以殴打、虐待等行为造成公民身体伤害或者死亡的。
③ 《国家赔偿法》第35条:有本法第三条或者第十七条规定情形之一,致人精神损害的,应当在侵权行为影响的范围内,为受害人消除影响,恢复名誉,赔礼道歉;造成严重后果的,应当支付相应的精神损害抚慰金。
④ 《行政赔偿案件规定》第26条第2款第3项:有下列情形之一的,可以认定为后果特别严重:
(三)受害人经鉴定为重伤或者残疾一至四级,且生活不能自理。
⑤ 《国赔精神损害解释》第8条:致人精神损害,造成严重后果的,精神损害抚慰金一般应当在国家赔偿法第三十三条、第三十四条规定的人身自由赔偿金、生命健康赔偿金总额的百分之五十以下(包括本数)酌定;后果特别严重,或者虽然不具有本解释第七条第二款规定情形,但是确有证据证明前述标准不足以抚慰的,可以在百分之五十以上酌定。

答案： 法院应当向王某释明变更请求金额。赔偿请求人王某请求的精神损害抚慰金少于一千元，且其请求事由符合造成严重后果情形，法院应当向王某释明变更请求金额，经释明不予变更的，按照其请求数额500元支付精神损害抚慰金。法条依据为《国赔精神损害解释》第10条第2款[①]。

[①]《国赔精神损害解释》第10条第2款：赔偿请求人请求的精神损害抚慰金少于一千元，且其请求事由符合本解释规定的造成严重后果情形，经释明不予变更的，按照其请求数额支付。

二、重点真题

案例1·2024年真题（回忆版）

A市为设区的市，蓝胜公司为该市内一污水处理厂。A市市政管理局（以下简称"市政管理局"）接到举报称蓝胜公司将日常污水处理工作中产生的污泥违法堆放在城市绿化带上。经调查，市政管理局发现蓝胜公司违法堆放了占地3000平方米，高1米的污泥。后市政管理局以违法堆放污泥为由，于2023年6月1日对蓝胜公司作出《行政处罚决定书》，责令其在10日内（即2023年6月11日前）清除违法堆放在城市绿化带上的污泥并采取治理措施，并对蓝胜公司处以罚款10万元，对直接负责的法定代表人孙某处以罚款2万元。

经两次催告，蓝胜公司仍未在规定期限内清除污泥，市政管理局于2023年6月15日作出代履行决定，指定某清理公司对蓝胜公司违法堆放的污泥进行清除，并要求蓝胜公司支付清除费用。

蓝胜公司不服处罚决定，于2023年6月20日向A市人民政府申请行政复议，请求撤销市政管理局的行政处罚决定。A市人民政府于2023年7月1日作出行政复议决定，维持了市政管理局的处罚决定。

蓝胜公司对复议决定不服，于2023年7月10日向人民法院提起行政诉讼，提出以下诉讼请求：

1. 请求撤销市政管理局对其作出的《行政处罚决定书》以及复议维持决定；
2. 请求确认市政管理局无权对城市污泥处理进行监督和处罚，撤销市政管理局作出的代履行决定；
3. 请求判令市政管理局履行指定污泥处理区域的法定职责。

在诉讼过程中，市政管理局向法院提交了一份A市人民政府于2022年5月1日发布的《A市人民政府关于明确市政管理局主要职责、内设机构和人员编制管理的规定》，其中明确规定A市市政管理局为本市城镇排水管理部门，负责本市污水和污泥处理的监督管理工作。

材料：《城镇排水与污水处理条例》是由中华人民共和国国务院于2013年10月2日发布，自2014年1月1日起施行的行政法规。

第5条 国务院住房城乡建设主管部门指导监督全国城镇排水与污水处理工作。

县级以上地方人民政府城镇排水与污水处理主管部门（以下称城镇排水主管部门）负责本行政区域内城镇排水与污水处理的监督管理工作。

县级以上人民政府其他有关部门依照本条例和其他有关法律、法规的规定，在各自的职责范围内负责城镇排水与污水处理监督管理的相关工作。

第30条 城镇污水处理设施维护运营单位或者污泥处理处置单位应当安全处理处置污泥，保证处理处置后的污泥符合国家有关标准，对产生的污泥以及处理处置后的污泥去向、用途、用量等进行跟踪、记录，并向城镇排水主管部门、环境保护主管部门报告。任何单位和个人不得擅自倾倒、堆放、丢弃、遗撒污泥。

第53条 违反本条例规定，城镇污水处理设施维护运营单位或者污泥处理处置单位对产生的污泥以及处理处置后的污泥的去向、用途、用量等未进行跟踪、记录的，或者处理处置后的污泥不符合国家有关标准的，由城镇排水主管部门责令限期采取治理措施，给予警告；造成严重后果的，处10万元以上20万元以下罚款；逾期不采取治理措施的，城镇排水主管部门可以指定有治理能力的单位代为治理，所需费用由当事人承担；造成损失的，依法承担赔偿责任。

违反本条例规定，擅自倾倒、堆放、丢弃、遗撒污泥的，由城镇排水主管部门责令停止违法行为，限期采取治理措施，给予警告；造成严重后果的，对单位处10万元以上50万元以下罚款，对个人处2万元以上10万元以下罚款；逾期不采取治理措施的，城镇排水主管部门可以指定有治理能力的单位代为治理，所需费用由当事人承担；造成损失的，依法承担赔偿责任。

问题1：市政管理局责令蓝胜公司10日内清除污泥的行为属于何种性质的行政行为？请说明理由。

问题2：蓝胜公司提起诉讼，但法定代表人孙某没有提起诉讼，法院能否对法定代表人孙某的罚款处罚进行合并审理？请说明理由。

问题3：市政管理局对城市污泥处理是否有监督管理权和处罚权？请说明理由。

问题4：本案应由哪一级、哪一地域的法院管辖？请说明理由。

问题5：针对蓝胜公司提出的要求市政管理局履行指定污泥处理区域职责的请求，人民法院应当如何处理？

问题6：本案代履行应当遵循怎样的法定程序？

二、重点真题

人物关系图

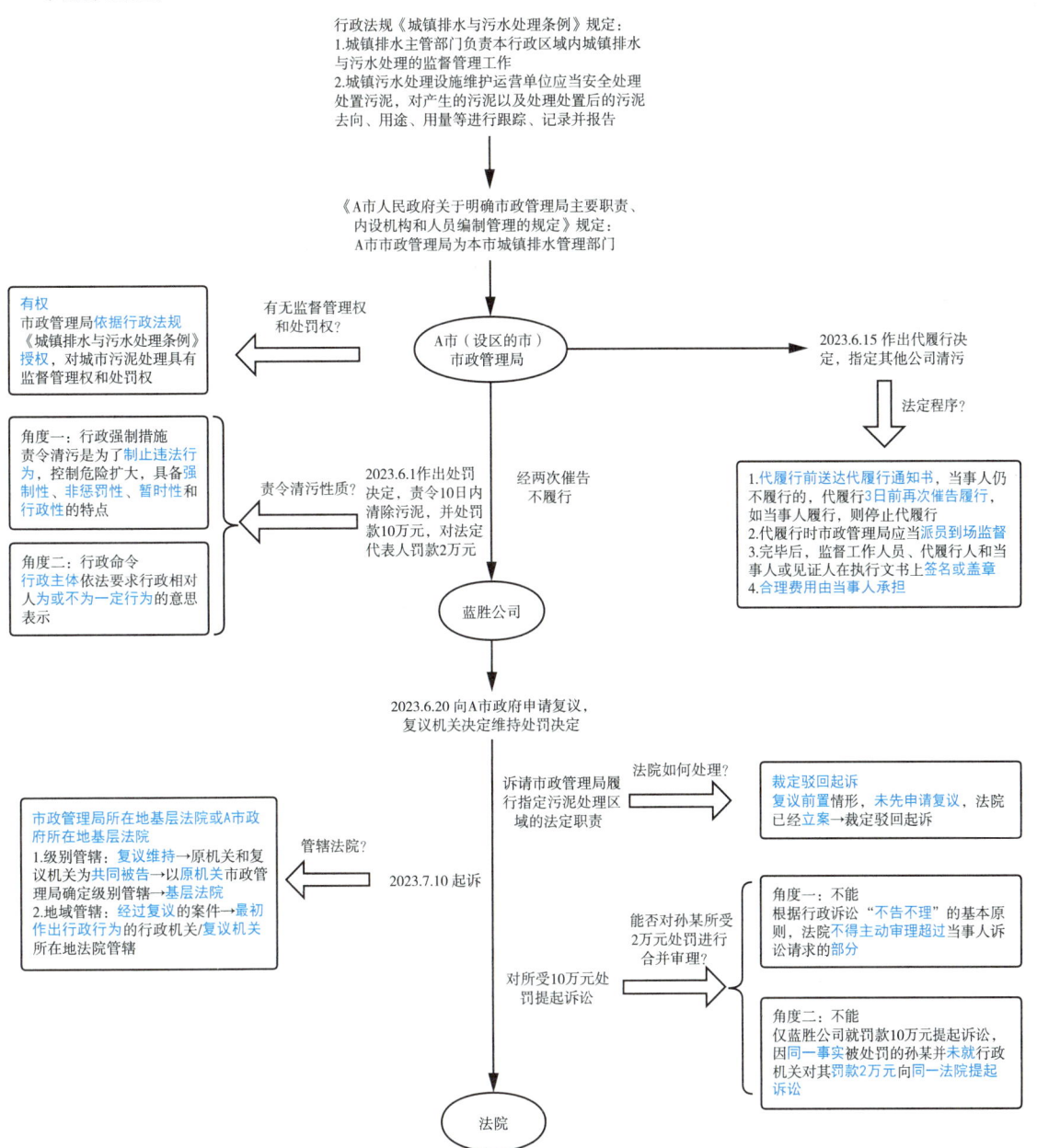

人物关系图（流程图）：

行政法规《城镇排水与污水处理条例》规定：
1. 城镇排水主管部门负责本行政区域内城镇排水与污水处理的监督管理工作
2. 城镇污水处理设施维护运营单位应当安全处置污泥，对产生的污泥以及处理处置后的污泥去向、用途、用量等进行跟踪、记录并报告

《A市人民政府关于明确市政管理局主要职责、内设机构和人员编制管理的规定》规定：
A市市政管理局为本市城镇排水管理部门

有无监督管理权和处罚权？
有权
市政管理局依据行政法规《城镇排水与污水处理条例》授权，对城市污泥处理具有监督管理权和处罚权

A市（设区的市）市政管理局

2023.6.15 作出代履行决定，指定其他公司清污

法定程序？
1. 代履行前送达代履行通知书，当事人仍不履行，代履行3日前再次催告履行，如当事人履行，则停止代履行
2. 代履行时市政管理局应当派员到场监督
3. 完毕后，监督工作人员、代履行人和当事人或见证人在执行文书上签名或盖章
4. 合理费用由当事人承担

责令清污性质？
角度一：行政强制措施
责令清污是为了制止违法行为，控制危险扩大，具备强制性、非惩罚性、暂时性和行政性的特点

角度二：行政命令
行政主体依法要求行政相对人为或不为一定行为的意思表示

2023.6.1作出处罚决定，责令10日内清除污泥，并处罚款10万元，对法定代表人罚款2万元

经两次催告不履行

蓝胜公司

2023.6.20向A市政府申请复议，复议机关决定维持处罚决定

诉请市政管理局履行指定污泥处理区域的法定职责

法院如何处理？
裁定驳回起诉
复议前置情形，未先申请复议，法院已经立案→裁定驳回起诉

管辖法院？
市政管理局所在地基层法院或A市政府所在地基层法院
1. 级别管辖：复议维持→原机关和复议机关为共同被告→以原机关市政管理局确定级别管辖→基层法院
2. 地域管辖：经过复议的案件→最初作出行政行为的行政机关/复议机关所在地法院管辖

2023.7.10 起诉

对所受10万元处罚提起诉讼

能否对孙某所受2万元处罚进行合并审理？
角度一：不能
根据行政诉讼"不告不理"的基本原则，法院不得主动审理超过当事人诉讼请求的部分

角度二：不能
仅蓝胜公司就罚款10万元提起诉讼，因同一事实被处罚的孙某并未就行政机关对其罚款2万元向同一法院提起诉讼

法院

答案解析

问题1—答案1：行政强制措施。行政强制措施是指行政机关在行政管理过程中，为制止违法行为、防止证据毁损、避免危害发生、控制危险扩大等情形，依法对公民的人身自由实施暂时性限制，或者对公民、法人或者其他组织的财物实施暂时性控制的行为。本案中，市政管理局责令蓝胜公司10日内清除污泥是为了制止违法行为，控制危险扩大，属于行政强制措施。法条依据为《行政强制法》第2条第2款[①]。

[①] 《行政强制法》第2条第2款：行政强制措施，是指行政机关在行政管理过程中，为制止违法行为、防止证据损毁、避免危害发生、控制危险扩大等情形，依法对公民的人身自由实施暂时性限制，或者对公民、法人或者其他组织的财物实施暂时性控制的行为。

问题1—答案2：行政命令。行政命令是指行政主体依法要求行政相对人为或不为一定行为的意思表示。本案中，市政管理局责令蓝胜公司10日内清除污泥，即要求蓝胜公司作出一定行为的意思表示，属于行政命令。

问题2—答案1：法院不能合并审理。根据行政诉讼"不告不理"的基本原则，法院审理行政纠纷的范围根据当事人的诉讼请求确定，法院不得主动审理超过当事人诉讼请求的部分。本案中，孙某并未对2万元罚款处罚提起行政诉讼，因此法院不得主动审理孙某所受的2万元罚款处罚。

问题2—答案2：法院不能合并审理。行政机关就同一事实对若干公民、法人或者其他组织分别作出行政行为，公民、法人或者其他组织不服分别向同一人民法院起诉的，法院可以决定合并审理。本案中，行政机关就同一事实分别对蓝胜公司和孙某作出处罚，仅蓝胜公司提起诉讼，而因同一事实被处罚的孙某并未就行政机关对其罚款2万元向同一法院提起诉讼。因此本案诉讼标的不同，不符合可以合并审理的情形。法条依据为《行政诉讼法》第27条①、《行诉解释》第73条第2项②。

问题3—答案：有权。根据《城镇排水与污水处理条例》第5条第2款、第30条、第53条的规定可知，县级以上地方人民政府城镇排水与污水处理主管部门负责本行政区域内城镇排水与污水处理的监督管理工作，污泥处理处置单位应将产生的污泥以及处理处置情况报告城镇排水主管部门；污泥处理处置单位处理不当的，由城镇排水主管部门对其作出处罚。本案中，《A市人民政府关于明确市政管理局主要职责、内设机构和人员编制管理的规定》明确规定，A市市政管理局为本市城镇排水管理部门，负责本市污水和污泥处理的监督管理工作，故市政管理局依据行政法规《城镇排水与污水处理条例》的授权，对城市污泥处理具有监督管理权和处罚权。

问题4—答案：应由市政管理局所在地基层法院或A市政府所在地基层法院管辖。

（1）级别管辖：本案复议机关A市政府维持了原机关市政管理局的处罚决定，属于复议维持，原机关市政管理局和复议机关A市政府是共同被告。复议机关作共同被告的案件，以作出原行政行为的机关市政管理局确定级别管辖。市政管理局属于地方政府部门，不属于中级法院、高级法院、最高法院管辖范围，故本案应当由基层法院管辖。

（2）地域管辖：本案是经过复议的案件，根据法律规定，既可以由最初作出行政行为的行政机关市政管理局所在地法院管辖，也可以由复议机关A市政府所在地法院管辖。

法条依据为《行政诉讼法》第14条③、第18条第1款④、第26条第2款⑤、《行诉解释》第134条第3款⑥。

---

① 《行政诉讼法》第27条：当事人一方或者双方为二人以上，因同一行政行为发生的行政案件，或者因同类行政行为发生的行政案件、人民法院认为可以合并审理并经当事人同意的，为共同诉讼。

② 《行诉解释》第73条第2项：根据行政诉讼法第二十七条的规定，有下列情形之一的，人民法院可以决定合并审理：
（二）行政机关就同一事实对若干公民、法人或者其他组织分别作出行政行为，公民、法人或者其他组织不服分别向同一人民法院起诉的。

③ 《行政诉讼法》第14条：基层人民法院管辖第一审行政案件。

④ 《行政诉讼法》第18条第1款：行政案件由最初作出行政行为的行政机关所在地人民法院管辖。经复议的案件，也可以由复议机关所在地人民法院管辖。

⑤ 《行政诉讼法》第26条第2款：经复议的案件，复议机关决定维持原行政行为的，作出原行政行为的行政机关和复议机关是共同被告；复议机关改变原行政行为的，复议机关是被告。

⑥ 《行诉解释》第134条第3款：复议机关作共同被告的案件，以作出原行政行为的行政机关确定案件的级别管辖。

问题5—答案： 法院应当裁定驳回起诉。案件属于复议前置的情形，当事人未先向行政机关申请复议，法院已经立案的，应当裁定驳回起诉。本案中，蓝胜公司认为市政管理局未履行指定污泥处理区域的职责，属于行政不作为案件，应当复议前置。蓝胜公司未先向行政机关申请复议，直接提起诉讼，且法院已经立案，因此法院应当裁定驳回起诉。法条依据为《行政复议法》第23条第1款第3项①、《行诉解释》第69条第1款第5项②。

问题6—答案： 实施代履行前应送达代履行通知书，当事人蓝胜公司仍不履行的，代履行3日前再次催告当事人履行，如当事人蓝胜公司履行，则停止代履行；代履行时市政管理局应当派员到场监督；代履行完毕后，监督工作人员、代履行人和当事人或见证人在执行文书上签名或盖章。代履行产生的合理费用由当事人蓝胜公司承担。法条依据为《行政强制法》第51条③。

案例2 · 2023年真题（回忆版）

2022年11月25日，县政府作出《县政府关于某小区改造建设项目房屋征收决定》。决定内容如下：因旧城区改建需要，决定对某小区范围内房屋实施征收。房屋征收部门为县住房和城乡建设局，房屋征收实施单位为县政府组建的某小区改造工程指挥部（以下简称改造工程指挥部）。签约期限为45日，搬迁期限为30日，具体起止日期在房屋征收评估机构选定后，由房屋征收部门另行公告；附件为《征收补偿方案》，主要内容为房屋补偿金额将在选定评估机构后通过评估确定，补偿范围包含建筑物和附属建筑物。上述内容在当地报纸上刊载公布。

孙某于2009年花费35万元购买的位于某小区的房屋被纳入房屋征收范围，土地性质为国有土地，改造工程指挥部测量房屋为120平方米，若以此时的市场房价计算，应确定补偿30万元。孙某经多次协商未与房屋征收部门达成补偿协议，也未明确同意将涉案房屋腾空并交付拆除。在孙某还未搬迁时，改造工程指挥部作出了强制拆除决定书，受改造工程指挥部委托的某建筑公司将涉案房屋直接强制拆除，但未保全屋内物品，对孙某房屋物品造成了一定损失，也未登记记录。

孙某向法院提起行政诉讼，要求确认拆除行为违法，并赔偿被拆除房屋损失50万元，屋内财物损失5万元，过渡期间租房补贴2万元。

材料：

《国有土地上房屋征收与补偿条例》

第8条 为了保障国家安全、促进国民经济和社会发展等公共利益的需要，有下列情形之一，确需征

---

① 《行政复议法》第23条第1款第3项：有下列情形之一的，申请人应当先向行政复议机关申请行政复议，对行政复议决定不服的，可以再依法向人民法院提起行政诉讼：
（三）认为行政机关存在本法第十一条规定的未履行法定职责情形。
② 《行诉解释》第69条第1款第5项：有下列情形之一，已经立案的，应当裁定驳回起诉：
（五）未按照法律、法规规定先向行政机关申请复议的。
③ 《行政强制法》第51条：代履行应当遵守下列规定：
（一）代履行前送达决定书，代履行决定书应当载明当事人的姓名或者名称、地址，代履行的理由和依据、方式和时间、标的、费用预算以及代履行人；
（二）代履行三日前，催告当事人履行，当事人履行的，停止代履行；
（三）代履行时，作出决定的行政机关应当派员到场监督；
（四）代履行完毕，行政机关到场监督的工作人员、代履行人和当事人或者见证人应当在执行文书上签名或者盖章。
代履行的费用按照成本合理确定，由当事人承担。但是，法律另有规定的除外。
代履行不得采用暴力、胁迫以及其他非法方式。

收房屋的,由市、县级人民政府作出房屋征收决定:

(一)国防和外交的需要;

(二)由政府组织实施的能源、交通、水利等基础设施建设的需要;

(三)由政府组织实施的科技、教育、文化、卫生、体育、环境和资源保护、防灾减灾、文物保护、社会福利、市政公用等公共事业的需要;

(四)由政府组织实施的保障性安居工程建设的需要;

(五)由政府依照城乡规划法有关规定组织实施的对危房集中、基础设施落后等地段进行旧城区改建的需要;

(六)法律、行政法规规定的其他公共利益的需要。

第25条 房屋征收部门与被征收人依照本条例的规定,就补偿方式、补偿金额和支付期限、用于产权调换房屋的地点和面积、搬迁费、临时安置费或者周转用房、停产停业损失、搬迁期限、过渡方式和过渡期限等事项,订立补偿协议。

补偿协议订立后,一方当事人不履行补偿协议约定的义务的,另一方当事人可以依法提起诉讼。

第26条 房屋征收部门与被征收人在征收补偿方案确定的签约期限内达不成补偿协议,或者被征收房屋所有权人不明确的,由房屋征收部门报请作出房屋征收决定的市、县级人民政府依照本条例的规定,按照征收补偿方案作出补偿决定,并在房屋征收范围内予以公告。

补偿决定应当公平,包括本条例第二十五条第一款规定的有关补偿协议的事项。

被征收人对补偿决定不服的,可以依法申请行政复议,也可以依法提起行政诉讼。

第27条 实施房屋征收应当先补偿、后搬迁。

作出房屋征收决定的市、县级人民政府对被征收人给予补偿后,被征收人应当在补偿协议约定或者补偿决定确定的搬迁期限内完成搬迁。

任何单位和个人不得采取暴力、威胁或者违反规定中断供水、供热、供气、供电和道路通行等非法方式迫使被征收人搬迁。禁止建设单位参与搬迁活动。

第28条 被征收人在法定期限内不申请行政复议或者不提起行政诉讼,在补偿决定规定的期限内又不搬迁的,由作出房屋征收决定的市、县级人民政府依法申请人民法院强制执行。

强制执行申请书应当附具补偿金额和专户存储账号、产权调换房屋和周转用房的地点和面积等材料。

第29条 房屋征收部门应当依法建立房屋征收补偿档案,并将分户补偿情况在房屋征收范围内向被征收人公布。

审计机关应当加强对征收补偿费用管理和使用情况的监督,并公布审计结果。

问题1:《县政府关于某小区改造建设项目房屋征收决定》的性质是否为具体行政行为?为什么?

问题2:孙某对强制拆除不服提起诉讼,被告应当如何确定?

问题3:改造工程指挥部的强制拆除行为是否合法?为什么?

问题4:《国有土地上房屋征收与补偿条例》第25条中的补偿协议性质是什么?为什么?若对补偿协议提起诉讼,属于哪种诉讼种类?

问题5:本案就室内物品的损失应当由谁承担举证责任?

问题6:对于孙某提出的房屋价格的赔偿数额,法院是否应当支持?

二、重点真题

人物关系图

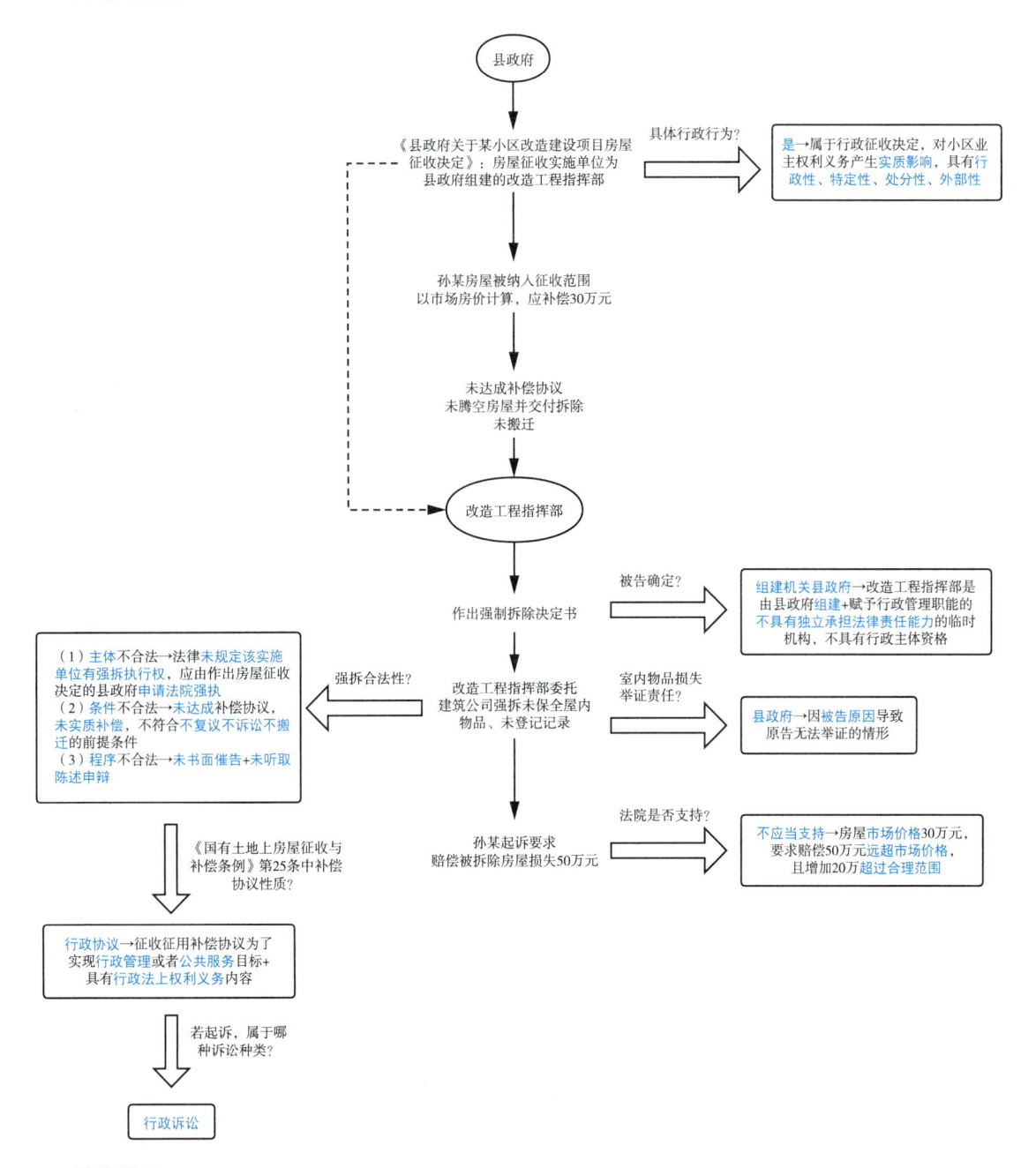

```
                            县政府
                              │
                              ▼
        《县政府关于某小区改造建设项目房屋         具体行政行为?       是→属于行政征收决定,对小区业
        征收决定》:房屋征收实施单位为        ─────────────→    主权利义务产生实质影响,具有行
        县政府组建的改造工程指挥部                              政性、特定性、处分性、外部性
                              │
                              ▼
                    孙某房屋被纳入征收范围
                    以市场房价计算,应补偿30万元
                              │
                              ▼
                    未达成补偿协议
                    未腾空房屋并交付拆除
                    未搬迁
                              │
                              ▼
                       改造工程指挥部
                              │
                              ▼                被告确定?         组建机关县政府→改造工程指挥部是
                    作出强制拆除决定书     ─────────────→    由县政府组建+赋予行政管理职能的
                              │                               不具有独立承担法律责任能力的临时
(1)主体不合法→法律未规定该实施                                 机构,不具有行政主体资格
  单位有强拆执行权,应由作出房屋征收
  决定的县政府申请法院强执       强拆合法性?
(2)条件不合法→未达成补偿协议,   ←──── 改造工程指挥部委托    室内物品损失
  未实质补偿,不符合不复议不诉讼不搬        建筑公司强拆未保全屋内   举证责任?      县政府→因被告原因导致
  迁的前提条件                      物品、未登记记录      ─────────→    原告无法举证的情形
(3)程序不合法→未书面催告+未听取            │
  陈述申辩                              ▼
                                    孙某起诉要求        法院是否支持?    不应当支持→房屋市场价格30万元,
      《国有土地上房屋征收与              赔偿被拆除房屋损失50万元 ────→    要求赔偿50万元远超市场价格,
      补偿条例》第25条中补偿                                           且增加20万超过合理范围
      协议性质?
            │
            ▼
      行政协议→征收征用补偿协议为了
      实现行政管理或者公共服务目标+
      具有行政法上权利义务内容
            │
            ▼
      若起诉,属于哪
      种诉讼种类?
            │
            ▼
         行政诉讼
```

答案解析

问题1—答案:是具体行政行为。县政府作出的《县政府关于某小区改造建设项目房屋征收决定》属于行政征收决定,是针对该小区业主作出的,对象特定,不能反复适用,对小区业主权利义务产生了实质影响,具有行政性、特定性、处分性、外部性的特征,是具体行政行为。

问题2—答案:被告为县政府。县级以上地方政府已经作出国有土地上房屋征收与补偿决定,当事人不服强制拆除房屋行为提起诉讼的,应当以作出强制拆除决定的行政机关为被告;没有强制拆除决定书的,以县级以上地方政府确定的房屋征收部门为被告。本案中,虽然改造工程指挥部作出了强制拆除

73

决定书，但其是由县政府组建并赋予行政管理职能的不具有独立承担法律责任能力的临时机构，不具有行政主体资格，不能作为本案被告，而应当以组建机关县政府为被告。法条依据为《最高人民法院关于正确确定县级以上地方人民政府行政诉讼被告资格若干问题的规定》第3条第2款①、《行诉解释》第20条第1款②。

问题3—答案： 不合法。

（1）改造工程指挥部无权强制拆除。本案属于因房屋征收发生的强制执行，行政强制执行由法律设定，法律没有规定改造工程指挥部有直接强制拆除房屋的执行权，故改造工程指挥部无权委托建筑公司强制拆除孙某的房屋，应当由作出房屋征收决定的县政府依法申请人民法院强制执行。法条依据为《国有土地上房屋征收与补偿条例》第28条第1款、《行政强制法》第13条③。

（2）不符合强制拆除条件。实施房屋征收应当先补偿、后搬迁。改造工程指挥部强制拆除前，未与孙某达成补偿协议，未对孙某进行实质补偿，且不符合孙某在法定期限内不申请行政复议或者提起行政诉讼、在补偿规定的期限内又不搬迁的强制拆除的前提条件。法条依据为《国有土地上房屋征收与补偿条例》第27条第1款、第2款④、第28条第1款。

（3）强制拆除程序不合法。改造工程指挥部在作出强制拆除决定前未进行书面催告，也未听取孙某的陈述申辩，直接强制拆除的程序不合法。法条依据为《行政强制法》第35条⑤、第36条⑥。

问题4—答案：（1）行政协议。《国有土地上房屋征收与补偿条例》第25条中的补偿协议属于征收征用补偿协议，是房屋征收部门为了实现行政管理或者公共服务目标，就行政征收过程中的补偿事项与被征收人协商订立的具有行政法上权利义务内容的协议，属于行政协议。法条依据为《行政协议案件规定》第1条⑦、第2条第2项⑧。

（2）行政诉讼。就房屋征收补偿协议提起行政诉讼的，法院应当依法受理，因此若提起诉讼，属于

---

① 《最高人民法院关于正确确定县级以上地方人民政府行政诉讼被告资格若干问题的规定》第3条第2款：县级以上地方人民政府已经作出国有土地上房屋征收与补偿决定，公民、法人或者其他组织不服具体实施房屋征收与补偿工作中的强制拆除房屋等行为提起诉讼的，人民法院应当根据行政诉讼法第二十六条第一款的规定，以作出强制拆除决定的行政机关为被告；没有强制拆除决定书的，以县级以上地方人民政府确定的房屋征收部门为被告。
② 《行诉解释》第20条第1款：行政机关组建并赋予行政管理职能但不具有独立承担法律责任能力的机构，以自己的名义作出行政行为，当事人不服提起诉讼的，应当以组建机构的行政机关为被告。
③ 《行政强制法》第13条：行政强制执行由法律设定。
法律没有规定行政机关强制执行的，作出行政决定的行政机关应当申请人民法院强制执行。
④ 《国有土地上房屋征收与补偿条例》第27条第1款、第2款：实施房屋征收应当先补偿、后搬迁。
作出房屋征收决定的市、县级人民政府对被征收人给予补偿后，被征收人应当在补偿协议约定或者补偿决定确定的搬迁期限内完成搬迁。
⑤ 《行政强制法》第35条：行政机关作出强制执行决定前，应当事先催告当事人履行义务。催告应当以书面形式作出，并载明下列事项：
（一）履行义务的期限；
（二）履行义务的方式；
（三）涉及金钱给付的，应当有明确的金额和给付方式；
（四）当事人依法享有的陈述权和申辩权。
⑥ 《行政强制法》第36条：当事人收到催告书后有权进行陈述和申辩。行政机关应当充分听取当事人的意见，对当事人提出的事实、理由和证据，应当进行记录、复核。当事人提出的事实、理由或者证据成立的，行政机关应当采纳。
⑦ 《行政协议案件规定》第1条：行政机关为了实现行政管理或者公共服务目标，与公民、法人或者其他组织协商订立的具有行政法上权利义务内容的协议，属于行政诉讼法第十二条第一款第十一项规定的行政协议。
⑧ 《行政协议案件规定》第2条第2项：公民、法人或者其他组织就下列行政协议提起行政诉讼的，人民法院应当依法受理：
（二）土地、房屋等征收征用补偿协议。

行政诉讼。法条依据为《行政协议案件规定》第 2 条第 2 项。

问题 5—答案：应由<u>被告县政府</u>承担举证责任。本案中，改造工程指挥部委托的某建筑公司强制拆除孙某房屋，未保全屋内物品，也未登记记录，导致孙某无法对室内物品损失进行举证，属于因<u>被告的原因</u>导致<u>原告无法举证</u>的情形，故应由被告县政府就室内物品的损失承担举证责任。法条依据为《行政赔偿案件规定》第 11 条第 1 款①。

问题 6—答案：<u>不应当</u>支持。违法行政行为造成公民、法人或者其他组织财产损害，不能返还财产或者恢复原状的，按照<u>损害发生时</u>该财产的<u>市场价格</u>计算损失。违法征收征用土地、房屋，人民法院判决给予被征收人的行政赔偿，不得少于被征收人依法应当获得的安置补偿权益。本案中，以征收工作进行时的市场房价计算，对孙某房屋的补偿数额为 30 万元，因行政机关违法强制拆除可<u>合理增加</u>赔偿数额。但孙某提出赔偿被拆除房屋损失 50 万元<u>远远超过市场价格</u>，且增加 20 万赔偿数额<u>超过合理范围</u>，故不应当支持。法院应当根据市场价格，结合当事人的主张和在案证据，考虑孙某房屋被违法强制拆除等各种因素，酌情确定对房屋的赔偿数额。法条依据为《行政赔偿案件规定》第 27 条②。

案例 3·2022 年真题（回忆版）

2018 年 7 月 15 日，经某市下辖的县政府授权，县住建局（甲方）与 A 公司（乙方）协商签订天然气开发利用合作协议，主要内容如下：

一、甲方同意乙方在本县从事城市天然气特许经营，范围包括本县县城城区、工业区，期限为 20 年。

二、甲方充分考虑天然气项目具有公共事业的特点，在法律允许范围内对项目建设和经营提供支持和帮助。

三、乙方应保证取得足够的天然气指标。如果乙方不能保证实际用气需求，甲方有权依照相关法律法规进行处理。

四、本协议签署后，乙方应对项目积极开展工作，签订协议 12 个月内如因乙方原因致使工程不能开工建设，则本协议废止。协议签署后，A 公司先后办理天然气综合利用项目的立项批复、管线路由规划意见、建设用地规划设计条件通知书、国有土地使用证、环评意见书等手续，对项目进行了部分开工建设。

2019 年 7 月 10 日，县住建局向 A 公司发出催告："你公司的管道天然气经营许可手续至今未能办理，影响了经营区域内居民、工业、商业用户及时用气，现通知你公司抓紧办理管道天然气经营许可手续，若收到本通知 2 个月内经营许可手续尚未批准，我县将收回你公司的管道天然气区域经营权，由此造成的一切损失由你公司自行承担。"

2020 年 6 月 25 日，A 公司参加了县燃气工作会议，会议明确要求："关于天然气镇村通工程建设.

---

① 《行政赔偿案件规定》第 11 条第 1 款：行政赔偿诉讼中，原告应当对行政行为造成的损害提供证据；因被告的原因导致原告无法举证的，由被告承担举证责任。

② 《行政赔偿案件规定》第 27 条：违法行政行为造成公民、法人或者其他组织财产损害，不能返还财产或者恢复原状的，按照损害发生时该财产的市场价格计算损失。市场价格无法确定，或者价格不足以弥补公民、法人或者其他组织损失的，可以采用其他合理方式计算。

违法征收征用土地、房屋，人民法院判决给予被征收人的行政赔偿，不得少于被征收人依法应当获得的安置补偿权益。

各燃气企业要明确管网铺设计划，加快推进工程建设，今年9月底前未完成燃气配套设施建设的，一律收回区域经营权。"

2020年6月29日，A公司向县政府出具项目保证书承诺："在办理完成项目开工手续三个月内完成以上工作，如不能按时完成，将自动退出政府所授予经营区域。"

2021年3月6日，县政府向A公司作出收回决定，决定按照合作协议中有关违约责任，收回A公司在县城城区、工业区的特许经营权，授权给B公司代表县政府经营管理。A公司不服收回决定向市政府申请行政复议。

2021年8月20日市政府作出维持决定并送达A公司，但决定未告知起诉期限。

2022年1月10日，A公司提起行政诉讼，请求法院撤销收回决定。诉讼中，法院查明B公司已开工建设并在部分地区试运行。

附：

《城镇燃气管理条例》

第五条 国务院建设主管部门负责全国的燃气管理工作。

县级以上地方人民政府燃气管理部门负责本行政区域内的燃气管理工作。

县级以上人民政府其他有关部门依照本条例和其他有关法律、法规的规定，在各自职责范围内负责有关燃气管理工作。

第十五条 国家对燃气经营实行许可证制度。从事燃气经营活动的企业，应当具备下列条件：

（一）符合燃气发展规划要求；

（二）有符合国家标准的燃气气源和燃气设施；

（三）有固定的经营场所、完善的安全管理制度和健全的经营方案；

（四）企业的主要负责人、安全生产管理人员以及运行、维护和抢修人员经专业培训并考核合格；

（五）法律、法规规定的其他条件。

符合前款规定条件的，由县级以上地方人民政府燃气管理部门核发燃气经营许可证。

《市政公用事业特许经营管理办法》

第二条 本办法所称市政公用事业特许经营，是指政府按照有关法律、法规规定，通过市场竞争机制选择市政公用事业投资者或者经营者，明确其在一定期限和范围内经营某项市政公用事业产品或者提供某项服务的制度。

城市供水、供气、供热、公共交通、污水处理、垃圾处理等行业，依法实施特许经营的，适用本办法。

第十八条 获得特许经营权的企业在特许经营期间有下列行为之一的，主管部门应当依法终止特许经营协议，取消其特许经营权，并可以实施临时接管：

（一）擅自转让、出租特许经营权的；

（二）擅自将所经营的财产进行处置或者抵押的；

（三）因管理不善，发生重大质量、生产安全事故的；

（四）擅自停业、歇业，严重影响到社会公共利益和安全的；

（五）法律、法规禁止的其他行为。

第十九条 特许经营权发生变更或者终止时，主管部门必须采取有效措施保证市政公用产品供应和服务的连续性与稳定性。

二、重点真题

第二十五条 主管部门应当建立特许经营项目的临时接管应急预案。

对获得特许经营权的企业取消特许经营权并实施临时接管的，必须按照有关法律、法规的规定进行，并召开听证会。

问题1：本行政诉讼案件的当事人具体有哪些？请说明理由。

问题2：如何确定本案的管辖法院？请说明理由。

问题3：A公司起诉是否超过起诉期限？请说明理由。

问题4：请分析县政府作出的收回决定的性质。

问题5：县政府的收回决定是否合法？请说明理由。

问题6：法院对本案应如何作出裁判？请说明理由。

人物关系图

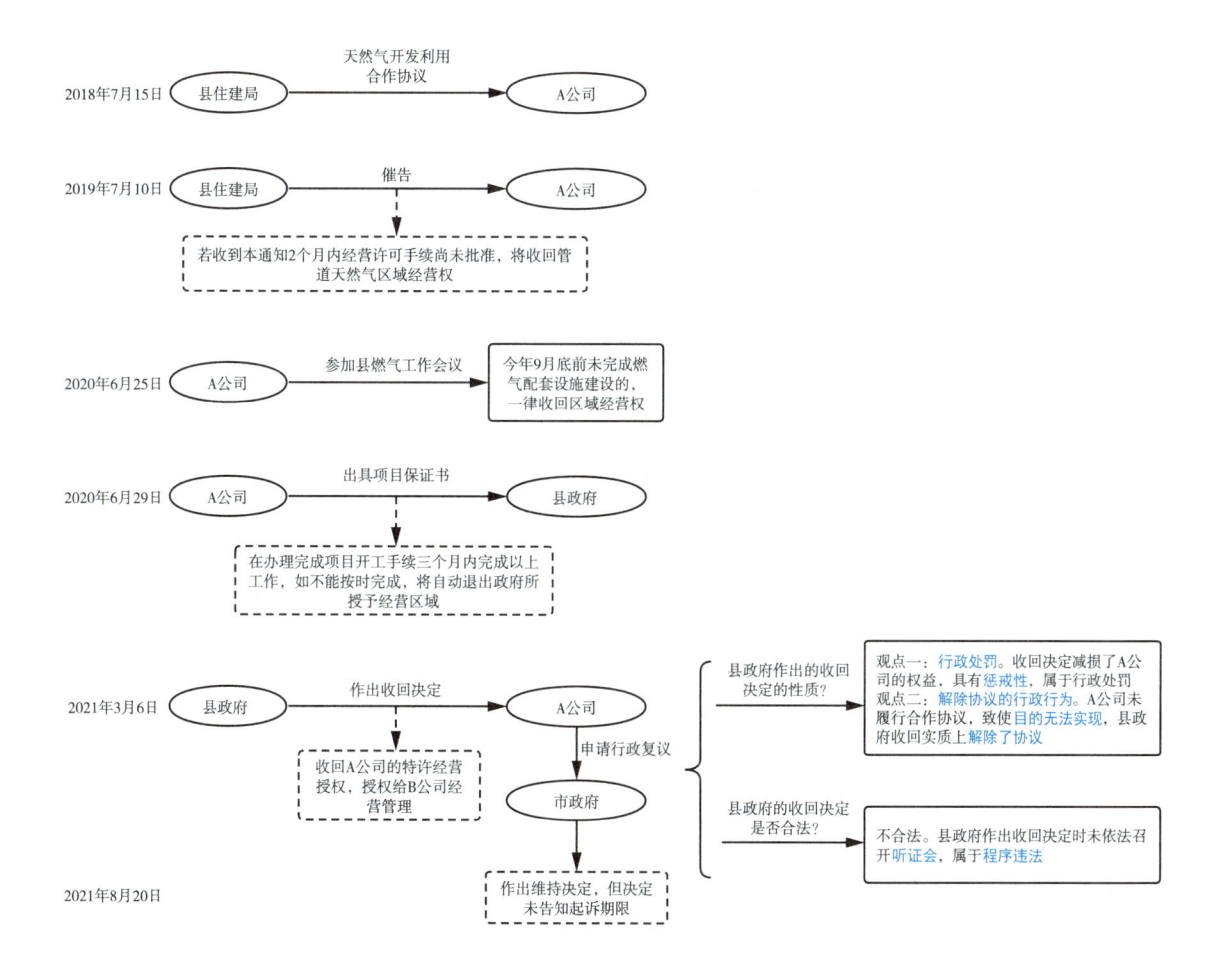

2018年7月15日　县住建局 ──天然气开发利用合作协议──▶ A公司

2019年7月10日　县住建局 ──催告──▶ A公司
　　　　　　　　〔若收到本通知2个月内经营许可手续尚未批准，将收回管道天然气区域经营权〕

2020年6月25日　A公司 ──参加县燃气工作会议──▶
　　　　　　　　〔今年9月底前未完成燃气配套设施建设的，一律收回区域经营权〕

2020年6月29日　A公司 ──出具项目保证书──▶ 县政府
　　　　　　　　〔在办理完成项目开工手续三个月内完成以上工作，如不能按时完成，将自动退出政府所授予经营区域〕

2021年3月6日　县政府 ──作出收回决定──▶ A公司 ──申请行政复议──▶ 市政府
　　　　　　　　〔收回A公司的特许经营授权，授权给B公司经营管理〕

　　　　　　　　县政府作出的收回决定的性质？
　　　　　　　　观点一：**行政处罚**。收回决定减损了A公司的权益，具有**惩戒性**，属于行政处罚
　　　　　　　　观点二：**解除协议的行政行为**。A公司未履行合作协议，致使**目的无法实现**，县政府收回实质上**解除了协议**

2021年8月20日　〔作出维持决定，但决定未告知起诉期限〕

　　　　　　　　县政府的收回决定是否合法？
　　　　　　　　不合法。县政府作出收回决定时未依法召开**听证会**，属于**程序违法**

77

```
                                                                    ┌─ A公司为原告：是收回决定的行政相对人
                                                                    │  县政府为被告：是收回决定的作出机关
                                                    ┌─ 行政诉讼的当事人 ─┤  市政府为被告：是作出维持决定的复议机
                                                    │   有哪些？        │  关，复议维持案件共同告
                                                    │                 └─ B公司为第三人：与被诉的收回决定具有
                                                    │                    法律上的利害关系
                                                    │
                                                    │                 ┌─ 市中级法院
                                                    │                 │  级别管辖：复议维持共同告，以原机关确
                                                    ├─ 本案的管辖法院？ ─┤  定案件的级别管辖，应由中级法院管辖
             提起行政诉讼，请求                         │                 │  地域管辖：经复议的案件，原机关所在地
             撤销收回决定                              │                 └─ 法院与复议机关所在地法院均有权管辖
2022年1月10日 ─→ A公司 ─────────→ 法院 ─┤
                 │                              ├─ A公司起诉是否超过 ─── 没有超过起诉期限：A公司于2022年1月
                 ↓                              │   起诉期限？            10日起诉，没有超过一年最长保护期限
        ┌─────────────────┐                    │
        │ 法院查明B公司已开工建 │                    │                 ┌─ 判决确认收回决定违法，撤销复议维持决
        │ 设并在部分地区试运行  │                    │                 │  定
        └─────────────────┘                    │                 │ （1）诉讼中法院查明B公司已开工建设并
                                                    └─ 法院对本案应如何 ─┤  在部分地区试运行，故撤销收回决定会给
                                                        作出裁判？        │  国家利益、公共利益造成重大损害，法院
                                                                       │  应当判决确认收回决定违法
                                                                       │ （2）收回决定违法的，复议维持决定也
                                                                       └  违法，故法院应当判决撤销复议维持决定
```

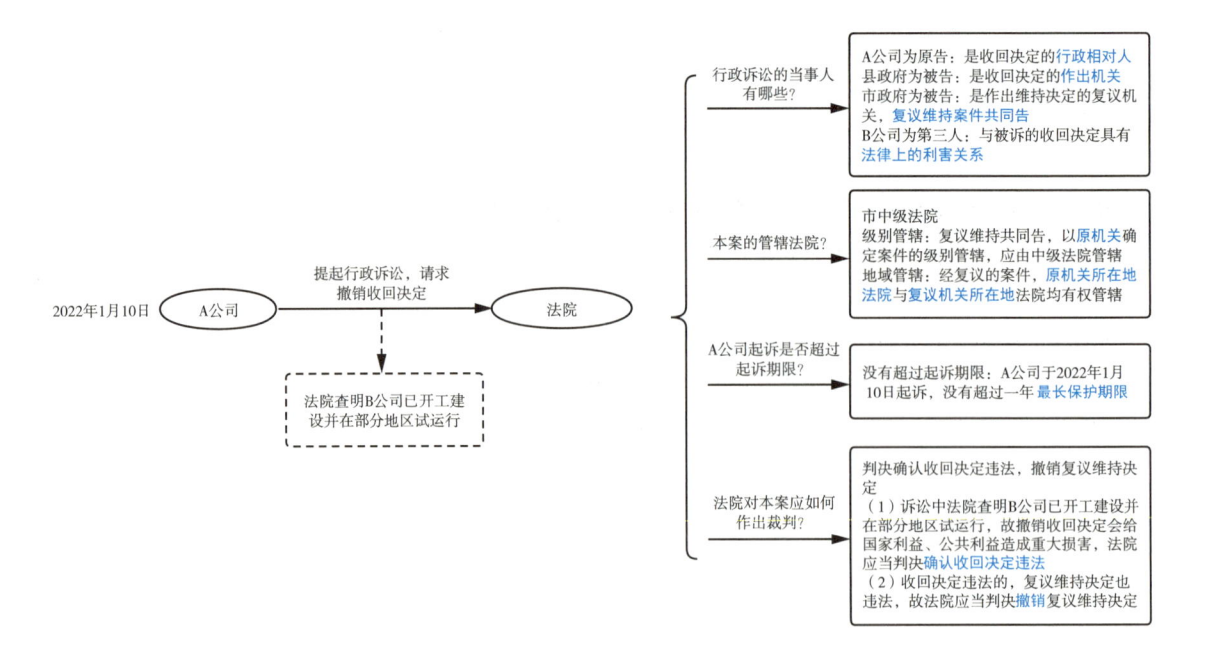

答案解析

问题1—答案：本行政诉讼案件的当事人具体有：

（1）A公司为原告。A公司是收回决定的行政相对人，其权利义务受到了实质性影响，有权作为原告提起诉讼。法条依据为《行政诉讼法》第25条第1款①。

（2）县政府为被告。县政府是收回决定的作出机关，A公司就收回决定起诉的，县政府为被告。法条依据为《行政诉讼法》第26条第1款②。

（3）市政府为被告。市政府是作出维持决定的复议机关，复议维持案件共同告，故市政府为共同被告。法条依据为《行政诉讼法》第26条第2款③。

（4）B公司为第三人。收回决定内容之一为B公司被县政府授权经营管理收回的特许经营权，故B公司与被诉的收回决定具有法律上的利害关系，可以作为第三人参加诉讼。法条依据为《行政诉讼法》第29条第1款④。

问题2—答案：本案的管辖法院为市中级法院。

从级别管辖来看，本案为复议维持案件，复议机关与原机关作为共同被告，以原机关确定案件的级别管辖。本案的原机关为县政府，属于被告为县级以上地方政府的情形，应由中级法院管辖。

从地域管辖来看，经复议的案件，原机关所在地法院与复议机关所在地法院均有权管辖，故县政府所在地法院与市政府所在地法院均有权管辖。

综上，本案的管辖法院为县政府所在地中级法院和市政府所在地中级法院。由于市内仅有一个市中

---

① 《行政诉讼法》第25条第1款：行政行为的相对人以及其他与行政行为有利害关系的公民、法人或者其他组织，有权提起诉讼。

② 《行政诉讼法》第26条第1款：公民、法人或者其他组织直接向人民法院提起诉讼的，作出行政行为的行政机关是被告。

③ 《行政诉讼法》第26条第2款：经复议的案件，复议机关决定维持原行政行为的，作出原行政行为的行政机关和复议机关是共同被告；复议机关改变原行政行为的，复议机关是被告。

④ 《行政诉讼法》第29条第1款：公民、法人或者其他组织同被诉行政行为有利害关系但没有提起诉讼，或者同案件处理结果有利害关系的，可以作为第三人申请参加诉讼，或者由人民法院通知参加诉讼。

级法院，故本案的管辖法院为市中级法院。

法条依据为《行政诉讼法》第15条第1项①、第18条第1款②、《行诉解释》第134条第3款③。

问题3—答案： A公司起诉没有超过起诉期限。（1）复议后起诉的，可以在收到复议决定书之日起15日内向法院提起诉讼。故A公司本应该在2021年8月20日起15日内起诉。（2）行政机关作出复议决定时，未告知起诉期限的，起诉期限从知道或者应当知道起诉期限之日起计算，但从知道或者应当知道复议决定内容之日起最长不得超过1年。本案中，市政府作出复议维持决定时未告知起诉期限，故起诉期限不得超过知道复议决定之日即2021年8月20日起1年。A公司于2022年1月10日起诉，没有超过1年最长保护期，故A公司起诉没有超过起诉期限。法条依据为《行政诉讼法》第45条④、《行诉解释》第64条⑤。

问题4—答案： 观点一：县政府作出的收回决定属于行政处罚。行政处罚是指行政机关依法对违反行政管理秩序的公民、法人或者其他组织，以减损权益或者增加义务的方式予以惩戒的行为。A公司不履行合作协议的内容，违反行政管理秩序，故县政府作出的收回决定减损了A公司的权益，具有惩戒性，属于行政处罚。法条依据为《行政处罚法》第2条⑥。

观点二：县政府的收回决定属于解除协议的行政行为。A公司未按照双方签订的天然气开发利用合作协议履行义务，致使县政府负责区域供气目的无法实现，县政府据此作出收回特许经营权的决定，实质上是解除了其与A公司的协议，该决定属于解除协议的行政行为。法条依据为《行政协议案件规定》第9条第5项⑦。

问题5—答案： 县政府的收回决定不合法。行政机关对获得特许经营权的企业取消特许经营权并实施临时接管的，必须按照有关法律、法规的规定进行，并召开听证会。县政府作出收回决定时未依法召开听证会，属于程序违法，故收回决定违法。法条依据为《市政公用事业特许经营管理办法》第25条。

问题6—答案： 法院应判决确认收回决定违法，一并撤销复议维持决定。

（1）收回决定违法，但诉讼中法院查明B公司已开工建设并在部分地区试运行，此时撤销收回决定

---

① 《行政诉讼法》第15条第1项：中级人民法院管辖下列第一审行政案件：
（一）对国务院部门或者县级以上地方人民政府所作的行政行为提起诉讼的案件。
② 《行政诉讼法》第18条第1款：行政案件由最初作出行政行为的行政机关所在地人民法院管辖。经复议的案件，也可以由复议机关所在地人民法院管辖。
③ 《行诉解释》第134条第3款：复议机关共同被告的案件，以作出原行政行为的行政机关确定案件的级别管辖。
④ 《行政诉讼法》第45条：公民、法人或者其他组织不服复议决定的，可以在收到复议决定书之日起十五日内向人民法院提起诉讼。复议机关逾期不作决定的，申请人可以在复议期满之日起十五日内向人民法院提起诉讼。法律另有规定的除外。
⑤ 《行诉解释》第64条：行政机关作出行政行为时，未告知公民、法人或者其他组织起诉期限的，起诉期限从公民、法人或者其他组织知道或者应当知道起诉期限之日起计算，但从知道或者应当知道行政行为内容之日起最长不得超过一年。
复议决定未告知公民、法人或者其他组织起诉期限的，适用前款规定。
⑥ 《行政处罚法》第2条：行政处罚是指行政机关依法对违反行政管理秩序的公民、法人或者其他组织，以减损权益或者增加义务的方式予以惩戒的行为。
⑦ 《行政协议案件规定》第9条第5项：在行政协议案件中，行政诉讼法第四十九条第三项规定的"有具体的诉讼请求"是指：
（五）请求判决撤销、解除行政协议。

会给国家利益、社会公共利益造成重大损害，故法院应当判决确认收回决定违法，可以同时判决责令被告采取补救措施；给A公司造成损失的，依法判决被告承担赔偿责任。

（2）法院对原行政行为作出判决的同时，应当对复议决定一并作出相应判决。收回决定违法的，复议维持决定也违法，故法院应当判决撤销复议维持决定。

法条依据为《行政诉讼法》第70条第3项①、第74条第1款第1项②、第76条③、《行诉解释》第136条第1款④。

案例 4 · 2021 年真题（回忆版）

为落实生态环境保护的要求，甲县政府发布《关于按批次关停水源地集中排污企业的批复》文件，文件中明确由甲县生态环境局负责组织实施对该水源保护区内多家企业排污口的关停工作，但未制定补偿计划。为保护水源地，A公司关停后向甲县政府投诉，申请相关的补偿与税费减免等。A公司于2020年7月20日向甲县政府提出《补偿申请书》，要求甲县政府履行职责，对A公司给予货币补偿，甲县政府于7月25日作出《不予补偿决定书》并于当日送达。

2020年12月20日，A公司向法院提起诉讼，要求判决撤销《不予补偿决定书》，并判决甲县政府对其进行补偿。甲县政府辩称，原告的起诉已超过起诉期限，且关闭该企业受益地是乙县，与甲县没有关系，应找乙县请求补偿。

材料一：《水污染防治法》第66条第1款规定："禁止在饮用水水源二级保护区内新建、改建、扩建排放污染物的建设项目；已建成的排放污染物的建设项目，由县级以上人民政府责令拆除或者关闭。"

材料二：《环境保护法》第31条规定："国家建立、健全生态保护补偿制度。

国家加大对生态保护地区的财政转移支付力度。有关地方人民政府应当落实生态保护补偿资金，确保其用于生态保护补偿。

国家指导受益地区和生态保护地区人民政府通过协商或者按照市场规则进行生态保护补偿。"

注意：本题是21年的真题，但因《行政复议法》于23年新修订，"行政不作为"被纳入复议前置情形，所以本案部分案情有所改动，将甲县政府的"未予答复"改为"作出《不予补偿决定书》"。

问题1：本案法院级别管辖如何确定？

问题2：A公司诉关停行为的，被告如何确定？为什么？

问题3：A公司的起诉是否超过起诉期限？为什么？

问题4：如何评价A公司的补偿请求？

问题5：甲县政府主张自己不是行政补偿主体是否准确？为什么？

问题6：法院应当如何判决？

---

① 《行政诉讼法》第70条第3项：行政行为有下列情形之一的，人民法院判决撤销或者部分撤销，并可以判决被告重新作出行政行为：
（三）违反法定程序的。

② 《行政诉讼法》第74条第1款第1项：行政行为有下列情形之一的，人民法院判决确认违法，但不撤销行政行为：
（一）行政行为依法应当撤销，但撤销会给国家利益、社会公共利益造成重大损害的。

③ 《行政诉讼法》第76条：人民法院判决确认违法或者无效的，可以同时判决责令被告采取补救措施；给原告造成损失的，依法判决被告承担赔偿责任。

④ 《行诉解释》第136条第1款：人民法院对原行政行为作出判决的同时，应当对复议决定一并作出相应判决。

人物关系图

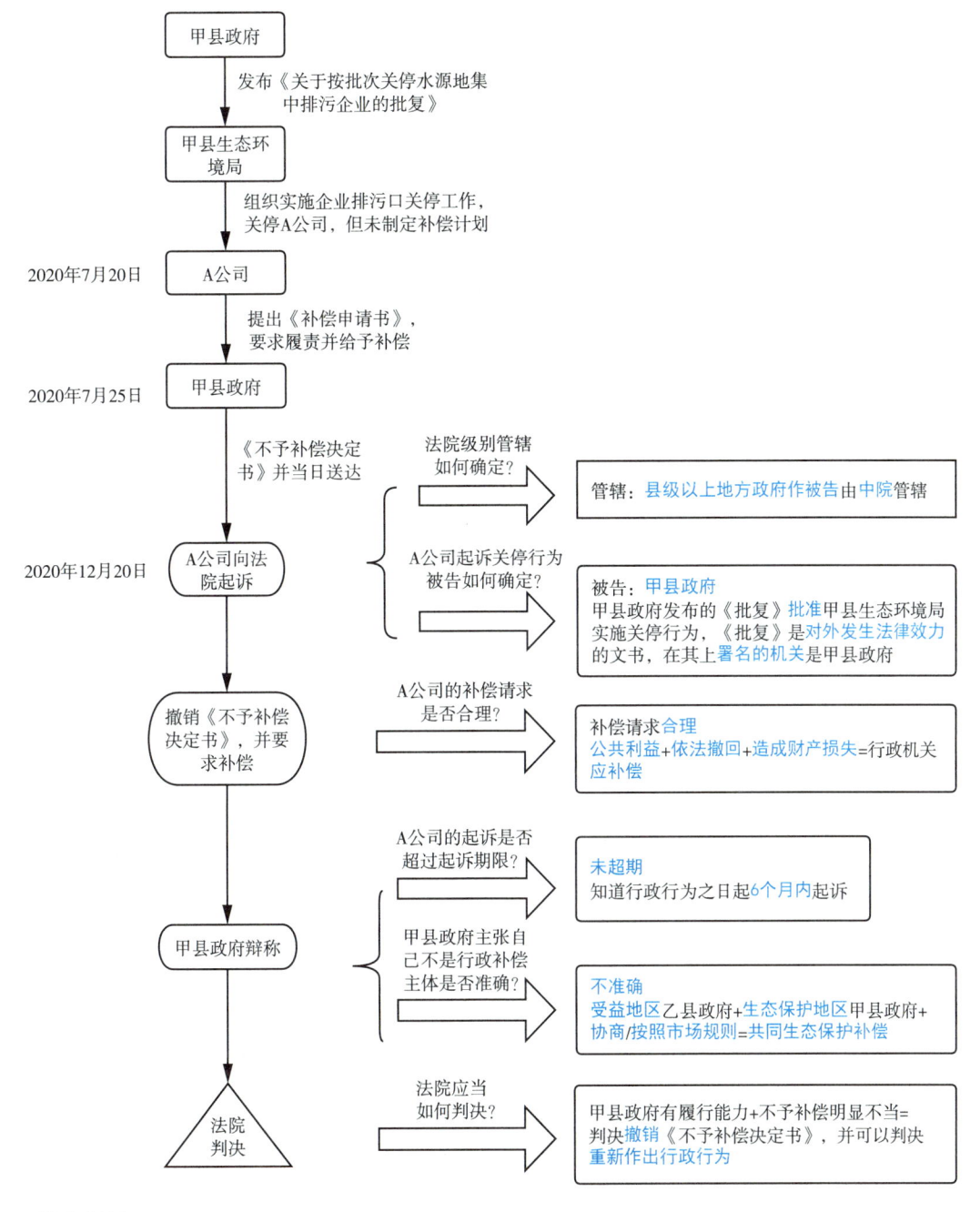

```
甲县政府
  │ 发布《关于按批次关停水源地集
  │ 中排污企业的批复》
  ▼
甲县生态环
境局
  │ 组织实施企业排污口关停工作,
  │ 关停A公司,但未制定补偿计划
  ▼
2020年7月20日  A公司
  │ 提出《补偿申请书》,
  │ 要求履责并给予补偿
  ▼
2020年7月25日  甲县政府
  │ 《不予补偿决定
  │ 书》并当日送达
  ▼
2020年12月20日  A公司向法
             院起诉
  │
  ▼
撤销《不予补偿
决定书》,并要
求补偿
  │
  ▼
甲县政府辩称
  │
  ▼
法院
判决
```

- 法院级别管辖如何确定？ → 管辖：**县级以上地方政府作被告**由**中院管辖**
- A公司起诉关停行为被告如何确定？ → 被告：**甲县政府**。甲县政府发布的《批复》批准甲县生态环境局实施关停行为，《批复》是对**外发生法律效力**的文书，在其上**署名**的机关是甲县政府
- A公司的补偿请求是否合理？ → 补偿请求**合理**。**公共利益+依法撤回+造成财产损失**=行政机关应补偿
- A公司的起诉是否超过起诉期限？ → **未超期**。知道行政行为之日起**6个月内**起诉
- 甲县政府主张自己不是行政补偿主体是否准确？ → **不准确**。**受益地区**乙县政府+**生态保护地区**甲县政府+**协商/按照市场规则**=共同生态保护补偿
- 法院应当如何判决？ → 甲县政府有履行能力+不予补偿明显不当=判决**撤销**《不予补偿决定书》，并可以判决**重新作出行政行为**

答案解析

问题1——答案： 本案应由**中级人民法院**管辖。本案属于对**县级以上地方政府**提起诉讼的情形，应当由**中级法院**管辖。法条依据为《行政诉讼法》第15条第1项[①]。

问题2——答案： 被告是**甲县政府**。当事人不服**经上级行政机关批准**的行政行为，向人民法院提起诉

[①]《行政诉讼法》第15条第1项：中级人民法院管辖下列第一审行政案件：
（一）对国务院部门或者县级以上地方人民政府所作的行政行为提起诉讼的案件。

讼的，以在对外发生法律效力的文书上署名的机关为被告。甲县政府发布的《批复》明确甲县生态环境局实施关停行为，《批复》文件是甲县生态环境局实施关停工作的依据，是对外发生法律效力的文书，在其上署名的机关是甲县政府，故甲县政府是被告。法条依据为《行诉解释》第19条①。

问题3—答案：未超过起诉期限。当事人对行政机关的行政行为不服的，应当自知道行政行为之日起6个月内起诉。行政机关甲县政府于2020年7月25日作出《不予补偿决定书》并于当日送达，因此起诉期限自2020年7月25日起算，A公司在2020年12月20日提起诉讼未超过6个月的起诉期限。法条依据为《行政诉讼法》第46条第1款②。

问题4—答案1：A公司的补偿请求是合理的。本案中，甲县政府基于环境保护的公共利益，依据《批复》关停A公司的排污口属于对行政许可的撤回，给A公司造成损失的，依法应当给予补偿，因此A公司的补偿请求是合理的。法条依据为《行政许可法》第8条第2款③。

问题4—答案2：A公司的补偿请求是合理的。信赖利益保护原则要求行政机关不得任意撤销、变更已生效的行政决定，确因国家利益、公共利益或其他事由需要撤回、变更的，需依法进行，给当事人造成损失的，应当依法给予补偿。本案中，甲县政府基于公共利益，依法关停了A公司的排污口，给A公司造成损失，应当依法给予补偿，因此A公司的补偿请求是合理的。

问题5—答案：不准确。生态保护补偿的承担包括受益地区和保护地区的人民政府，甲县政府作为保护地区的人民政府同样需要承担补偿的责任，而不能因受益地区为乙县予以拒绝，因此甲县政府的主张是不准确的。法条依据为《环境保护法》第31条。

问题6—答案：法院应当撤销《不予补偿决定书》，并可以判决甲县政府重新作出行政行为。本案中，行政机关甲县政府有履行补偿的法定职责，且有履行能力，其不履行补偿责任的行为明显不当，故法院应当撤销《不予补偿决定书》，并可以判决甲县政府重新作出行政行为。法条依据为《行政诉讼法》第70条第6项④。

案例5·2020年真题（回忆版）

甲市乙区政府为了进行旧城改造，发布了国有土地征收补偿公告，对所划定区域内的国有土地进行征收补偿。乙区政府与乙区管委会签订《征收补偿授权协议书》，授权乙区管委会以乙区政府的名义实施

---

① 《行诉解释》第19条：当事人不服经上级行政机关批准的行政行为，向人民法院提起诉讼的，以在对外发生法律效力的文书上署名的机关为被告。

② 《行政诉讼法》第46条第1款：公民、法人或者其他组织直接向人民法院提起诉讼的，应当自知道或者应当知道作出行政行为之日起六个月内提出。法律另有规定的除外。

③ 《行政许可法》第8条第2款：行政许可所依据的法律、法规、规章修改或者废止，或者准予行政许可所依据的客观情况发生重大变化的，为了公共利益的需要，行政机关可以依法变更或者撤回已经生效的行政许可。由此给公民、法人或者其他组织造成财产损失的，行政机关应当依法给予补偿。

④ 《行政诉讼法》第70条第6项：行政行为有下列情形之一的，人民法院判决撤销或者部分撤销，并可以判决被告重新作出行政行为：

（六）明显不当的。

征收补偿事务。

黄某是一名个体工商户，在公告所划定的区域内有厂房，该厂房登记在黄某名下，评估公司评估该房屋价值为260万元，黄某与乙区管委会签订了《资产收购协议》，约定补偿数额为300万元，同时协议中约定，如果发生争议，双方先协商解决，协商不成，任何一方均有权向仲裁机构申请仲裁。黄某认为，补偿数额过低，向法院提起诉讼要求确认协议无效。

经法院查明，乙区管委会是甲市政府设立的派出机构，乙区管委会是经乙区政府授权实施征收事宜。因黄某认为补偿数额过低，向乙区政府申请公开其他被征收人补偿数额的信息，区政府以涉及第三人隐私为由拒绝公开。

材料：

《国有土地上房屋征收与补偿条例》（国务院于2011年1月21日发布，自发布之日起施行）

第二条 为了公共利益的需要，征收国有土地上单位、个人的房屋，应当对被征收房屋所有权人（以下简称被征收人）给予公平补偿。

第八条 为了保障国家安全、促进国民经济和社会发展等公共利益的需要，有下列情形之一，确需征收房屋的，由市、县级人民政府作出房屋征收决定：

（一）国防和外交的需要；

（二）由政府组织实施的能源、交通、水利等基础设施建设的需要；

（三）由政府组织实施的科技、教育、文化、卫生、体育、环境和资源保护、防灾减灾、文物保护、社会福利、市政公用等公共事业的需要；

（四）由政府组织实施的保障性安居工程建设的需要；

（五）由政府依照城乡规划法有关规定组织实施的对危房集中、基础设施落后等地段进行旧城区改建的需要；

（六）法律、行政法规规定的其他公共利益的需要。

第二十九条 房屋征收部门应当依法建立房屋征收补偿档案，并将分户补偿情况在房屋征收范围内向被征收人公布。

审计机关应当加强对征收补偿费用管理和使用情况的监督，并公布审计结果。

问题1：《资产收购协议》是否属于行政协议？

问题2：本案的原告是谁？为什么？

问题3：本案的被告是谁？为什么？

问题4：本案约定的仲裁条款是否有效？为什么？

问题5：如何确定本案诉讼时效？为什么？

问题6：乙区政府以涉及第三人隐私为由拒绝黄某的公开申请的行为是否合法？

人物关系图

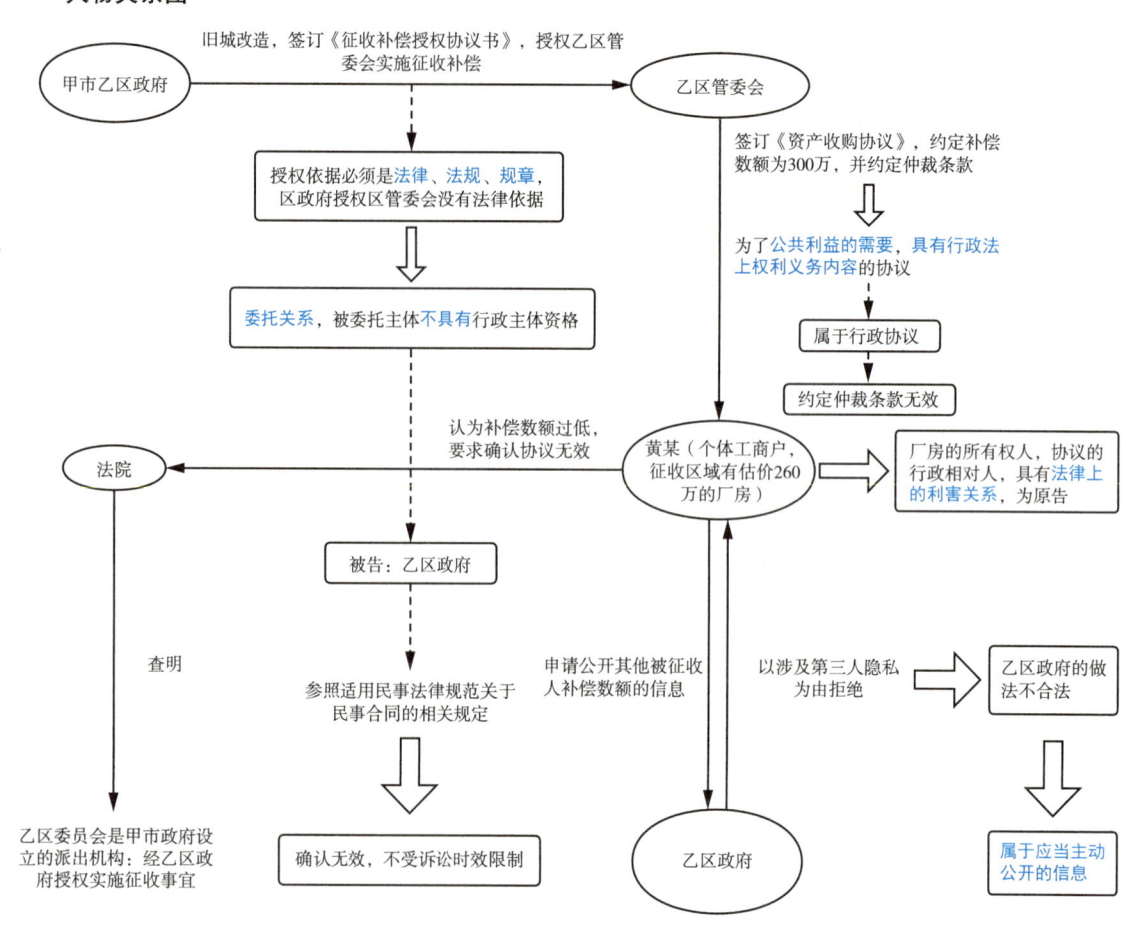

```
甲市乙区政府 ──旧城改造，签订《征收补偿授权协议书》，授权乙区管委会实施征收补偿──> 乙区管委会
      │                                                                        │
      ▼                                                                        ▼
授权依据必须是法律、法规、规章，                                    签订《资产收购协议》，约定补偿
区政府授权区管委会没有法律依据                                      数额为300万，并约定仲裁条款
      │                                                                        │
      ▼                                                                        ▼
委托关系，被委托主体不具有行政主体资格                              为了公共利益的需要，具有行政法
                                                                   上权利义务内容的协议
                                                                        │
                                                                        ▼
                                                                   属于行政协议
                                                                        │
                                                                        ▼
                                                                   约定仲裁条款无效

                        认为补偿数额过低，
法院 <──要求确认协议无效── 黄某（个体工商户，──> 厂房的所有权人，协议的
 │                        征收区域有估价260      行政相对人，具有法律上
 │                        万的厂房）             的利害关系，为原告
 │                            │
 │                       被告：乙区政府
 │                            │
 │      查明                   ▼                 申请公开其他被征收      以涉及第三人隐私      乙区政府的做
 │              参照适用民事法律规范关于          人补偿数额的信息        为由拒绝           法不合法
 │              民事合同的相关规定                      │                                      │
 ▼                    │                                ▼                                      ▼
乙区委员会是甲市政府设               乙区政府                                            属于应当主动
立的派出机构；经乙区政            确认无效，不受诉讼时效限制                              公开的信息
府授权实施征收事宜
```

答案解析

问题 1—答案 1：《资产收购协议》**属于**行政协议。行政协议是指行政机关为了实现**行政管理**或**公共服务目标**，与公民、法人或其他组织**协商订立**的具有**行政法上权利义务内容**的协议。本案中，乙区政府与黄某签订的协议属于征收征用补偿协议，符合行政协议的特征，因此属于行政协议。法条依据为《行政协议案件规定》第1条①。

问题 1—答案 2：《资产收购协议》**属于**行政协议。行政协议包括**土地**、**房屋**等**征收征用补偿协议**，本案中，乙区政府与黄某签订的协议属于房屋征收征用补偿协议，因此属于行政协议。法条依据为《行政协议案件规定》第2条第2项②。

问题 2—答案：本案的原告是**黄某**。行政行为的相对人以及其他与行政行为有利害关系的公民、法人或者其他组织，有权提起诉讼。本案中，黄某是厂房的所有权人，也是《资产收购协议书》的行政相

---

① 《行政协议案件规定》第1条：行政机关为了实现行政管理或者公共服务目标，与公民、法人或者其他组织协商订立的具有行政法上权利义务内容的协议，属于行政诉讼法第十二条第一款第十一项规定的行政协议。

② 《行政协议案件规定》第2条第2项：公民、法人或者其他组织就下列行政协议提起行政诉讼的，人民法院应当依法受理：
（二）土地、房屋等征收征用补偿协议。

对人，与被诉协议具有法律上的利害关系，所以黄某具有原告资格，有权作为原告起诉。法条依据为《行政诉讼法》第25条第1款①。

问题3—答案：本案的被告是乙区政府。本案中，行政机关甲市乙区政府通过《征收补偿授权协议书》授权其派出机构乙区管委会行使行政职权没有法律、法规或者规章的规定，所以属于行政委托，应以委托的行政机关乙区政府为被告。法条依据为《行诉解释》第20条第3款②、《行政协议案件规定》第4条第2款③。

问题4—答案：无效。本案中《资产收购协议》属于行政协议，根据法律规定，行政协议约定仲裁条款的，法院原则上应当确认该条款无效。并且本案不存在法律、行政法规或者我国缔结、参加的国际条约另有规定的情形。因此，该约定仲裁条款无效。法条依据为《行政协议案件规定》第26条④。

问题5—答案：黄某请求确认行政协议无效不受诉讼时效限制，黄某可以随时请求确认行政协议无效。法院审理行政协议案件，对于行政诉讼法没有规定的，可以参照适用民事法律规范关于民事合同的相关规定。而在民事法律关系中，当事人请求确认合同无效的，不受诉讼时效期间的限制。法条依据为《行政协议案件规定》第25条⑤、第27条⑥。

问题6—答案：不合法。根据《国有土地上房屋征收与补偿条例》的规定，分户补偿情况属于应当主动公开的信息，行政机关有主动公开的义务，故乙区政府拒绝公开的行为不合法。法条依据为《国有土地上房屋征收与补偿条例》第29条第1款。

案例6·2019年真题（回忆版）

某建设施工单位完成一项住宅建筑工程后，经市公安局消防支队抽查验收，认定该工程的消防设施合格，于是向其出具了《建筑工程消防验收备案结果通知》。居民李某认为该建设单位安装的消防设备在家门口，影响了自己的出行，于是李某申请行政复议，复议机关作出维持决定后，李某向法院提起行政诉讼，请求法院依法撤销市公安局消防支队的《建筑工程消防验收备案结果通知》，并依法判令建设单位依据国家标准限期整改。

被告市公安局消防支队辩称，《建筑工程消防验收备案结果通知》是按照建筑工程消防验收标准出

---

① 《行政诉讼法》第25条第1款：行政行为的相对人以及其他与行政行为有利害关系的公民、法人或者其他组织，有权提起诉讼。
② 《行诉解释》第20条第3款：没有法律、法规或者规章规定，行政机关授权其内设机构、派出机构或者其他组织行使行政职权的，属于行政诉讼法第二十六条规定的委托。当事人不服提起诉讼的，应当以该行政机关为被告。
③ 《行政协议案件规定》第4条第2款：因行政机关委托的组织订立的行政协议发生纠纷的，委托的行政机关是被告。
④ 《行政协议案件规定》第26条：行政协议约定仲裁条款的，人民法院应当确认该条款无效，但法律、行政法规或者我国缔结、参加的国际条约另有规定的除外。
⑤ 《行政协议案件规定》第25条：公民、法人或者其他组织对行政机关不依法履行、未按照约定履行行政协议提起诉讼的，诉讼时效参照民事法律规范确定；对行政机关变更、解除行政协议等行政行为提起诉讼的，起诉期限依照行政诉讼法及其司法解释确定。
⑥ 《行政协议案件规定》第27条：人民法院审理行政协议案件，应当适用行政诉讼法的规定；行政诉讼法没有规定的，参照适用民事诉讼法的规定。
人民法院审理行政协议案件，可以参照适用民事法律规范关于民事合同的相关规定。

具的，法律性质属技术性验收，并非独立、完整的具体行政行为，因此不具有可诉性，不属于法院的行政诉讼受案范围，请求法院驳回原告李某的起诉。

法院经过审理，认为《建筑工程消防验收备案结果通知》属于技术性验收，不具有可诉性，判决驳回了李某的诉讼请求。李某不服提起上诉，二审法院在审理过程中，市公安局消防支队主动撤销了《建筑工程消防验收备案结果通知》，李某向法院申请撤诉。

相关法条：《消防法》（2021年修正）第4条第1款："国务院应急管理部门对全国的消防工作实施监督管理。县级以上地方人民政府应急管理部门对本行政区域内的消防工作实施监督管理，并由本级人民政府消防救援机构负责实施……"

第10条："对按照国家工程建设消防技术标准需要进行消防设计的建设工程，实行建设工程消防设计审查验收制度。"

第13条："国务院住房和城乡建设主管部门规定应当申请消防验收的建设工程竣工，建设单位应当向住房和城乡建设主管部门申请消防验收。

前款规定以外的其他建设工程，建设单位在验收后应当报住房和城乡建设主管部门备案，住房和城乡建设主管部门应当进行抽查。

依法应当进行消防验收的建设工程，未经消防验收或者消防验收不合格的，禁止投入使用；其他建设工程经依法抽查不合格的，应当停止使用。"

【注意：本题是19年的真题，但因《行政复议法》于23年新修订，"行政不作为"被纳入复议前置情形，所以本案部分案情有所改动，增加了李某起诉前申请复议的内容。】

问题1：市公安消防支队作出的《建设工程消防验收备案结果通知》是否属于法院的受案范围？
问题2：《建设工程消防验收备案结果通知》的法律性质是什么？理由是什么？
问题3：市公安局消防支队在二审期间能否撤销该《通知》？为什么？
问题4：二审中法院是否可以准予原告李某撤诉？如果可以，需要满足什么条件？
问题5：如果市公安局消防支队撤销了该《通知》，建设单位对市公安局消防支队的撤销行为不服，如何救济？
问题6：针对原告请求被告责令建设单位限期整改，如果能够得到支持，一审法院应如何判决？

人物关系图

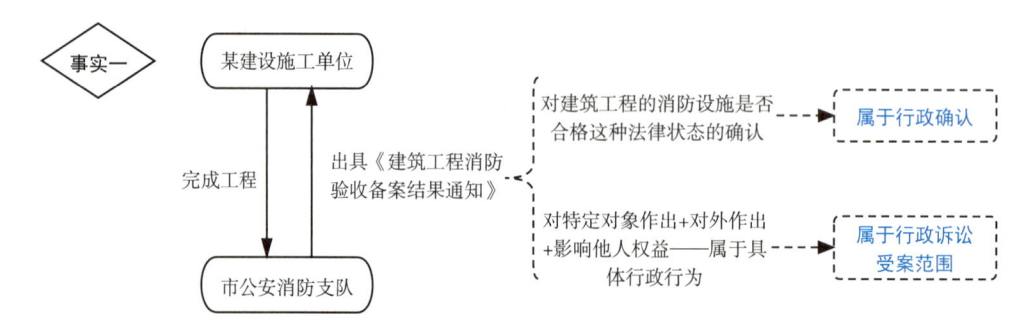

二、重点真题

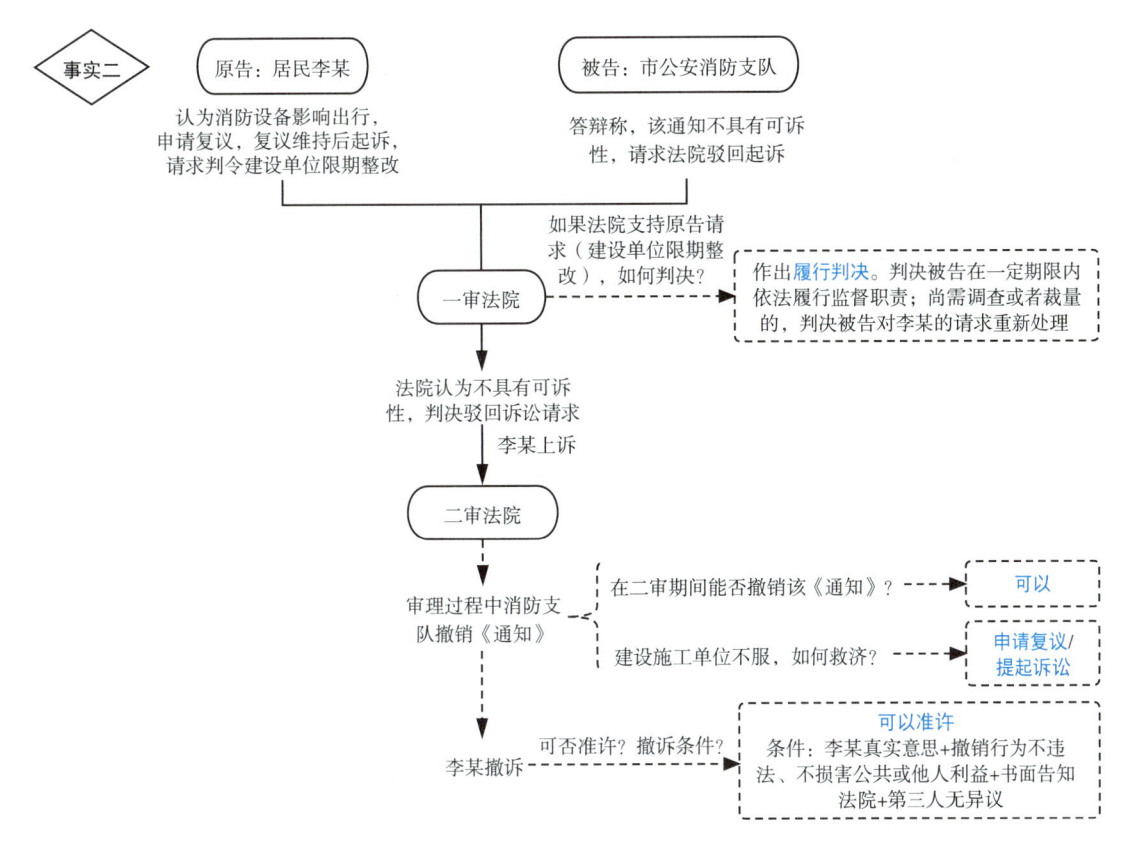

```
事实二  原告：居民李某                          被告：市公安消防支队
        认为消防设备影响出行，                    答辩称，该通知不具有可诉
        申请复议，复议维持后起诉，                性，请求法院驳回起诉
        请求判令建设单位限期整改

                    ┌── 如果法院支持原告请求 ──→ 作出履行判决。判决被告在一定期限内
                    │   （建设单位限期整改），     依法履行监督职责；尚需调查或者裁量
                 一审法院  如何判决？              的，判决被告对李某的请求重新处理
                    │
                    │ 法院认为不具有可诉
                    │ 性，判决驳回诉讼请求
                    │ 李某上诉
                    ↓
                 二审法院
                    │
        审理过程中消防支 ──── 在二审期间能否撤销该《通知》？ ──→ 可以
        队撤销《通知》   ──── 建设施工单位不服，如何救济？ ──→ 申请复议/
                                                              提起诉讼
                    │
                    │                              可以准许
                 李某撤诉 ──── 可否准许？撤诉条件？ ──→ 条件：李某真实意思+撤销行为不违
                                                       法、不损害公共或他人利益+书面告知
                                                       法院+第三人无异议
```

答案解析

问题1——答案： 属于。本案中，该《建设工程消防验收备案结果通知》属于行政确认，具备特定性、处分性、外部性、行政性，对李某的权利义务产生了实质影响，是具体行政行为，属于行政诉讼的受案范围。法条依据为《行政诉讼法》第2条①、第12条②。

---

① 《行政诉讼法》第2条：公民、法人或者其他组织认为行政机关和行政机关工作人员的行政行为侵犯其合法权益，有权依照本法向人民法院提起诉讼。
前款所称行政行为，包括法律、法规、规章授权的组织作出的行政行为。
② 《行政诉讼法》第12条：人民法院受理公民、法人或者其他组织提起的下列诉讼：
（一）对行政拘留、暂扣或者吊销许可证和执照、责令停产停业、没收违法所得、没收非法财物、罚款、警告等行政处罚不服的；
（二）对限制人身自由或者对财产的查封、扣押、冻结等行政强制措施和行政强制执行不服的；
（三）申请行政许可，行政机关拒绝或者在法定期限内不予答复，或者对行政机关作出的有关行政许可的其他决定不服的；
（四）对行政机关作出的关于确认土地、矿藏、水流、森林、山岭、草原、荒地、滩涂、海域等自然资源的所有权或者使用权的决定不服的；
（五）对征收、征用决定及其补偿决定不服的；
（六）申请行政机关履行保护人身权、财产权等合法权益的法定职责，行政机关拒绝履行或者不予答复的；
（七）认为行政机关侵犯其经营自主权或者农村土地承包经营权、农村土地经营权的；
（八）认为行政机关滥用行政权力排除或者限制竞争的；
（九）认为行政机关违法集资、摊派费用或者违法要求履行其他义务的；
（十）认为行政机关没有依法支付抚恤金、最低生活保障待遇或者社会保险待遇的；
（十一）认为行政机关不依法履行、未按照约定履行或者违法变更、解除政府特许经营协议、土地房屋征收补偿协议等协议的；
（十二）认为行政机关侵犯其他人身权、财产权等合法权益的。
除前款规定外，人民法院受理法律、法规规定可以提起诉讼的其他行政案件。

问题 2—答案： 是行政确认。行政确认是行政主体对社会主体的法律地位、行政法律关系和行政法律事实等进行确定、认可的行政行为。案涉住宅建设工程需要进行消防设计审查验收，消防验收意见属于对建筑工程的消防设施是否合格这一法律状态的确认，符合行政确认的一般行为特征。因此，该《通知》的法律性质为行政确认。法条依据为《消防法》第 10 条、第 13 条。

问题 3—答案： 能撤销。根据法律规定，市公安局消防支队可以在二审期间改变其所作出的具体行政行为，即市公安局消防支队在二审期间可以撤销该《通知》。法条依据为《行政诉讼撤诉规定》第 1 条①、第 8 条第 1 款②。

问题 4—答案： 可以撤诉。二审中，符合下列条件的，法院应当裁定准许：(1) 申请撤诉是当事人李某的真实意思表示；(2) 被告市公安局消防支队改变被诉具体行政行为，不违反法律、法规的禁止性规定，不超越或者放弃职权，不损害公共利益和他人合法权益；(3) 被告市公安局消防支队已经改变或者决定改变被诉具体行政行为，并书面告知人民法院；(4) 第三人无异议。本案符合上述条件，可以准许撤诉。法条依据为《行政诉讼撤诉规定》第 2 条③、第 8 条④。

问题 5—答案： 申请行政复议或提起行政诉讼。本案中，市公安局消防支队撤销《通知》的行为导致建设单位的住宅建筑工程被停止使用，侵害了其权益，建设单位对消防支队的撤销行为不服，可以通过申请行政复议或提起行政诉讼的方式进行救济。法条依据为《行政复议法》第 11 条第 15 项⑤、《行政诉讼法》第 2 条、第 12 条第 1 款第 12 项⑥。

问题 6—答案： 法院应判决被告市公安局消防支队在一定期限内依法履行监督职责并撤销复议决定。本案中，行政机关市公安局消防支队有实施监督的法定职责，且有履行能力，其不履行法定职责的行为违法，被告市公安局消防支队的履行仍然有意义，法院应当判决被告市公安局消防支队在一定期限内依法履行原告请求的法定职责；尚需被告调查或者裁量的，应当判决被告市公安局消防支队针对原告李某的请求重新作出处理。同时，由于复议机关作出的复议维持决定违法，法院应当同时判决撤销复议机关

---

① 《行政诉讼撤诉规定》第 1 条：人民法院经审查认为被诉具体行政行为违法或者不当，可以在宣告判决或者裁定前，建议被告改变其所作的具体行政行为。
② 《行政诉讼撤诉规定》第 8 条第 1 款：第二审或者再审期间行政机关改变被诉具体行政行为，当事人申请撤回上诉或者再审申请的，参照本规定。
③ 《行政诉讼撤诉规定》第 2 条：被告改变被诉具体行政行为，原告申请撤诉，符合下列条件的，人民法院应当裁定准许：
（一）申请撤诉是当事人真实意思表示；
（二）被告改变被诉具体行政行为，不违反法律、法规的禁止性规定，不超越或者放弃职权，不损害公共利益和他人合法权益；
（三）被告已经改变或者决定改变被诉具体行政行为，并书面告知人民法院；
（四）第三人无异议。
④ 《行政诉讼撤诉规定》第 8 条：第二审或者再审期间行政机关改变被诉具体行政行为，当事人申请撤回上诉或者再审申请的，参照本规定。
准许撤回上诉或者再审申请的裁定可以载明行政机关改变被诉具体行政行为的主要内容及履行情况，并可以根据案件具体情况，在裁定理由中明确被诉具体行政行为或者原裁判全部或者部分不再执行。
⑤ 《行政复议法》第 11 条第 15 项：有下列情形之一的，公民、法人或者其他组织可以依照本法申请行政复议：
（十五）认为行政机关的其他行政行为侵犯其合法权益的。
⑥ 《行政诉讼法》第 12 条第 1 款第 12 项：人民法院受理公民、法人或者其他组织提起的下列诉讼：
（十二）认为行政机关侵犯其他人身权、财产权等合法权益的。

的复议决定。法条依据为《行政诉讼法》第72条①、《行诉解释》第91条②、第136条第4款③。

案例7·2018年真题（回忆版）

马武未取得建设工程规划许可证便沿街建设楼房。2022年3月12日，市自然资源局向马武下达《停止违法建设通知书》，责令其停止违法建设行为。在就该情况召开协调会后，市规划局向马武发出《责令拆除违法建筑通知》，告知马武其建筑违法，责令其1天内自行拆除。2022年3月15日，港城大队组织强制拆除工作，通知镇政府、镇管委会到场后，组织人员强制拆除了马武的违法建筑。拆除期间，马武尚未来得及搬离屋内物品，港城大队也未依法对屋内物品进行登记保全，未制作物品清单并交马武签字确认。马武以镇政府、镇管委会、港城大队、市自然资源局、市规划局为被告提起行政诉讼，请求法院确认强制拆除行为违法、赔偿损失30万元。

后法院查明，市规划局曾向港城大队送达委托书，委托港城大队作出违法建筑拆除决定，委托期限为2015年1月1日至2022年12月31日。

注意：本题是18年的真题，但考虑到21年新修订的《行政处罚法》及18年的国务院机构改革，因此对案情涉及的时间及行政机关名称进行了改动。

问题1：市规划局责令马武限期拆除的行为性质是什么？

问题2：本案的被告是否正确？为什么？

问题3：市规划局的行为是否合法？为什么？

问题4：马武提起行政诉讼的期限是什么时候？

问题5：若一审开庭时，行政机关负责人没有出庭应诉，仅委托港城大队的相关工作人员和律师出庭，法庭是否应予准许？为什么？

问题6：马武请求损失赔偿的举证责任如何分配？

---

① 《行政诉讼法》第72条：人民法院经过审理，查明被告不履行法定职责的，判决被告在一定期限内履行。

② 《行诉解释》第91条：原告请求被告履行法定职责的理由成立，被告违法拒绝履行或者无正当理由逾期不予答复的，人民法院可以根据行政诉讼法第七十二条的规定，判决被告在一定期限内依法履行原告请求的法定职责；尚需被告调查或者裁量的，应当判决被告针对原告的请求重新作出处理。

③ 《行诉解释》第136条第4款：人民法院判决作出原行政行为的行政机关履行法定职责或者给付义务的，应当同时判决撤销复议决定。

人物关系图

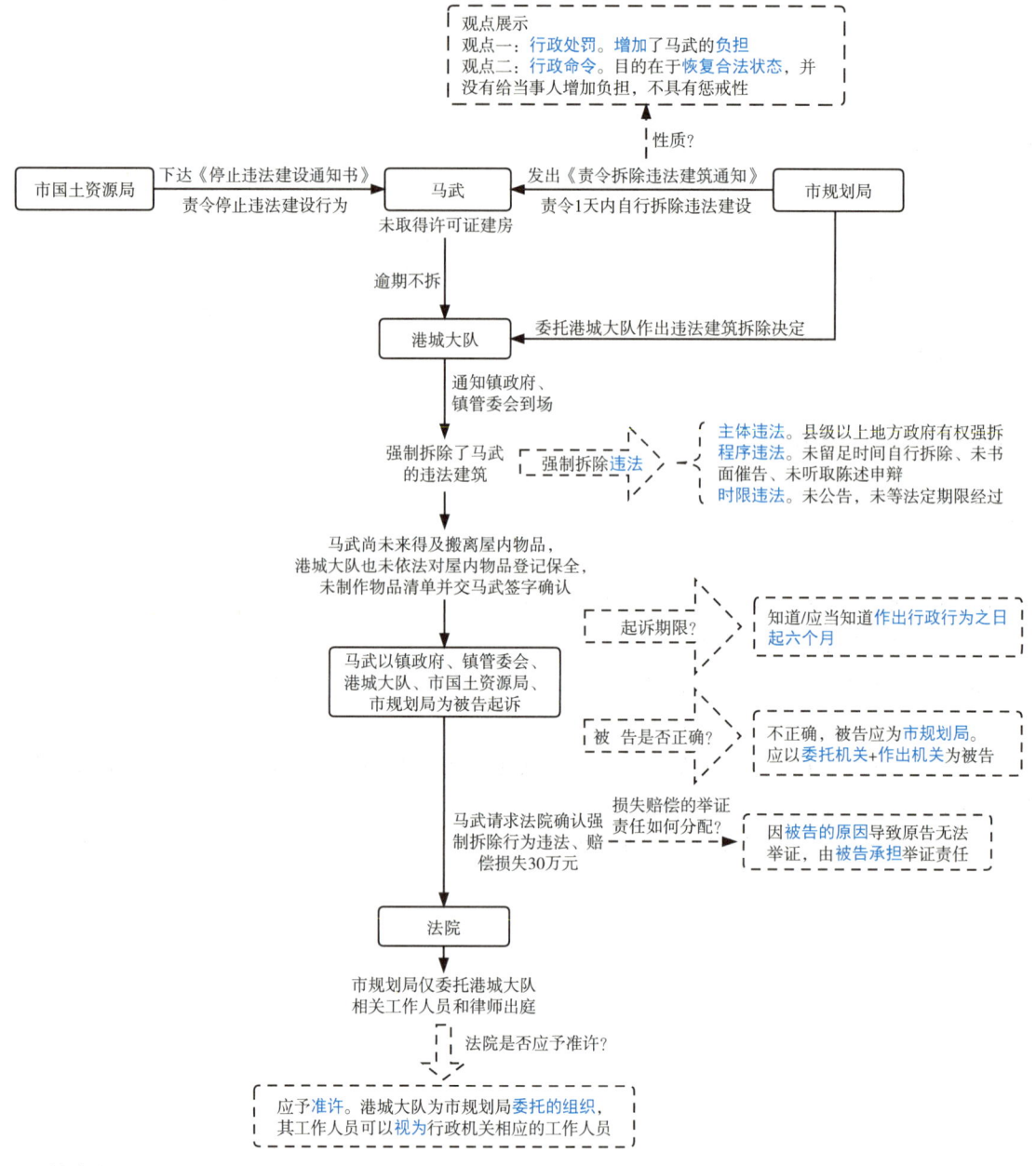

```
                                    ┌─────────────────────────────────────┐
                                    │ 观点展示                              │
                                    │ 观点一：行政处罚。增加了马武的负担。    │
                                    │ 观点二：行政命令。目的在于恢复合法状态， │
                                    │         并没有给当事人增加负担，不具有惩戒性。│
                                    └─────────────────────────────────────┘
                                                      │性质？
                                                      │
  ┌──────────┐  下达《停止违法建设通知书》  ┌──────┐  发出《责令拆除违法建筑通知》  ┌──────┐
  │市国土资源局├────────────────────────→│ 马武 │←────────────────────────┤市规划局│
  └──────────┘  责令停止违法建设行为       └──────┘  责令1天内自行拆除违法建设    └──────┘
                                      未取得许可证建房
                                           │
                                           │逾期不拆
                                           ↓
                                      ┌────────┐  委托港城大队作出违法建筑拆除决定
                                      │ 港城大队 │←─────────────────────────────
                                      └────────┘
                                           │ 通知镇政府、
                                           │ 镇管委会到场
                                           ↓
                                    强制拆除了马武       ┌─────────┐      主体违法。县级以上地方政府有权强拆
                                    的违法建筑      ────│强制拆除违法│──── 程序违法。未留足时间自行拆除、未书
                                                       └─────────┘      面催告、未听取陈述申辩
                                           │                            时限违法。未公告，未等法定期限经过
                                           ↓
                                    马武尚未来得及搬离屋内物品，
                                    港城大队也未依法对屋内物品登记保全，
                                    未制作物品清单并交马武签字确认
                                           │                  ┌─────────┐    知道/应当知道作出行政行为之日
                                           │              ┌──│ 起诉期限？ │── 起六个月
                                           ↓              │   └─────────┘
                                    ┌──────────────┐      │
                                    │马武以镇政府、镇管委会、│──┤
                                    │港城大队、市国土资源局、│  │   ┌─────────┐    不正确，被告应为市规划局。
                                    │市规划局为被告起诉     │  └──│被告是否正确？├── 应以委托机关+作出机关为被告
                                    └──────────────┘      │   └─────────┘
                                           │              │
                                           │              │   ┌──────────────┐   因被告的原因导致原告无法
                                           │              └──│损失赔偿的举证  ├── 举证，由被告承担举证责任
                                           ↓                 │责任如何分配？   │
                                    马武请求法院确认强            └──────────────┘
                                    制拆除行为违法、赔
                                    偿损失30万元
                                           │
                                           ↓
                                      ┌──────┐
                                      │ 法院 │
                                      └──────┘
                                           │
                                    市规划局仅委托港城大队
                                    相关工作人员和律师出庭
                                           │
                                           │   ┌──────────────┐
                                           └──│ 法院是否应予准许？│
                                               └──────────────┘
                                                      │
                                               ┌─────────────────────────────┐
                                               │应予准许。港城大队为市规划局委托的组织，│
                                               │其工作人员可以视为行政机关相应的工作人员。│
                                               └─────────────────────────────┘
```

答案解析

问题1—答案1：属于**行政处罚**。行政处罚是指行政机关依法对违反行政管理秩序的行政相对人，以**减损权益**或者**增加义务**的方式予以惩戒的行为。行政机关责令马武限期将其修建的建筑予以拆除，增加了马武的**负担**，具备**惩戒性**，属于行政处罚。法条依据为《行政处罚法》第2条[①]。

问题1—答案2：属于**行政命令**。国务院法制办公室《对陕西省人民政府法制办公室〈关于"责令限期拆除"是否属于行政处罚行为的请示〉的复函》（国法秘研函〔2012〕665号）明确提出："根据《中华人民共和国行政处罚法》第23条关于'行政机关实施行政处罚时，应当责令改正或者限期改正违法行

[①] 《行政处罚法》第2条：行政处罚是指行政机关依法对违反行政管理秩序的公民、法人或者其他组织，以减损权益或者增加义务的方式予以惩戒的行为。

二、重点真题

为'的规定，责令改正或者限期改正违法行为与行政处罚是不同的行政行为。因此，《中华人民共和国城乡规划法》第64条规定的'限期拆除'、第68条规定的'责令限期拆除'不应当理解为行政处罚行为。"责令拆除的目的在于恢复合法状态，并没有给当事人增加负担，不具有惩戒性，所以不属于行政处罚。行政命令是指行政主体依法要求相对人进行一定的作为或不作为的意思表示，责令拆除的行为属于行政命令。

问题2—答案： 不正确，本案的被告应为市规划局。（1）强制拆除行为是市规划局委托港城大队作出的，根据行政委托规则，应以委托人市规划局为被告。（2）强制拆除行为与镇政府、镇管委会和市自然资源局没有直接关系，按照"谁行为、谁被告"的行政诉讼规则，镇政府、镇管委会和市自然资源局并没有以自己的名义独立对外开展行政活动，故不应当以其为被告。法条依据为《行政诉讼法》第26条第1款、第5款①。

问题3—答案： 不合法。（1）行为主体违法。城乡规划主管部门作出责令停止建设或者限期拆除的决定后，当事人不停止建设或者逾期不拆除的，建设工程所在地县级以上地方人民政府可以责成有关部门采取查封施工现场、强制拆除等措施。即有权决定强制拆除的主体只有县级以上地方政府，市规划局强制拆除马武房屋，属于行为主体违法。

（2）程序违法。市规划局责令马武1天内自行拆除，没有给马武留下充分的自行拆除的时间，拆除前也没有书面催告及听取马武陈述申辩，属于程序违法。

（3）时限违法。对违法的建筑物等需要强制拆除的，应当由行政机关予以公告，限期当事人自行拆除。当事人在法定期限内不申请行政复议或者不提起行政诉讼，又不拆除的，行政机关才可以依法强制拆除。市规划局既未公告，也没有等法定期限经过，属于时限违法。

法条依据为《城乡规划法》第68条②、《行政强制法》第35条③、第36条④、第44条⑤。

问题4—答案： 马武应当自知道或者应当知道作出行政行为之日起6个月内提出。本案中，马武知道强制拆除行为于2022年3月15日作出，故起诉期限为自2022年3月15日之日起计算6个月。法条依据为《行政诉讼法》第46条第1款⑥。

---

① 《行政诉讼法》第26条第1款、第5款：公民、法人或者其他组织直接向人民法院提起诉讼的，作出行政行为的行政机关是被告。

行政机关委托的组织所作的行政行为，委托的行政机关是被告。

② 《城乡规划法》第68条：城乡规划主管部门作出责令停止建设或者限期拆除的决定后，当事人不停止建设或者逾期不拆除的，建设工程所在地县级以上地方人民政府可以责成有关部门采取查封施工现场、强制拆除等措施。

③ 《行政强制法》第35条：行政机关作出强制执行决定前，应当事先催告当事人履行义务。催告应当以书面形式作出，并载明下列事项：

（一）履行义务的期限；

（二）履行义务的方式；

（三）涉及金钱给付的，应当有明确的金额和给付方式；

（四）当事人依法享有的陈述权和申辩权。

④ 《行政强制法》第36条：当事人收到催告书后有权进行陈述和申辩。行政机关应当充分听取当事人的意见，对当事人提出的事实、理由和证据，应当进行记录、复核。当事人提出的事实、理由或者证据成立的，行政机关应当采纳。

⑤ 《行政强制法》第44条：对违法的建筑物、构筑物、设施等需要强制拆除的，应当由行政机关予以公告，限期当事人自行拆除。当事人在法定期限内不申请行政复议或者提起行政诉讼，又不拆除的，行政机关可以依法强制拆除。

⑥ 《行政诉讼法》第46条第1款：公民、法人或者其他组织直接向人民法院提起诉讼的，应当自知道或者应当知道作出行政行为之日起六个月内提出。法律另有规定的除外。

问题5—答案： 应予准许。行政机关负责人不能出庭的，应当委托行政机关相应的工作人员出庭。行政机关委托行使行政职权的组织或者下级行政机关的工作人员，可以视为行政机关相应的工作人员。港城大队为市规划局委托的组织，故港城大队的相关工作人员可以视为行政机关相应的工作人员。法条依据为《行政诉讼法》第3条第3款①、《行政机关负责人出庭应诉规定》第10条第2款②。

问题6—答案： 由被告承担。在行政赔偿案件中，原告应当对行政行为造成的损害提供证据。因被告的原因导致原告无法举证的，由被告承担举证责任。行政机关在强拆过程中没有履行法定程序导致马武来不及搬离个人财产，其无法就损害情况举证，故被告应当承担对损害情况的举证责任。法条依据为《行政诉讼法》第38条第2款③、《行诉解释》第47条第1款④。

---

① 《行政诉讼法》第3条第3款：被诉行政机关负责人应当出庭应诉。不能出庭的，应当委托行政机关相应的工作人员出庭。

② 《行政机关负责人出庭应诉规定》第10条第2款：行政机关委托行使行政职权的组织或者下级行政机关的工作人员，可以视为行政机关相应的工作人员。

③ 《行政诉讼法》第38条第2款：在行政赔偿、补偿的案件中，原告应当对行政行为造成的损害提供证据。因被告的原因导致原告无法举证的，由被告承担举证责任。

④ 《行诉解释》第47条第1款：根据行政诉讼法第三十八条第二款的规定，在行政赔偿、补偿案件中，因被告的原因导致原告无法就损害情况举证的，应当由被告就该损害情况承担举证责任。

三、模拟提升题

案例1

2024年1月，临原县政府发布《临原县人民政府关于2024年度第一批次建设用地征收土地的通告》，黄某慧房屋所在地处于临原县本次征地范围内。2024年7月30日，黄某慧向临原县发改局和生态环境局邮寄《政府信息公开申请表》，申请公开《临原县2024年度第一批次建设用地项目立项批复文件》和《建设项目环评影响报告表》，并要求提供相关信息复印件。临原县发改局收到黄某慧邮寄的材料后未予答复。黄某慧对临原县发改局逾期不予答复的行为不服，遂向法院提起诉讼，请求法院判决临原县发改局依法履行行政公开法定职责，并确认其未在法定期限内进行答复的行为违法。

2024年11月，临原县政府与黄某慧就征收补偿问题达成了一致意见。在对黄某慧进行补偿后，临原县政府限其在2024年12月22日之前搬离住处，然而黄某慧并未按期搬离。临原县政府便在2025年1月1日闯入黄某慧住处，将黄某慧及其家人拖往屋外，强制拆除了房屋。随后黄某慧向法院提起诉讼，要求赔偿屋内电视机、冰箱等财产损失以及本人和家人的精神损害。

材料：《国有土地上房屋征收与补偿条例》

第二十七条 实施房屋征收应当先补偿、后搬迁。

作出房屋征收决定的市、县级人民政府对被征收人给予补偿后，被征收人应当在补偿协议约定或者补偿决定确定的搬迁期限内完成搬迁。

任何单位和个人不得采取暴力、威胁或者违反规定中断供水、供热、供气、供电和道路通行等非法方式迫使被征收人搬迁。禁止建设单位参与搬迁活动。

第二十八条 被征收人在法定期限内不申请行政复议或者不提起行政诉讼，在补偿决定规定的期限内又不搬迁的，由作出房屋征收决定的市、县级人民政府依法申请人民法院强制执行。

强制执行申请书应当附具补偿金额和专户存储账号、产权调换房屋和周转用房的地点和面积等材料。

问题1：本案中的征收是否属于具体行政行为？

问题2：本案中临原县发改局和生态环境局是否属于政府信息公开的主体？

问题3：临原县生态环境局是否应当公开《建设项目环评影响报告表》？

问题4：针对黄某慧起诉临原县发改局逾期不予答复的行为，法院应当如何处理？

问题5：临原县政府强制拆除黄某慧房屋的行为是否合法？若不合法，强拆过程中出现了哪个（些）错误？

问题6：法院是否应当受理黄某慧请求赔偿的案件？

人物关系图

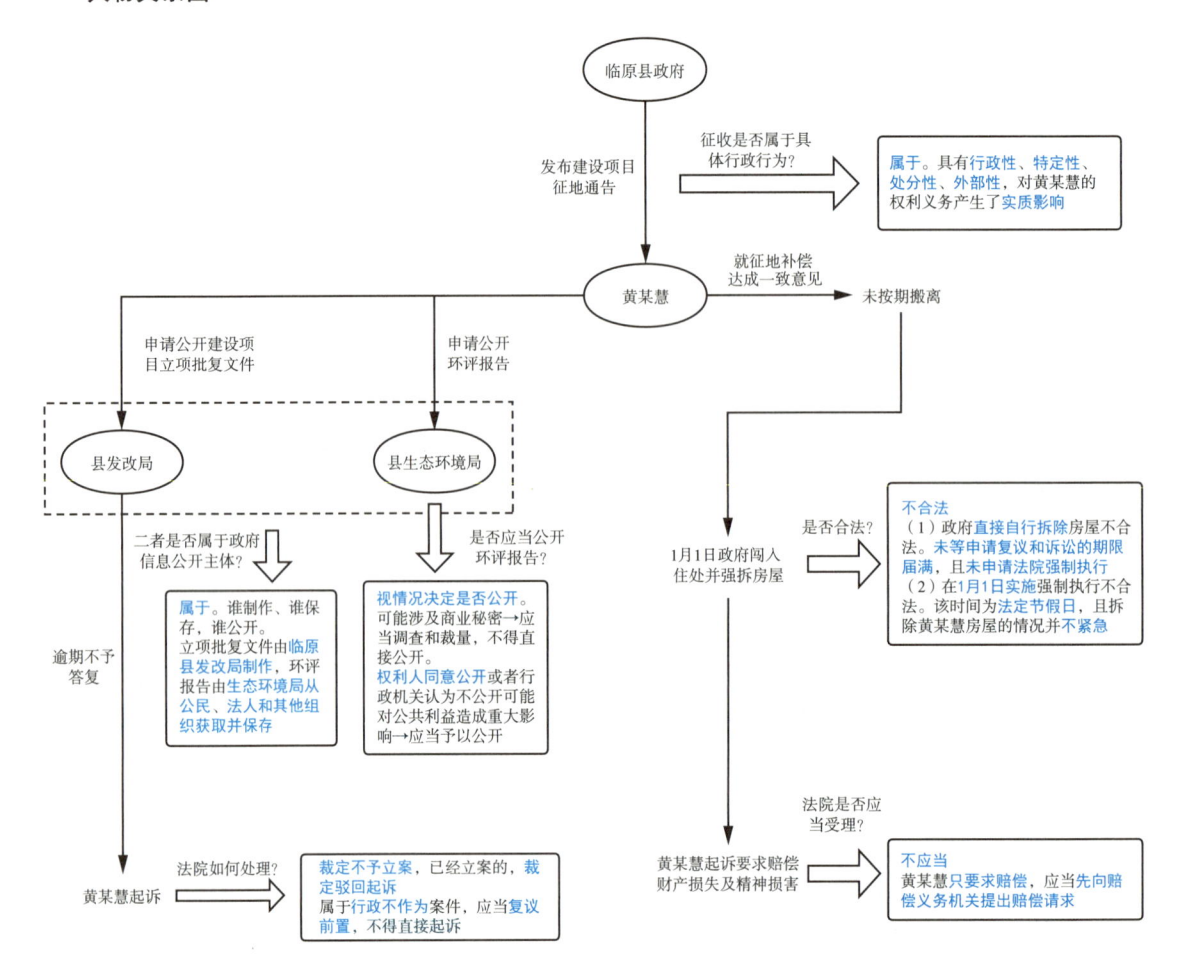

```
                           临原县政府
                              │
              ┌───────────────┼──────────────┐
              │发布建设项目    │征收是否属于具体行政行为？
              │征地通告        │
              │               ▶ 属于。具有行政性、特定性、
              ▼                 处分性、外部性，对黄某慧的
            黄某慧               权利义务产生了实质影响
              │
              │就征地补偿达成一致意见 ──→ 未按期搬离
              │
   ┌──────────┼──────────┐                    │
   │申请公开建设项    │申请公开              │
   │目立项批复文件    │环评报告              │
   ▼                  ▼                    ▼
┌─────────┐      ┌─────────┐         1月1日政府闯入  是否合法？
│县发改局 │      │县生态环境局│        住处并强拆房屋  ─────▶ 不合法
└─────────┘      └─────────┘                              （1）政府直接自行拆除房屋不合
   │二者是否属于政府    │是否应当公开                      法。未等申请复议和诉讼的期限
   │信息公开主体？      │环评报告？                        届满，且未申请法院强制执行
   │                    │                                 （2）在1月1日实施强制执行不合
   ▼属于。谁制作、谁保   ▼视情况决定是否公开。              法。该时间为法定节假日，且拆
   存、谁公开。         可能涉及商业秘密→应                除黄某慧房屋的情况并不紧急
   立项批复文件由临原   当调查和裁量，不得直
   县发改局制作，环评   接公开。
   报告由生态环境局从   权利人同意公开或者行
   公民、法人和其他组   政机关认为不公开可能
   织获取并保存         对公共利益造成重大影
                        响→应当予以公开                   黄某慧起诉要求赔偿   法院是否应
                                                          财产损失及精神损害   当受理？
   │逾期不予                                                                    ─────▶ 不应当
   │答复                                                                              黄某慧只要求赔偿，应当先向赔
   │                                                                                  偿义务机关提出赔偿请求
   ▼         法院如何处理？
 黄某慧起诉 ─────────────▶ 裁定不予立案，已经立案的，裁
                            定驳回起诉
                            属于行政不作为案件，应当复议
                            前置，不得直接起诉
```

答案解析

问题1——本案中的征收是否属于具体行政行为？

答案：属于。具体行政行为具有**行政性**、**特定性**、**处分性**、**外部性**的特征。本案中，临原县政府因本市建设用地项目所作出征收通告，具有行政性；征收行为针对黄某慧的房屋，对象特定，不属于内部行为，且对黄某慧的权利义务产生了实质影响，符合具体行政行为的特征，故属于具体行政行为。

问题2——本案中临原县发改局和生态环境局是否属于政府信息公开的主体？

答案：属于。行政机关制作的政府信息，由制作该政府信息的行政机关负责公开。行政机关从公民、法人和其他组织获取的政府信息，由保存该政府信息的行政机关负责公开。本案中，《临原县2024年度第一批次建设用地项目立项批复文件》是由**临原县发改局制作**的政府信息，《建设项目环评影响报告表》是**生态环境局从公民、法人和其他组织获取并保存**的政府信息，因此应当分别由临原县发改局和生态环境局进行公开。法条依据为《政府信息公开条例》第10条第1款①。

---

① 《政府信息公开条例》第10条第1款：行政机关制作的政府信息，由制作该政府信息的行政机关负责公开。行政机关从公民、法人和其他组织获取的政府信息，由保存该政府信息的行政机关负责公开；行政机关获取的其他行政机关的政府信息，由制作或者最初获取该政府信息的行政机关负责公开。法律、法规对政府信息公开的权限另有规定的，从其规定。

三、模拟提升题

问题 3——临原县生态环境局是否应当公开《建设项目环评影响报告表》？

答案：临原县生态环境局应视情况决定是否公开。涉及商业秘密、个人隐私等公开会对第三方合法权益造成损害的政府信息，行政机关不得公开。但是，第三方同意公开或者行政机关认为不公开会对公共利益造成重大影响的，予以公开。本案中，黄某慧要求公开的《建设项目环评影响报告表》，可能涉及商业秘密，生态环境局应当进行调查和裁量，不得直接公开。如果权利人同意公开或者生态环境局认为不公开可能对公共利益造成重大影响的，应当予以公开。法条依据为《政府信息公开条例》第15条①。

问题 4——针对黄某慧起诉临原县发改局逾期不予答复的行为，法院应当如何处理？

答案：法院应当裁定不予立案，已经立案的，裁定驳回起诉。案件属于复议前置的情形，当事人未先向行政机关申请复议，法院裁定不予立案；法院已经立案的，应当裁定驳回起诉。本案中，黄某慧认为临原县发改局未依法履行政府信息公开的法定职责，属于行政不作为案件，应当复议前置。因此，由于黄某慧未先向行政机关申请复议，直接提起诉讼，如果法院尚未立案，应当裁定不予立案；如果法院已经立案的，应当裁定驳回起诉。法条依据为《行政复议法》第23条第1款第3项②、《行诉解释》第56条第1款③、第69条第1款第5项④。

问题 5——临原县政府强制拆除黄某慧房屋的行为是否合法？若不合法，强拆过程中出现了哪个（些）错误？

答案：不合法。

（1）临原县政府直接自行拆除房屋的行为不合法。被征收人在法定期限内不申请行政复议或者不提起行政诉讼，在补偿决定规定的期限内又不搬迁的，由作出房屋征收决定的市、县级人民政府依法申请人民法院强制执行。本案中，临原县政府未等申请复议和诉讼的期限届满，且未申请法院强制执行即自行强制拆除的行为不符合法律规定。法条依据为《国有土地上房屋征收与补偿条例》第28条。

（2）临原县政府在1月1日实施行政强制执行的行为不合法。行政机关不得在夜间或者法定节假日实施行政强制执行，但情况紧急的除外。本案中，强拆的时间为1月1日，该时间为法定节假日，且拆除黄某慧房屋的情况并不紧急，所以临原县政府的做法错误。法条依据为《行政强制法》第43条第1款⑤。

问题 6——法院是否应当受理黄某慧请求赔偿的案件？

答案：不应当受理。赔偿请求人仅要求赔偿的，应当先向赔偿义务机关提出，否则应当在就行政行为申请行政复议或者提起行政诉讼时一并提出。本案中，黄某慧只要求赔偿，没有对强制拆除房屋的行为提起诉讼，故其应当先向临原县政府提出赔偿请求。其直接向法院提出行政赔偿诉讼，法院不应当受

---

① 《政府信息公开条例》第15条：涉及商业秘密、个人隐私等公开会对第三方合法权益造成损害的政府信息，行政机关不得公开。但是，第三方同意公开或者行政机关认为不公开会对公共利益造成重大影响的，予以公开。
② 《行政复议法》第23条第1款第3项：有下列情形之一的，申请人应当先向行政复议机关申请行政复议，对行政复议决定不服的，可以再依法向人民法院提起行政诉讼：
（三）认为行政机关存在本法第十一条规定的未履行法定职责情形。
③ 《行诉解释》第56条第1款：法律、法规规定应当先申请复议，公民、法人或者其他组织未申请复议直接提起诉讼的，人民法院裁定不予立案。
④ 《行诉解释》第69条第1款第5项：有下列情形之一，已经立案的，应当裁定驳回起诉：
（五）未按照法律、法规规定先向行政机关申请复议的。
⑤ 《行政强制法》第43条第1款：行政机关不得在夜间或者法定节假日实施行政强制执行。但是，情况紧急的除外。

理。法条依据为《国家赔偿法》第9条第2款①。

案例 2

鞍山市金通区政府准备出让一块国有土地以建设一个游乐场，金通区政府制定了《关于出让国有土地使用权的规定》，对其辖区内的国有土地出让事项作出了具体规定，并设定了相关的行政许可。华渝公司向金通区政府提出了申请，区政府受理该申请后发现华渝公司的申请材料不符合要求，并在10日内分3次告知其需补正的内容。

在华渝公司补正材料期间，该土地附近的居民李贝认为即将建立的游乐场会影响周边居民的生活，于是向区政府申请听证。区政府在收到申请的10日后以非公开方式举行了听证会，最后根据听证笔录作出了将该项目许可华渝公司开发的决定。

华渝公司获得土地使用权后，向鞍山市规划局申请包含数栋25层高楼在内的游乐场综合体的建筑工程规划许可证，鞍山市规划局依据省建委发布的一份《决定》，向华渝公司发放了建筑工程规划许可证。华渝公司施工过程中，周边200户居民了解到华渝公司的建筑工程规划，发现即将建立多栋高楼，认为这些高层建筑物将侵害其采光权，规划局发放建筑工程规划许可证的行为违法。于是周边居民以鞍山市规划局为被申请人申请行政复议，在复议机关作出复议维持决定之后，向法院提起了行政诉讼，要求撤销鞍山市规划局向华渝公司发放的建筑工程规划许可证。

问题1：金通区政府制定的《关于出让国有土地使用权的规定》是否存在违法内容？为什么？
问题2：试评价金通区政府受理许可申请后的行为，并说明理由。
问题3：试评价金通区政府举行听证会过程中的行为，并说明理由。
问题4：居民申请行政复议，如何确定本案的复议机关？居民提起诉讼，如何确定本案的被告？
问题5：居民提起诉讼，本案一审的审理对象是什么？
问题6：若原行为和复议维持都违法，一审法院应当作出何种判决？

---

① 《国家赔偿法》第9条第2款：赔偿请求人要求赔偿，应当先向赔偿义务机关提出，也可以在申请行政复议或者提起行政诉讼时一并提出。

三、模拟提升题

人物关系图

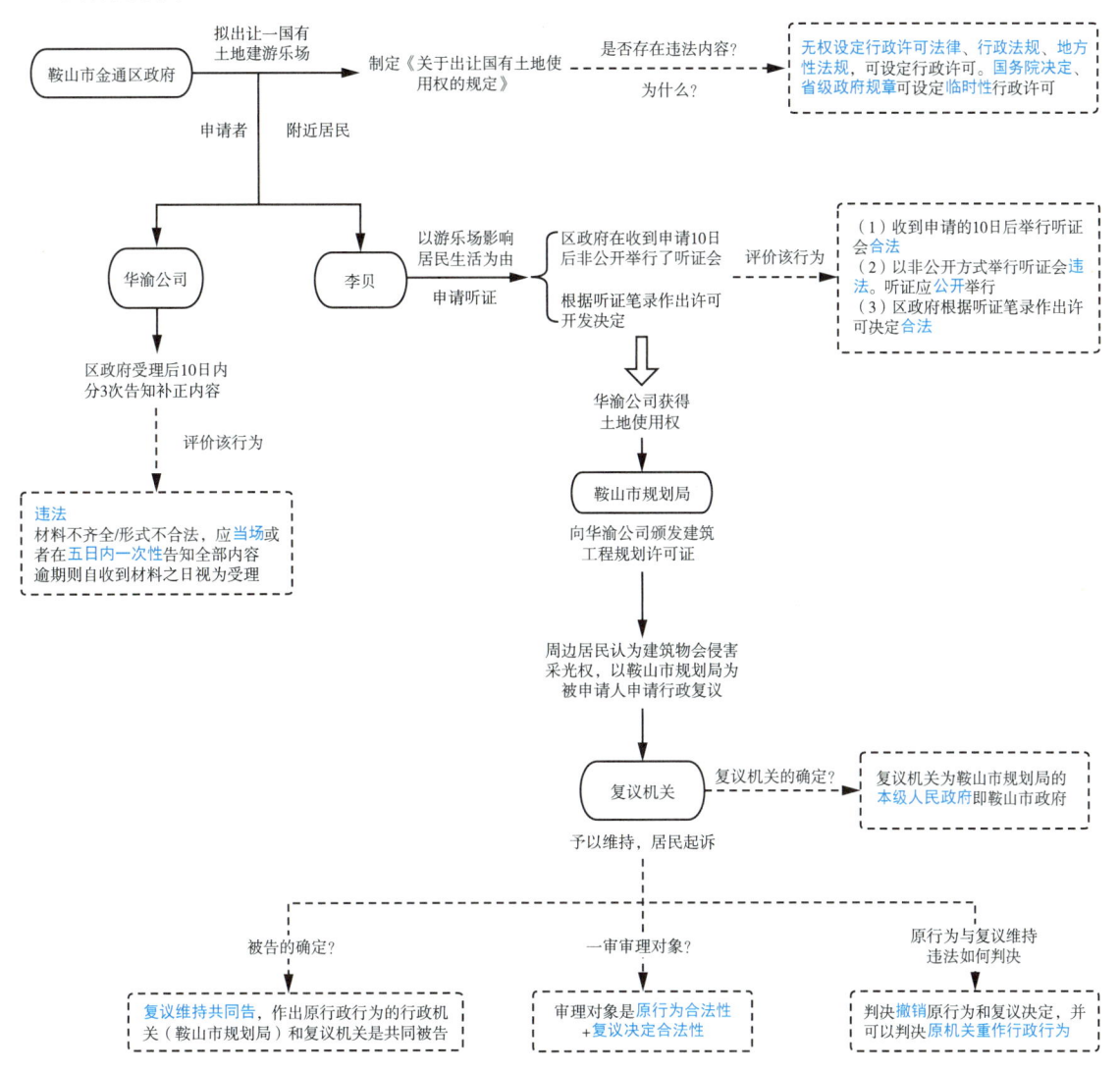

鞍山市金通区政府 →（拟出让一国有土地建游乐场）→ 制定《关于出让国有土地使用权的规定》→（是否存在违法内容？为什么？）→ **无权设定行政许可。法律、行政法规、地方性法规，可设定行政许可。国务院决定、省级政府规章可设定临时性行政许可**

鞍山市金通区政府下：申请者（华渝公司）、附近居民（李贝）

李贝：以游乐场影响居民生活为由，申请听证 → 区政府在收到申请10日后非公开举行了听证会；根据听证笔录作出许可开发决定 →（评价该行为）→
(1) 收到申请的10日后举行听证会**合法**
(2) 以非公开方式举行听证会**违法**。听证应**公开**举行
(3) 区政府根据听证笔录作出许可决定**合法**

华渝公司：区政府受理后10日内分3次告知补正内容 →（评价该行为）→ **违法**。材料不齐全/形式不合法，应**当场**或者在**五日内一次性**告知全部内容；逾期则自收到材料之日视为受理

华渝公司获得土地使用权 → 鞍山市规划局 → 向华渝公司颁发建筑工程规划许可证 → 周边居民认为建筑物会侵害采光权，以鞍山市规划局为被申请人申请行政复议 → 复议机关 →（复议机关的确定？）→ 复议机关为鞍山市规划局的**本级人民政府**即鞍山市政府

予以维持，居民起诉：
- 被告的确定？ → **复议维持共同告**，作出原行政行为的行政机关（鞍山市规划局）和复议机关是共同被告
- 一审审理对象？ → 审理对象是**原行为合法性+复议决定合法性**
- 原行为与复议维持违法如何判决 → 判决**撤销**原行为和复议决定，并可以判决**原机关重作行政行为**

答案解析

问题1——金通区政府制定的《关于出让国有土地使用权的规定》是否存在违法内容？为什么？

答案：金通区政府制定的《规定》<u>存在</u>违法内容，该《规定》<u>无权设定行政许可</u>。<u>法律、行政法规、地方性法规</u>可以设定行政许可。<u>国务院决定、省级政府规章</u>可以设定<u>临时性</u>的行政许可。本案中金通区政府制定的《规定》属于<u>其他规范性文件</u>，不属于上述范围，无权设定行政许可。法条依据为《行政许可法》第14条[①]、第15条第1款[②]。

[①]《行政许可法》第14条：本法第十二条所列事项，法律可以设定行政许可。尚未制定法律的，行政法规可以设定行政许可。

必要时，国务院可以采用发布决定的方式设定行政许可。实施后，除临时性行政许可事项外，国务院应当及时提请全国人民代表大会及其常务委员会制定法律，或者自行制定行政法规。

[②]《行政许可法》第15条第1款：本法第十二条所列事项，尚未制定法律、行政法规的，地方性法规可以设定行政许可；尚未制定法律、行政法规和地方性法规的，因行政管理的需要，确需立即实施行政许可的，省、自治区、直辖市人民政府规章可以设定临时性的行政许可。临时性的行政许可实施满一年需要继续实施的，应当提请本级人民代表大会及其常务委员会制定地方性法规。

问题2—试评价金通区政府受理许可申请后的行为,并说明理由。

答案:金通区政府受理许可申请后的行为不符合法律规定。申请材料不齐全或者不符合法定形式的,应当当场或者五日内一次告知申请人需要补正的全部内容,逾期不告知的,自收到申请材料之日起即为受理。本案中,区政府受理该申请后发现华渝公司的申请材料不符合要求,是在10日内分3次告知其需补正的内容的,不符合法律的规定。法条依据为《行政许可法》第32条第1款第4项①。

问题3—试评价金通区政府举行听证会过程中的行为,并说明理由。

答案:(1)区政府在收到申请的10日后举行听证会的行为合法。申请人、利害关系人在被告知听证权利之日起五日内提出听证申请的,行政机关应当在二十日内组织听证。本案中,区政府在收到申请的10日后举行听证会,符合法律规定。

(2)区政府以非公开方式举行听证会的行为违法,法律规定行政许可的听证应当公开举行。

(3)区政府根据听证笔录作出许可决定的行为合法。行政机关应当根据听证笔录,作出行政许可决定。本案中,区政府最后根据听证笔录作出了许可华渝公司开发项目的决定,符合法律的规定。

法条依据为《行政许可法》第47条第1款②、第48条③。

问题4—居民申请行政复议,如何确定本案的复议机关? 居民提起诉讼,如何确定本案的被告?

答案:(1)本案复议机关为鞍山市政府。本案中,被申请人为鞍山市规划局,复议机关为鞍山市规划局的同级政府即鞍山市政府。法条依据为《行政复议法》第24条第1款第1项④。

(2)以原机关鞍山市规划局和复议机关鞍山市政府为共同被告。本案中,复议机关作出的是复议维持决定,复议后提起诉讼,应当以原机关鞍山市规划局和复议机关鞍山市政府为共同被告。法条依据为《行政诉讼法》第26条第2款⑤。

问题5—居民提起诉讼,本案一审的审理对象是什么?

答案:本案一审的审理对象是鞍山市规划局发放建筑工程规划许可证的行为与复议维持决定的合法性。本案中,复议机关维持鞍山市规划局向华渝公司发放建筑工程规划许可证的行为,法院应当在审查

---

① 《行政许可法》第32条第1款第4项:行政机关对申请人提出的行政许可申请,应当根据下列情况分别作出处理:

(四)申请材料不齐全或者不符合法定形式的,应当当场或者在五日内一次告知申请人需要补正的全部内容,逾期不告知的,自收到申请材料之日起即为受理。

② 《行政许可法》第47条第1款:行政许可直接涉及申请人与他人之间重大利益关系的,行政机关在作出行政许可决定前,应当告知申请人、利害关系人享有要求听证的权利;申请人、利害关系人在被告知听证权利之日起五日内提出听证申请的,行政机关应当在二十日内组织听证。

③ 《行政许可法》第48条:听证按照下列程序进行:

(一)行政机关应当于举行听证的七日前将举行听证的时间、地点通知申请人、利害关系人,必要时予以公告;

(二)听证应当公开举行;

(三)行政机关应当指定审查该行政许可申请的工作人员以外的人员为听证主持人,申请人、利害关系人认为主持人与该行政许可事项有直接利害关系的,有权申请回避;

(四)举行听证时,审查该行政许可申请的工作人员应当提供审查意见的证据、理由,申请人、利害关系人可以提出证据,并进行申辩和质证;

(五)听证应当制作笔录,听证笔录应当交听证参加人确认无误后签字或者盖章。

行政机关应当根据听证笔录,作出行政许可决定。

④ 《行政复议法》第24条第1款第1项:县级以上地方各级人民政府管辖下列行政复议案件:

(一)对本级人民政府工作部门作出的行政行为不服的。

⑤ 《行政诉讼法》第26条第2款:经复议的案件,复议机关决定维持原行政行为的,作出原行政行为的行政机关和复议机关是共同被告;复议机关改变原行政行为的,复议机关是被告。

原行政行为合法性的同时，一并审查复议决定的合法性。法条依据为《行诉解释》第135条第1款①。

问题6——若原行为和复议维持都违法，一审法院应当作出何种判决？

答案： 一审法院应当判决撤销原行为和复议决定。法院对原行为作出判决的同时，应当对复议决定一并作出相应判决。故原行为和复议维持都违法的，法院应当判决撤销原行为和复议决定，并可以判决作出原行为的行政机关重新作出行政行为。法条依据为《行政诉讼法》第70条②、《行诉解释》第136条第1款、第3款③。

案例3

2019年，广东省韶关市仁化县人民政府（下称仁化县政府）规划建设仁化县有色金属循环经济产业基地，需要征收仁化县周田镇新庄村民委员会新围村民小组的部分土地，与周田镇政府签订《征地拆迁授权协议书》并公告，授权周田镇政府具体实施征收拆迁工作。李某房屋所占土地在被征收土地范围之内。征收过程中，李某向仁化县政府申请公开其他被征收人的补偿情况，仁化县政府以涉及第三人隐私为由拒绝公开。

叶某胜、叶某长、叶某发（下称叶某胜等三人）的房屋所占土地亦在被征收土地范围内，但他们的房屋属于未经乡镇规划批准和未领取土地使用权证的"两违"建筑物。2019年8月至2020年7月间，仁化县政府先后在被征收土地的村民委员会、村民小组张贴《关于禁止抢种抢建的通告》《征地通告》《征地预公告》《致广大村民的一封信》《关于责令停止一切违建行为的告知书》等文书，以调查笔录等形式告知叶某胜等三人其房屋所占土地是违法用地。2019年10月、2020年6月，仁化县自然资源局分别发出两份《通知》，要求叶某胜等三人停止土地违法行为。2020年7月12日凌晨5时许，在未发出强行拆除通知、未予公告的情况下，周田镇政府组织人员对叶某胜等三人的房屋实施强制拆除。叶某胜等三人遂向广东省韶关市中级人民法院提起行政诉讼，请求确认周田镇政府强制拆除行为违法。

材料：《国有土地上房屋征收与补偿条例》

第二条 为了公共利益的需要，征收国有土地上单位、个人的房屋，应当对被征收房屋所有权人（以下简称被征收人）给予公平补偿。

第二十九条 房屋征收部门应当依法建立房屋征收补偿档案，并将分户补偿情况在房屋征收范围内向被征收人公布。

审计机关应当加强对征收补偿费用管理和使用情况的监督，并公布审计结果。

---

① 《行诉解释》第135条第1款：复议机关决定维持原行政行为的，人民法院应当在审查原行政行为合法性的同时，一并审查复议决定的合法性。

② 《行政诉讼法》第70条：行政行为有下列情形之一的，人民法院判决撤销或者部分撤销，并可以判决被告重新作出行政行为：

（一）主要证据不足的；

（二）适用法律、法规错误的；

（三）违反法定程序的；

（四）超越职权的；

（五）滥用职权的；

（六）明显不当的。

③ 《行诉解释》第136条第1款、第3款：人民法院对原行政行为作出判决的同时，应当对复议决定一并作出相应判决。

人民法院判决撤销原行政行为和复议决定的，可以判决作出原行政行为的行政机关重新作出行政行为。

问题1：仁化县政府拒绝公开其他被征收人补偿情况的行为是否合法？
问题2：周田镇政府的强制拆除行为属于什么性质的行为？
问题3：周田镇政府在强拆过程中，存在哪些违法行为？
问题4：如果叶某胜等三人对周田镇政府的强拆行为提起行政复议，如何确定复议机关？
问题5：法院应当作出何种判决？
问题6：若叶某胜等三人称房屋尚有冰箱、彩电等家具未搬离，对家具的损害情况，应当由谁承担举证责任？

人物关系图

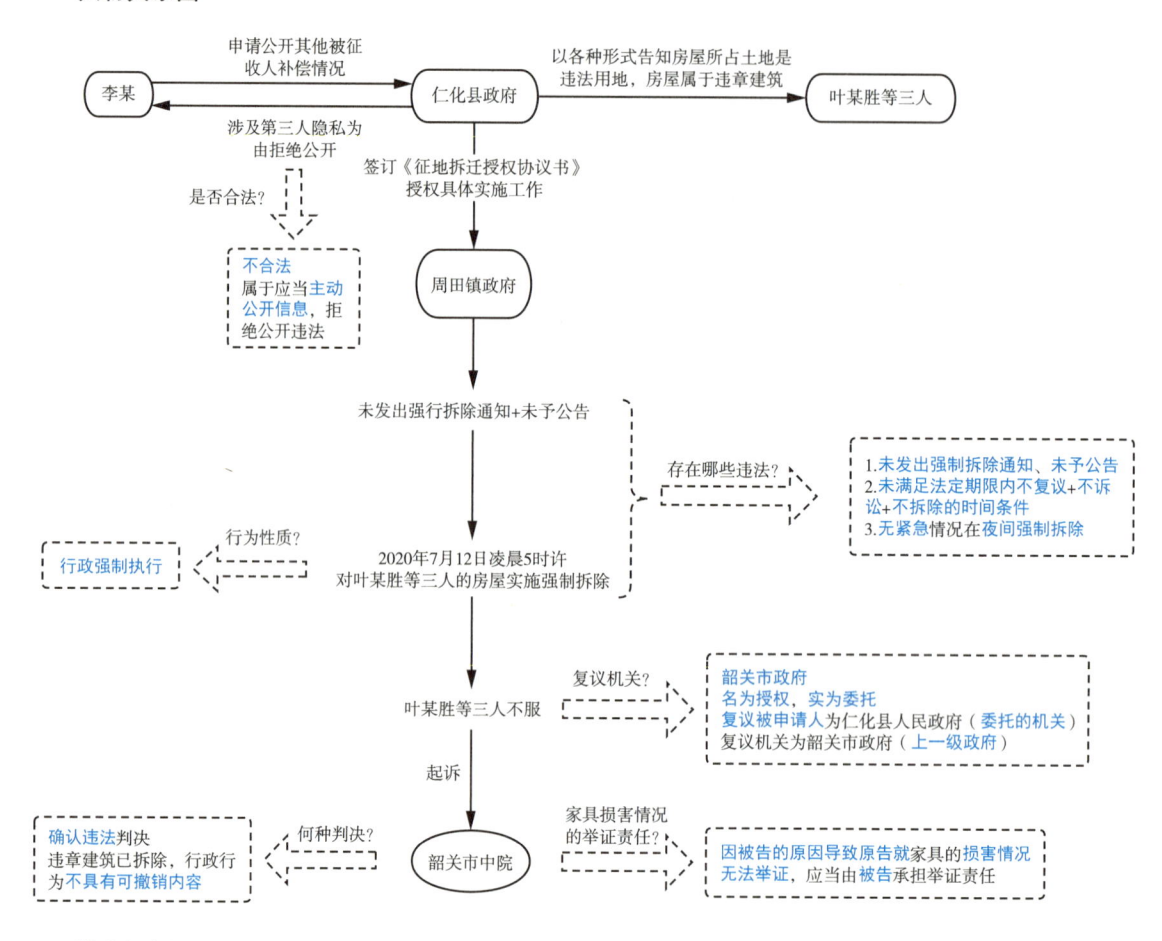

```
                申请公开其他被征        以各种形式告知房屋所占土地是
                收人补偿情况          违法用地，房屋属于违章建筑
   李某 ←————————————→ 仁化县政府 ←——————————————————→ 叶某胜等三人
                 涉及第三人隐私为        签订《征地拆迁授权协议书》
                 由拒绝公开           授权具体实施工作
        是否合法？            ↓
                         周田镇政府
        不合法
        属于应当主动
        公开信息，拒
        绝公开违法
                          ↓
                    未发出强行拆除通知+未予公告
                                          存在哪些违法？    1.未发出强制拆除通知、未予公告
                                                        2.未满足法定期限内不复议+不诉
                                                          讼+不拆除的时间条件
                          ↓                              3.无紧急情况在夜间强制拆除
        行为性质？
   行政强制执行 ←————  2020年7月12日凌晨5时许
                    对叶某胜等三人的房屋实施强制拆除
                          ↓
                                           复议机关？      韶关市政府
                    叶某胜等三人不服                     名为授权，实为委托
                          ↓                             复议被申请人为仁化县人民政府（委托的机关）
                         起诉                           复议机关为韶关市政府（上一级政府）

        确认违法判决           何种判决？                  家具损害情况       因被告的原因导致原告就家具的损害情况
        违章建筑已拆除，行政行              ←———— 韶关市中院 ————→ 的举证责任？    无法举证，应当由被告承担举证责任
        为不具有可撤销内容
```

答案解析

问题1——仁化县政府拒绝公开其他被征收人补偿情况的行为是否合法？

答案： 不合法。根据《国有土地上房屋征收与补偿条例》第29条第1款的规定，分户补偿情况属于应当主动公开的信息，行政机关有主动公开的义务，故仁化县政府拒绝公开的行为不合法。

问题2——周田镇政府的强制拆除行为属于什么性质的行为？

答案： 周田镇政府的强制拆除行为属于行政强制执行。行政强制执行是指行政机关或行政机关申请法院，对不履行已生效行政决定的公民、法人或其他组织，依法强制履行义务的行为。本案中，周田镇

100

政府对叶某胜等三人房屋强制拆除的行为是对拆除违建的处罚决定的履行，属于行政强制执行。法条依据为《行政强制法》第 2 条第 3 款[①]。

问题 3——周田镇政府在强拆过程中，存在哪些违法行为？

答案： 周田镇政府在强拆过程中存在以下违法行为：（1）周田镇政府在实施强制拆除前未向叶某胜等三人发出强制拆除通知、未予公告；（2）不满足强制拆除违法建筑的时间条件，即未等到叶某胜等三人在法定期限内不申请行政复议或者提起行政诉讼，又不拆除，就直接强制拆除房屋；（3）本案也不存在紧急情况，周田镇政府在夜间实施强制拆除的行为违法。法条依据为《行政强制法》第 34 条[②]、第 43 条第 1 款[③]、第 44 条[④]。

问题 4——如果叶某胜等三人对周田镇政府的强拆行为提起行政复议，如何确定复议机关？

答案： 复议机关为韶关市人民政府。没有法律、法规、规章规定，行政机关授权组织实施行政职权的，属于委托。本案中，仁化县政府与周田镇政府签订的《征地拆迁授权协议书》没有法律、法规、规章依据，因此属于委托，叶某胜等三人对仁化县政府委托的周田镇政府实施的强拆行为不服，复议被申请人为委托的行政机关仁化县政府，故应向上一级地方人民政府即韶关市政府申请行政复议。法条依据为《行政复议法》第 24 条第 1 款第 2 项[⑤]。

问题 5——法院应当作出何种判决？

答案： 法院应当作出确认违法判决。本案中，周田镇政府拆除叶某胜等三人房屋的行为违法，但因为建筑物已拆除，行政行为不具有可撤销内容，因此人民法院应当判决确认违法。法院可以同时判决责令被告采取补救措施；造成损失的，依法判决被告承担赔偿责任。法条依据为《行政诉讼法》第 74 条第 2 款第 1 项[⑥]、第 76 条[⑦]。

问题 6——若叶某胜等三人称房屋尚有冰箱、彩电等家具未搬离，对家具的损害情况，应当由谁承担举证责任？

答案： 应当由仁化县政府承担举证责任。行政机关委托的组织所作的行政行为，委托的行政机关是被告，故本案被告为仁化县政府。在行政赔偿案件中，因被告的原因导致原告无法就损害情况举证的，应当由被告就该损害情况承担举证责任。本案中，受仁化县政府委托的周田镇政府违法拆除叶某胜等三人的房屋，导致叶某胜等三人对家具的损害情况无法举证，故应当由被告仁化县政府承担举证责任。法

---

① 《行政强制法》第 2 条第 3 款：行政强制执行，是指行政机关或者行政机关申请人民法院，对不履行行政决定的公民、法人或者其他组织，依法强制履行义务的行为。

② 《行政强制法》第 34 条：行政机关依法作出行政决定后，当事人在行政机关决定的期限内不履行义务的，具有行政强制执行权的行政机关依照本章规定强制执行。

③ 《行政强制法》第 43 条第 1 款：行政机关不得在夜间或者法定节假日实施行政强制执行。但是，情况紧急的除外。

④ 《行政强制法》第 44 条：对违法的建筑物、构筑物、设施等需要强制拆除的，应当由行政机关予以公告，限期当事人自行拆除。当事人在法定期限内不申请行政复议或者提起行政诉讼，又不拆除的，行政机关可以依法强制拆除。

⑤ 《行政复议法》第 24 条第 1 款第 2 项：县级以上地方各级人民政府管辖下列行政复议案件：
（二）对下一级人民政府作出的行政行为不服的。

⑥ 《行政诉讼法》第 74 条第 2 款第 1 项：行政行为有下列情形之一，不需要撤销或者判决履行的，人民法院判决确认违法：
（一）行政行为违法，但不具有可撤销内容的。

⑦ 《行政诉讼法》第 76 条：人民法院判决确认违法或者无效的，可以同时判决责令被告采取补救措施；给原告造成损失的，依法判决被告承担赔偿责任。

条依据为《行诉解释》第 20 条第 3 款[①]、第 47 条第 1 款[②]。

案例 4

2015 年 8 月，吴山注册成立龙葵医药有限公司（下称龙葵公司）并取得《药品经营许可证》。2018 年 5 月，江东省山南市市场监督管理局接到举报称龙葵公司销售假药。经调查认定，该医药公司销售的 A 胶囊并非包装标示的公司生产，且经检验为假药。同年 5 月 15 日，山南市市场监督管理局以龙葵公司销售假药为由，作出决定：责令龙葵公司停产停业，吊销《药品经营许可证》，没收违法所得 97141.40 元及尚存的 10367 盒药品，并处违法销售药品货值金额 15 倍罚款。

2020 年 7 月 25 日，吴山因涉嫌销售假药罪被刑事拘留，同年 8 月 26 日被取保候审。2021 年 5 月 26 日，山南市检察院决定批准逮捕吴山。同年 6 月 1 日，吴山被执行逮捕。

2023 年 9 月 11 日，江东省山南市中级人民法院以指控依据不足为由，判决宣告吴山无罪。2023 年 9 月 19 日，吴山被释放。经司法鉴定，吴山存在严重精神障碍。

2024 年 3 月 15 日，吴山以无罪逮捕为由向赔偿义务机关申请国家赔偿，要求支付侵犯人身自由的赔偿金以及精神损害抚慰金。

2024 年 7 月 19 日，赔偿义务机关作出刑事司法赔偿决定：按照 2023 年度全国职工日平均工资标准支付侵犯吴山人身自由的赔偿金 239190 元；对支付精神损害抚慰金的请求不予支持。

材料：《江东省行政处罚听证程序规定》第 3 条：行政机关作出责令停产停业、吊销许可证或者执照、较大数额罚款等行政处罚决定之前，应当告知当事人有要求举行听证的权利；当事人要求听证的，该行政机关应当组织听证。

前款中较大数额罚款是指对公民处以 1000 元以上的罚款、对法人或其他组织处以 10000 元以上的罚款。国家有关部门对较大数额罚款已有规定的，从其规定。

问题 1：山南市市场监督管理局责令龙葵公司停产停业，吊销《药品经营许可证》属于何种性质的行政行为？

问题 2：山南市市场监督管理局作出罚款决定前是否应当举行听证？

问题 3：如何确定吴山无罪逮捕一案的赔偿义务机关？

问题 4：如吴山对刑事司法赔偿决定不服，该如何救济？

问题 5：吴山申请国家赔偿的时效为多久？从何时开始计算？

问题 6：吴山主张的精神损害抚慰金是否应当获得支持？

[①] 《行诉解释》第 20 条第 3 款：没有法律、法规或者规章规定，行政机关授权其内设机构、派出机构或者其他组织行使行政职权的，属于行政诉讼法第二十六条规定的委托。当事人不服提起诉讼的，应当以该行政机关为被告。

[②] 《行诉解释》第 47 条第 1 款：根据行政诉讼法第三十八条第二款的规定，在行政赔偿、补偿案件中，因被告的原因导致原告无法就损害情况举证的，应当由被告就该损害情况承担举证责任。

三、模拟提升题

人物关系图

```
吴山 ──涉嫌销售假药罪被刑拘→ 山南市检察院 ──2021.5.26 批准逮捕吴山 同年6.1 执行逮捕→
 │注册成立龙葵公司
 ↓
山南市市场监督管理局
 ↓
责令龙葵公司停产停业、吊销许可、没收违法所得并处罚款
```

- 责令停产停业、吊销许可为何种性质？
  - **行政处罚** 减损了当事人龙葵公司的**权益**，具备**惩戒性**
- 罚款决定是否应听证？
  - **不一定** 根据江东省规定本案罚款远超10000元，属于较大数额罚款，**应当告知龙葵公司有要求举行听证的权利**，但只有当事人**要求举行听证**，才应当举行

```
山南市中院 ←2023.9.11 判决吴山无罪← 吴山被释放后经鉴定存在严重精神障碍
```

- 申请国家赔偿：人身自由赔偿金和精神损害抚慰金
  - 申请国赔时间及起算点？ → 时效为**两年** 自收到山南市中院**判决宣告无罪的判决书之日**起计算
  - 赔偿义务机关？ → **山南市人民检察院** 作出逮捕决定的机关为赔偿义务机关
  - 精神损害抚慰金是否支持？ → **应当** 吴山无罪被长时间羁押，造成严重精神损害，应认定**精神损害后果严重**
- 作出刑事司法赔偿决定
- 对决定不服，如何救济？ → 自赔偿决定作出之日起三十日内，向赔偿义务机关（山南市人民检察院）上一级机关即江东省人民检察院**申请复议**

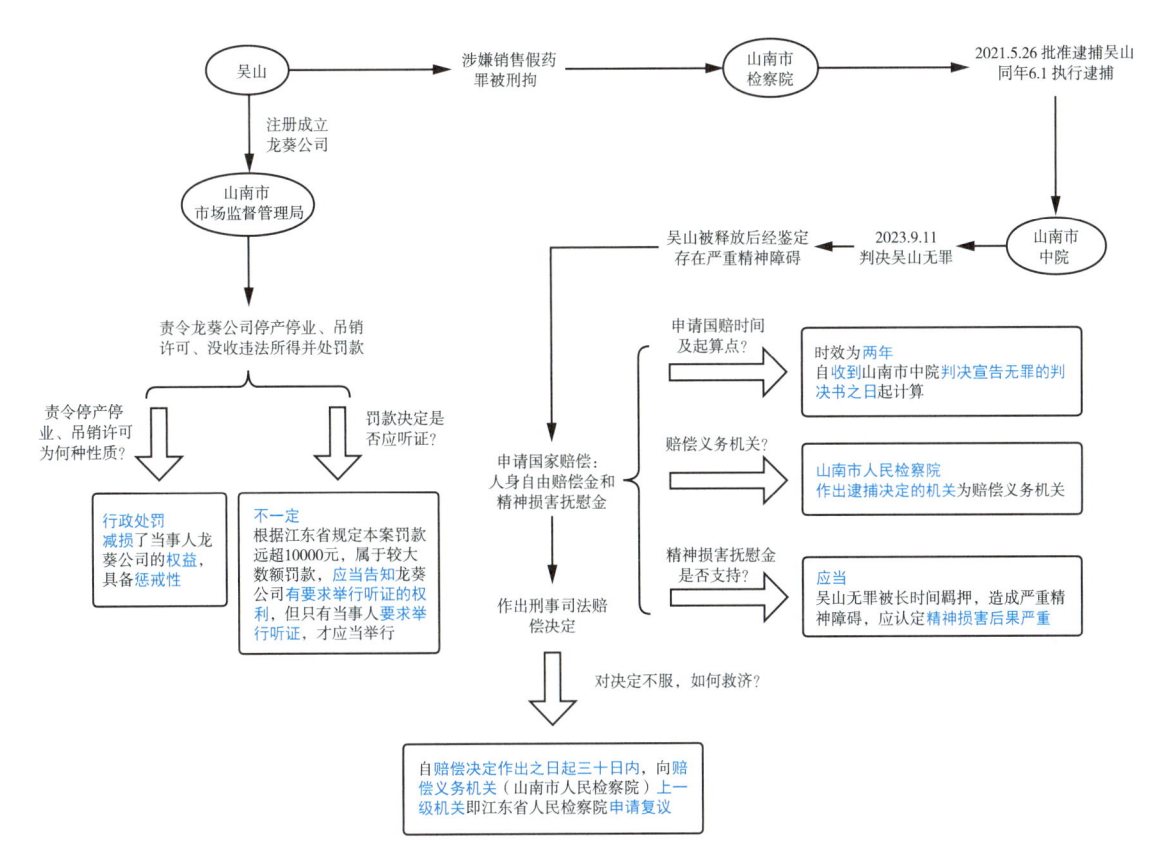

答案解析

问题 1——山南市市场监督管理局责令龙葵公司停产停业，吊销《药品经营许可证》属于何种性质的行政行为？

答案： 属于**行政处罚**。行政处罚是指行政机关依法对**违反行政管理秩序**的行政相对人，以**减损权益**或者**增加义务**的方式予以惩戒的行为。本案中，市场监督管理局责令龙葵公司停产停业，吊销《药品经营许可证》的行为**减损了**当事人龙葵公司的**权益**，具备**惩戒性**，属于行政处罚。法条依据为《行政处罚法》第 2 条①。

问题 2——山南市市场监督管理局作出罚款决定前是否应当举行听证？

答案：不一定举行听证。行政机关作出责令停产停业、吊销许可证件、较大数额罚款等行政处罚决定之前，应当**告知当事人有要求举行听证的权利**；**当事人要求听证**的，行政机关**应当组织听证**。江东省规定对法人处以 10000 元以上的罚款即为较大数额罚款。本案中，罚款远超 10000 元，属于较大数额罚款，山南市市场监督管理局应当告知龙葵公司有要求举行听证的权利，但只有龙葵公司要求举行听证，

---

① 《行政处罚法》第 2 条：行政处罚是指行政机关依法对违反行政管理秩序的公民、法人或者其他组织，以减损权益或者增加义务的方式予以惩戒的行为。

103

山南市市场监督管理局才应当举行听证。法条依据为《行政处罚法》第63条第1款第1项①、《江东省行政处罚听证程序规定》第3条第2款。

问题3——如何确定吴山无罪逮捕一案的赔偿义务机关？

答案：本案赔偿义务机关为山南市人民检察院。本案中山南市人民检察院决定对吴山采取逮捕措施，后经人民法院审理判决宣告吴山无罪，作出逮捕决定的机关（山南市人民检察院）为赔偿义务机关。法条依据为《国家赔偿法》第21条第3款②。

问题4——如吴山对刑事司法赔偿决定不服，该如何救济？

答案：自赔偿决定作出之日起三十日内，向江东省人民检察院申请复议。本案赔偿义务机关系山南市人民检察院，吴山对其赔偿决定数额、内容、方式不服可以自赔偿决定作出之日起三十日内向其上一级机关即江东省人民检察院申请复议。法条依据为《国家赔偿法》第24条第2款③。

问题5——吴山申请国家赔偿的时效为多久？从何时开始计算？

答案：时效为两年。自收到山南市中级人民法院判决宣告无罪的判决书之日起计算。法条依据为《国家赔偿法》第39条第1款④、《司法赔偿请求时效解释》第2条第1款⑤。

问题6——吴山主张的精神损害抚慰金是否应当获得支持？

答案：应当支持。吴山无罪被长时间羁押，其正常的家庭生活也因此受到影响，导致其精神极度痛苦，后被鉴定为严重精神障碍，应认定精神损害后果严重。故赔偿义务机关应当支付相应的精神损害抚慰金。法条依据《国家赔偿法》第35条⑥、《国赔精神损害解释》第7条第1款⑦。

---

① 《行政处罚法》第63条第1款第1项：行政机关拟作出下列行政处罚决定，应当告知当事人有要求听证的权利，当事人要求听证的，行政机关应当组织听证：
（一）较大数额罚款；
② 《国家赔偿法》第21条第3款：对公民采取逮捕措施后决定撤销案件、不起诉或者判决宣告无罪的，作出逮捕决定的机关为赔偿义务机关。
③ 《国家赔偿法》第24条第2款：赔偿请求人对赔偿的方式、项目、数额有异议的，或者赔偿义务机关作出不予赔偿决定的，赔偿请求人可以自赔偿义务机关作出赔偿或者不予赔偿决定之日起三十日内，向赔偿义务机关的上一级机关申请复议。
④ 《国家赔偿法》第39条第1款：赔偿请求人请求国家赔偿的时效为两年，自其知道或者应当知道国家机关及其工作人员行使职权时的行为侵犯其人身权、财产权之日起计算，但被羁押等限制人身自由期间不计算在内。在申请行政复议或者提起行政诉讼时一并提出赔偿请求的，适用行政复议法、行政诉讼法有关时效的规定。
⑤ 《司法赔偿请求时效解释》第2条第1款：赔偿请求人以人身权受到侵犯为由，依照国家赔偿法第十七条第一项、第二项、第三项规定申请赔偿的，请求时效期间自其收到决定撤销案件、终止侦查、不起诉或者判决宣告无罪等终止追究刑事责任或者再审改判无罪的法律文书之日起计算。
⑥ 《国家赔偿法》第35条：有本法第三条或者第十七条规定情形之一，致人精神损害的，应当在侵权行为影响的范围内，为受害人消除影响，恢复名誉，赔礼道歉；造成严重后果的，应当支付相应的精神损害抚慰金。
⑦ 《国赔精神损害解释》第7条第1款：有下列情形之一的，可以认定为国家赔偿法第三十五条规定的"造成严重后果"：
（一）无罪或者终止追究刑事责任的人被羁押六个月以上；
（二）受害人经鉴定为轻伤以上或者残疾；
（三）受害人经诊断、鉴定为精神障碍或者精神残疾，且与侵权行为存在关联；
（四）受害人名誉、荣誉、家庭、职业、教育等方面遭受严重损害，且与侵权行为存在关联。

延伸练习题目

一、2015—2017 年真题

案例 1：2017 年真题

某省盐业公司从外省盐厂购进 300 吨工业盐运回本地，当地市盐务管理局认为购进工业盐的行为涉嫌违法，遂对该批工业盐予以先行登记保存，并将《先行登记保存通知书》送达该公司。其后，市盐务管理局经听证、集体讨论后，认定该公司未办理工业盐准运证从省外购进工业盐，违反了省政府制定的《盐业管理办法》第 20 条，决定没收该公司违法购进的工业盐，并处罚款 15 万元。公司不服处罚决定，向市政府申请行政复议。市政府维持市盐务管理局的处罚决定。公司不服向法院起诉。

材料一：

1.《盐业管理条例》[①]（国务院 1990 年 3 月 2 日第 51 号令发布，自发布之日起施行）

第 24 条 运输部门应当将盐列为重要运输物资，对食用盐和指令性计划的纯碱、烧碱用盐的运输应当重点保证。

2.《盐业管理办法》（2003 年 6 月 29 日省人民政府发布，2009 年 3 月 20 日修正）

第 20 条 盐的运销站发运盐产品实行准运证制度。在途及运输期间必须货、单、证同行。无单、无证的，运输部门不得承运，购盐单位不得入库。

问题 1：请简答行政机关适用先行登记保存的条件和程序。

问题 2：《行政处罚法》对市盐务管理局举行听证的主持人的要求是什么？

问题 3：市盐务管理局以某公司未办理工业盐准运证从省外购进工业盐构成违法的理由是否成立？为什么？

问题 4：如何确定本案的被告？为什么？

[①] 2017 年 12 月 26 日，《食盐专营办法》公布施行，《盐业管理条例》同时废止，此处为保留真题原文未作修改。

人物关系图

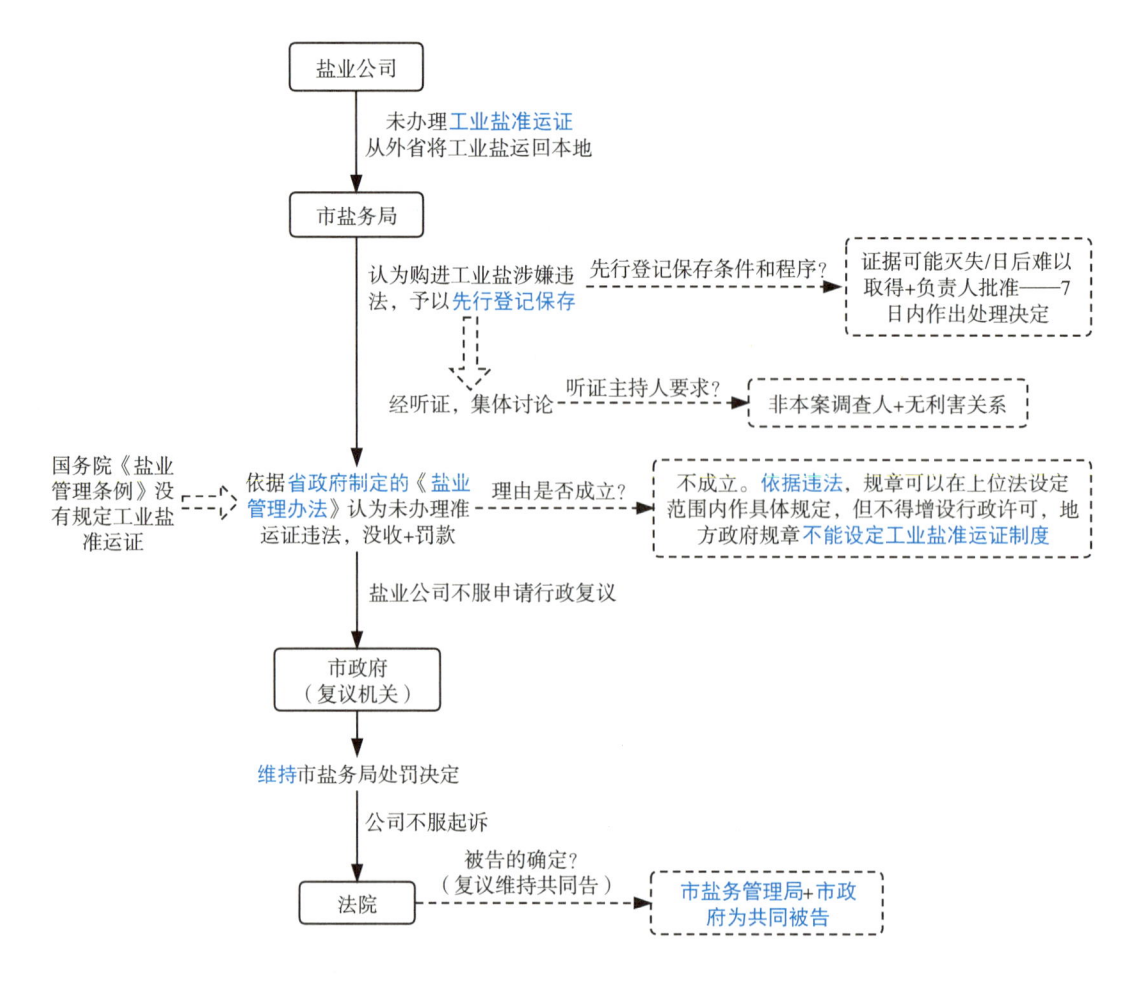

```
                    盐业公司
                       │
              未办理 工业盐准运证
              从外省将工业盐运回本地
                       ↓
                    市盐务局
                       │
         认为购进工业盐涉嫌违      先行登记保存条件和程序?      证据可能灭失/日后难以
         法,予以 先行登记保存 ─────────────────────→    取得+负责人批准——7
                       │                                  日内作出处理决定
                       │
                       │        听证主持人要求?
                 经听证,集体讨论 ────────────→    非本案调查人+无利害关系

  国务院《盐业                                          不成立,依据违法,规章可以在上位法设定
  管理条例》没       依据省政府制定的《盐业     理由是否成立?   范围内作具体规定,但不得增设行政许可,地
  有规定工业盐 ──→  管理办法》认为未办理准 ──────────→    方政府规章不能设定工业盐准运证制度
  准运证             运证违法,没收+罚款
                       │
              盐业公司不服申请行政复议
                       ↓
                    市政府
                  (复议机关)
                       │
              维持市盐务局处罚决定
                       │
                 公司不服起诉
                       ↓                  被告的确定?           市盐务管理局+市政
                    法院 ─────────────→  (复议维持共同告)       府为共同被告
```

答案解析

问题 1—答案:在证据<u>可能灭失或者以后难以取得</u>的情况下,经<u>行政机关负责人批准</u>,可以先行登记保存,并应当在<u>7日内</u>及时作出处理决定,在此期间,当事人或者有关人员不得销毁或者转移证据。法条依据为《行政处罚法》第 56 条[①]。

问题 2—答案:听证主持人应当是由行政机关指定的<u>非本案调查人员</u>,且<u>适用回避的规定</u>,即当事人认为主持人与本案有直接利害关系的,有权申请回避。法条依据为《行政处罚法》第 64 条第 4 项[②]。

问题 3—答案:<u>不成立</u>。本案中,由于法律及国务院《盐业管理条例》没有设定工业盐准运证这一行政许可,地方政府规章《盐业管理办法》<u>超越</u>了上位法的范围,<u>增设</u>了行政许可,因此《盐业管理办法》设定的盐业准运许可是<u>无效</u>的。故市盐务管理局认定该公司未办理工业盐准运证从省外购进工业盐

[①] 《行政处罚法》第 56 条:行政机关在收集证据时,可以采取抽样取证的方法;在证据可能灭失或者以后难以取得的情况下,经行政机关负责人批准,可以先行登记保存,并应当在七日内及时作出处理决定,在此期间,当事人或者有关人员不得销毁或者转移证据。

[②] 《行政处罚法》第 64 条第 4 项:听证应当依照以下程序组织:

(四)听证由行政机关指定的非本案调查人员主持;当事人认为主持人与本案有直接利害关系的,有权申请回避。

构成违法的理由不成立。法条依据为《行政许可法》第 16 条第 4 款[①]。

问题 4—答案：本案应当以市盐务管理局和市政府为共同被告。本案属于经过复议的案件，复议机关决定维持原行政行为，故作出原行政行为的行政机关市盐务管理局和复议机关市政府是共同被告。法条依据为《行政诉讼法》第 26 条第 2 款[②]。

案例 2：2016 年真题

孙某与村委会达成在该村采砂的协议，期限为 5 年。孙某向甲市乙县国土资源局申请采矿许可，该局向孙某发放采矿许可证，载明采矿的有效期为 2 年，至 2015 年 10 月 20 日止。

2015 年 10 月 15 日，乙县国土资源局通知孙某，根据甲市国土资源局日前发布的《严禁在自然保护区采砂的规定》，采矿许可证到期后不再延续，被许可人应立即停止采砂行为，撤回采砂设施和设备。

孙某以与村委会协议未到期、投资未收回为由继续开采，并于 2015 年 10 月 28 日向乙县国土资源局申请延续采矿许可证的有效期。该局通知其许可证已失效，无法续期。

2015 年 11 月 20 日，乙县国土资源局接到举报，得知孙某仍在采砂，以孙某未经批准非法采砂，违反《矿产资源法》为由，发出《责令停止违法行为通知书》，要求其停止违法行为。孙某向法院起诉请求撤销通知书，一并请求对《严禁在自然保护区采砂的规定》进行审查。

孙某为了解《严禁在自然保护区采砂的规定》内容，向甲市国土资源局提出政府信息公开申请。

问题 1：《行政许可法》对被许可人申请延续行政许可有效期有何要求？行政许可机关接到申请后应如何处理？

问题 2：孙某一并审查的请求是否符合要求？根据有关规定，原告在行政诉讼中提出一并审查行政规范性文件的具体要求是什么？

问题 3：行政诉讼中，如法院经审查认为规范性文件不合法，应如何处理？

问题 4：对《责令停止违法行为通知书》的性质作出判断，并简要比较行政处罚与行政强制措施的不同点。

---

① 《行政许可法》第 16 条第 4 款：法规、规章对实施上位法设定的行政许可作出的具体规定，不得增设行政许可；对行政许可条件作出的具体规定，不得增设违反上位法的其他条件。

② 《行政诉讼法》第 26 条第 2 款：经复议的案件，复议机关决定维持原行政行为的，作出原行政行为的行政机关和复议机关是共同被告；复议机关改变原行政行为的，复议机关是被告。

人物关系图

```
孙某 ←──采砂协议──→ 村委会
     有效期5年
  │
  │ 申请采矿许可证
  │ 许可证：有效期2年，至2015.10.20
  ↓
乙县国土局
```

2015.10.15：根据甲市国土局的《严禁在自然保护区采砂的规定》，通知孙某许可证不延期，停止采砂

2015.10.28：孙某向乙县国土局申请许可证延期，该局通知许可证失效，无法续期

- 申请延续许可的要求？→ 届满30日前申请（法律、法规、规章另有规定除外），行政机关期满前作出决定，逾期视为同意

2015.11.20：依据《矿产资源法》向孙某发出《责令停止违法行为通知书》，要求停止违法行为

- 通知书的性质？→ 具有强制性、非惩罚性、暂时性和行政性的特点，属于行政强制措施
- 行政处罚VS行政强制措施：种类、目的、是否减损权利或增加义务不同

孙某起诉
请求：
（1）撤销《通知书》
（2）一并对《严禁在自然保护区内采砂的规定》进行审查

法院
请求一并审查《严禁在自然保护区内采砂的规定》
- 一并审查请求是否合法？→ 不合法，《规定》并非《通知书》作出依据

附带性审查条件：
1. 为国务院部门或地方政府及其部门制定的其他规范性文件
2. 是被诉行政行为依据
3. 一审开庭前提/正当理由，可法庭调查中提

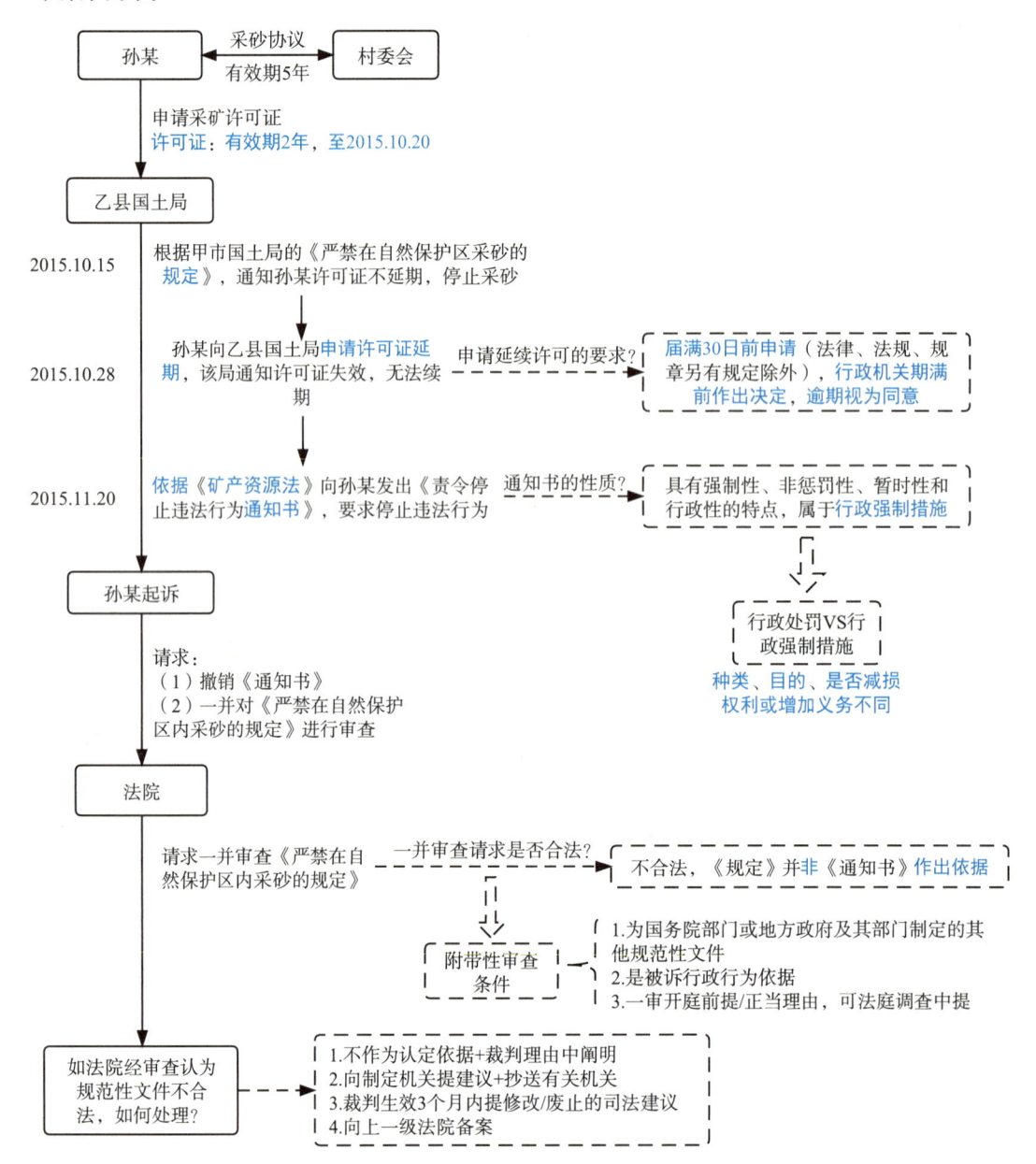

如法院经审查认为规范性文件不合法，如何处理？
1. 不作为认定依据+裁判理由中阐明
2. 向制定机关提建议+抄送有关机关
3. 裁判生效3个月内提修改/废止的司法建议
4. 向上一级法院备案

答案解析

问题1—答案：（1）被许可人应在该行政许可有效期届满30日前向作出许可决定的行政机关提出申请。但法律、法规、规章另有规定的，依照其规定。

（2）行政机关应当根据被许可人的申请，在该行政许可有效期届满前作出是否准予延续的决定；逾期未作出决定的，视为准予延续。

法条依据为《行政许可法》第50条①。

---

① 《行政许可法》第50条：被许可人需要延续依法取得的行政许可的有效期的，应当在该行政许可有效期届满三十日前向作出行政许可决定的行政机关提出申请。但是，法律、法规、规章另有规定的，依照其规定。
行政机关应当根据被许可人的申请，在该行政许可有效期届满前作出是否准予延续的决定；逾期未决定的，视为准予延续。

问题2—答案：（1）不符合要求。《严禁在自然保护区采砂的规定》并非被诉行政行为（责令停止违法行为通知）作出的依据。

（2）要求：一是该规范性文件为国务院部门或地方政府及其部门制定的其他规范性文件；二是该规范性文件是被诉行政行为作出的依据；三是应在第一审开庭审理前提出，有正当理由的，也可以在法庭调查中提出。

法条依据为《行政诉讼法》第53条①、《行诉解释》第146条②。

问题3—答案：（1）不作为法院认定行政行为合法的依据，并在裁判理由中予以阐明。

（2）应当向规范性文件的制定机关提出处理建议，并可以抄送制定机关的同级政府、上一级行政机关、监察机关以及规范性文件的备案机关。

（3）可以在裁判生效之日起3个月内，向规范性文件制定机关提出修改或者废止该规范性文件的司法建议。

（4）在裁判生效后报送上一级法院进行备案。涉及国务院部门、省级行政机关制定的规范性文件，司法建议还应当分别层报最高人民法院、高级人民法院备案。

法条依据为《行诉解释》第149条③、第150条④。

问题4—答案：（1）《责令停止违法行为通知书》属于行政强制措施。《责令停止违法行为通知书》具备强制性、非惩罚性、暂时性和行政性的特点，属于行政强制措施。

（2）行政处罚和行政强制措施的不同主要体现在下列方面：一是目的不同：前者的目的具有制裁性，给予违法者制裁是其本质特征；后者主要在于制止和预防，即在行政管理中制止违法行为、防止证据损毁、避免危害发生、控制危险扩大等。二是阶段性不同：前者常发生在行政程序终了之时；后者常发生在行政程序前端；三是表现形式不同：前者主要有警告、罚款、没收违法所得、没收非法财物、责令停产停业、暂扣或吊销许可证件、行政拘留等；后者主要有限制公民人身自由、查封、扣押、冻结等。

案例3：2015年真题

某公司系转制成立的有限责任公司，股东15人。全体股东通过的公司章程规定，董事长为法定代表人。对董事长产生及变更办法，章程未作规定。股东会议选举甲、乙、丙、丁四人担任公司董事并组

---

① 《行政诉讼法》第53条：公民、法人或者其他组织认为行政行为所依据的国务院部门和地方人民政府及其部门制定的规范性文件不合法，在对行政行为提起诉讼时，可以一并请求对该规范性文件进行审查。
前款规定的规范性文件不含规章。

② 《行诉解释》第146条：公民、法人或者其他组织请求人民法院一并审查行政诉讼法第五十三条规定的规范性文件，应当在第一审开庭审理前提出；有正当理由的，也可以在法庭调查中提出。

③ 《行诉解释》第149条：人民法院经审查认为行政行为所依据的规范性文件合法的，应当作为认定行政行为合法的依据；经审查认为规范性文件不合法的，不作为人民法院认定行政行为合法的依据，并在裁判理由中予以阐明。作出生效裁判的人民法院应当向规范性文件的制定机关提出处理建议，并可以抄送制定机关的同级人民政府、上一级行政机关、监察机关以及规范性文件的备案机关。规范性文件不合法的，人民法院可以在裁判生效之日起三个月内，向规范性文件制定机关提出修改或者废止该规范性文件的司法建议。
规范性文件由多个部门联合制定的，人民法院可以向该规范性文件的主办机关或者共同上一级行政机关发送司法建议。
接收司法建议的行政机关应当在收到司法建议之日起六十日内予以书面答复。情况紧急的，人民法院可以建议制定机关或者其上一级行政机关立即停止执行该规范性文件。

④ 《行诉解释》第150条：人民法院认为规范性文件不合法的，应当在裁判生效后报送上一级人民法院进行备案。涉及国务院部门、省级行政机关制定的规范性文件，司法建议还应当分别层报最高人民法院、高级人民法院备案。

成董事会，董事会选举甲为董事长。

后乙、丙、丁三人组织召开临时股东会议，会议通过罢免甲董事长职务并解除其董事，选举乙为董事长的决议。乙向区市场监督管理局递交法定代表人变更登记申请，经多次补正后该局受理其申请。

其后，该局以乙递交的申请，缺少修改后明确董事长变更办法的公司章程和公司法定代表人签署的变更登记申请书等材料，不符合法律、法规规定为由，作出登记驳回通知书。

乙、丙、丁三人向区政府提出复议申请，区政府经复议后认定三人提出的变更登记申请不符合受理条件，区市监局作出的登记驳回通知错误，决定予以撤销。

三人遂向法院起诉，并向法院提交了公司的章程、经过公证的临时股东会决议。

【注意：本题系15年真题，因《行政复议法》于23年新修订，本案复议机关在原有真题基础上进行了相应调整，但仍保留了当时的真题考点】

问题1：请分析公司的设立登记和变更登记的法律性质。
问题2：如区政府维持了区市监局的行政行为，请确定本案中的原告和被告，并说明理由。
问题3：如何确定本案的审理和裁判对象？如区政府在行政复议中维持区市监局的行为，有何不同？
问题4：法院接到起诉状决定是否立案时通常面临哪些情况？如何处理？
问题5：《行政诉讼法》对一审法院宣判有何要求？

人物关系图

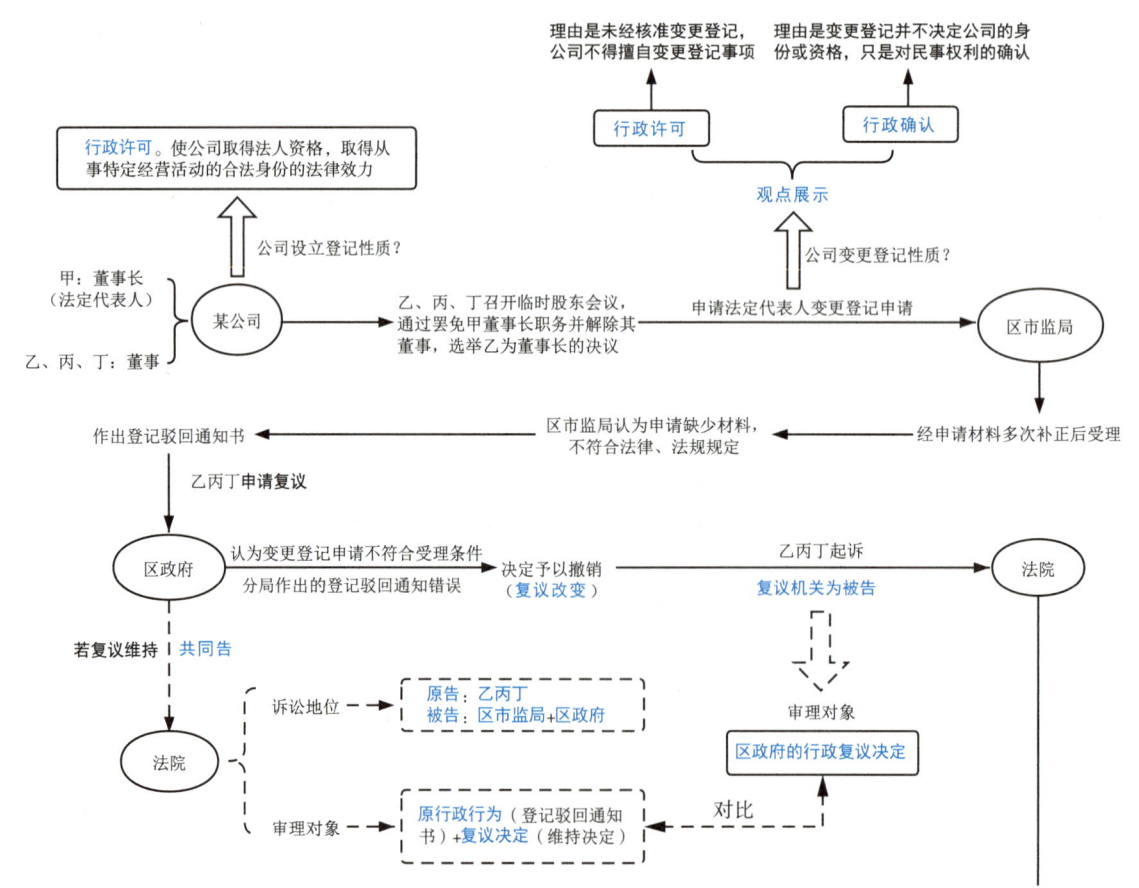

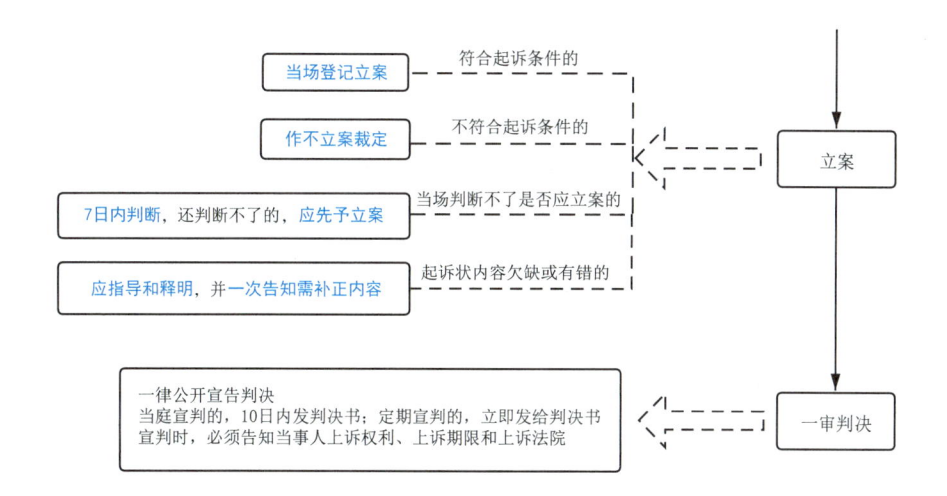

```
            当场登记立案  ←----- 符合起诉条件的 -----┐
                                                    │
            作不立案裁定  ←----- 不符合起诉条件的 ---┤←---  立案
                                                    │        │
    7日内判断,还判断不了的,应先予立案 ←--- 当场判断不了是否应立案的 ---┤        │
                                                    │        │
    应指导和释明,并一次告知需补正内容 ←--- 起诉状内容欠缺或有错的 ---┘        │
                                                                              ↓
    ┌─────────────────────────────────────────┐                          
    │ 一律公开宣告判决                          │                          
    │ 当庭宣判的,10日内发判决书;定期宣判的,立即发给判决书 │ ←---      一审判决
    │ 宣判时,必须告知当事人上诉权利、上诉期限和上诉法院   │
    └─────────────────────────────────────────┘
```

答案解析

问题 1—答案:(1)公司的设立登记属于行政许可。理由是:第一,行政许可是指行政机关根据公民、法人或者其他组织的申请,经依法审查,准予其从事特定活动的行为。设立登记就是准予公司从事经营活动,所以属于行政许可。第二,企业或者其他组织的设立等,需要确定主体资格的事项,可以设定行政许可。本案符合上述规定。

(2)公司的变更登记:①属于行政许可。理由是未经核准变更登记,公司不得擅自变更登记事项;公司登记事项发生变更时未依法办理变更登记的,需要承担相应法律责任。②属于行政确认,理由是变更登记并不决定公司的身份或资格,只是对民事权利的确认。

法条依据为《行政许可法》第12条第5项①、《公司法》第29条②。

问题 2—答案:乙、丙、丁是本案的原告,区政府和区市监局是本案共同被告。

(1)本案中,乙、丙、丁作为行政相对人,与区市监局的行政行为和区政府的复议决定有法律上的利害关系,故乙、丙、丁具有原告资格。法条依据为《行政诉讼法》第25条第1款③。

(2)本案属于经过复议的案件,复议机关决定维持原行政行为,故作出原行政行为的行政机关区市监局和复议机关区政府是共同被告。法条依据为《行政诉讼法》第26条第2款④。

问题 3—答案:(1)本案中,区政府撤销原行政行为,属于复议改变,区政府是被告,审理和裁判对象是区政府复议决定(撤销区市监局登记驳回通知)的合法性。法条依据为《行政诉讼法》第26条第2款⑤。

区政府决定维持原行政行为,作出原行政行为的区市监局和复议机关区政府是共同被告,审理和裁

---

① 《行政许可法》第12条第5项:下列事项可以设定行政许可:
(五)企业或者其他组织的设立等,需要确定主体资格的事项。
② 《公司法》第29条:设立公司,应当依法向公司登记机关申请设立登记。
法律、行政法规规定设立公司必须报经批准的,应当在公司登记前依法办理批准手续。
③ 《行政诉讼法》第25条第1款:行政行为的相对人以及其他与行政行为有利害关系的公民、法人或者其他组织,有权提起诉讼。
④ 《行政诉讼法》第26条第2款:经复议的案件,复议机关决定维持原行政行为的,作出原行政行为的行政机关和复议机关是共同被告;复议机关改变原行政行为的,复议机关是被告。
⑤ 《行政诉讼法》第26条第2款:经复议的案件,复议机关决定维持原行政行为的,作出原行政行为的行政机关和复议机关是共同被告;复议机关改变原行政行为的,复议机关是被告。

判对象是原行政行为（登记驳回通知书）和复议决定（维持决定）的合法性，法院应一并作出裁判。法条依据为《行政诉讼法》第 79 条①。

问题 4—答案：（1）法院在接到起诉状时对符合起诉条件的，应当登记立案。

（2）对当场不能判定是否符合起诉条件的，应当接收起诉状，出具注明收到日期的书面凭证，并在七日内决定是否立案。不符合起诉条件的，作出不予立案的裁定，裁定书应当载明不予立案的理由。七日内仍不能作出判断的，应当先予立案。

（3）起诉状内容欠缺或者有其他错误的，应当给予指导和释明，并一次性告知当事人需要补正的内容。不得未经指导和释明即以起诉不符合条件为由不接收起诉状。

法条依据为《行政诉讼法》第 51 条②、《行诉解释》第 53 条③。

问题 5—答案：根据法律规定，人民法院对公开审理和不公开审理的案件，一律公开宣告判决。当庭宣判的，应当在 10 日内发送判决书；定期宣判的，宣判后立即发给判决书。宣判时，必须告知当事人上诉权利、上诉期限和上诉的法院。法条依据为《行政诉讼法》第 80 条④。

---

① 《行政诉讼法》第 79 条：复议机关与作出原行政行为的行政机关为共同被告的案件，人民法院应当对复议决定和原行政行为一并作出裁判。

② 《行政诉讼法》第 51 条：人民法院在接到起诉状时对符合本法规定的起诉条件的，应当登记立案。

对当场不能判定是否符合本法规定的起诉条件的，应当接收起诉状，出具注明收到日期的书面凭证，并在七日内决定是否立案。不符合起诉条件的，作出不予立案的裁定。裁定书应当载明不予立案的理由。原告对裁定不服的，可以提起上诉。

起诉状内容欠缺或者有其他错误的，应当给予指导和释明，并一次性告知当事人需要补正的内容。不得未经指导和释明即以起诉不符合条件为由不接收起诉状。

对于不接收起诉状、接收起诉状后不出具书面凭证，以及不一次性告知当事人需要补正的起诉状内容的，当事人可以向上级人民法院投诉，上级人民法院应当责令改正，并对直接负责的主管人员和其他直接责任人员依法给予处分。

③ 《行诉解释》第 53 条：人民法院对符合起诉条件的案件应当立案，依法保障当事人行使诉讼权利。

对当事人依法提起的诉讼，人民法院应当根据行政诉讼法第五十一条的规定接收起诉状。能够判断符合起诉条件的，应当当场登记立案；当场不能判断是否符合起诉条件的，应当在接收起诉状后七日内决定是否立案；七日内仍不能作出判断的，应当先予立案。

④ 《行政诉讼法》第 80 条：人民法院对公开审理和不公开审理的案件，一律公开宣告判决。

当庭宣判的，应当在十日内发送判决书；定期宣判的，宣判后立即发给判决书。

宣告判决时，必须告知当事人上诉权利、上诉期限和上诉的人民法院。

二、延伸模拟提升题

案例 1

寿光市政府（隶属于山东省潍坊市）授权的寿光市住房和城乡建设局（甲方）与昆仑燃气公司（乙方）协商共同开发寿光市天然气综合利用项目，双方签订《山东省寿光市天然气综合利用项目合作协议》。昆仑燃气公司在依约取得特定区域天然气经营区域授权后，因项目审批、投资建设不到位，未依约完成建设项目，也无法办理燃气经营许可证。在寿光市政府向燃气公司发出催告通知、召开会议催促，并且要求燃气公司出具书面项目建设保证书作出承诺后，燃气公司仍未依约完成项目投资建设。

寿光市政府作出寿政办发〔2016〕47号文件，在未听证的情况下，决定按照合作协议中有关违约责任的规定，收回燃气公司的天然气经营区域授权，并授权给寿光市城市基础设施建设投资管理中心代表寿光市政府经营管理。后该中心和黄河公司合作加快了项目推进，完成了区域内燃气供应。昆仑燃气公司不服，向潍坊市政府申请行政复议，潍坊市政府作出维持决定后，昆仑燃气公司不服，提起行政诉讼。

材料：《市政公用事业特许经营管理办法》第25条第2款规定："对获得特许经营权的企业取消特许经营权并实施临时接管的，必须按照有关法律、法规的规定进行，并召开听证会。"

问题1：昆仑燃气公司应当以谁为被告提起行政诉讼？
问题2：法院应当审查协议中的哪些内容？
问题3：本案的举证责任应当如何分配？
问题4：寿光市政府收回燃气经营区域授权的程序是否合法？
问题5：寿光市人民政府是否有权解除合作协议？
问题6：法院应当作出何种判决？

人物关系图

```
寿光市住房和城乡建设局 ──签订天然气特许经营合作协议──▶ 昆仑燃气公司 ──项目审批、投资建设不到位，项目建设不能依约完成──▶ 寿光市政府
                                                                                                        │
                                                                                                        ▼
                                                                                          发出催告通知、召开会议催促，但昆仑燃气公司仍未依约完成项目投资建设
                                                                                                        │
                                                                                                        ▼
    不合法                          收回授权的程序是否合法？        寿光市政府在未听证的情况下收回燃气公司的天然气经营区域授权
    违反《市政公用事业特许经营管理办法》第25条应当听证的规定      
                                                                                                        │
    合法                            解除协议是否合法？                                                   ▼
    当事人一方违约致使不能实现合同目的，另一方可以解除合同      与黄河公司合作加快了项目推进，完成了区域内燃气供应

维持原决定 ◀── 潍坊市政府 ◀── 昆仑燃气公司不服，申请行政复议

昆仑燃气公司仍不服，提起行政诉讼
        │
        ▼
       法院
        ├─ 被告？ ▶ 寿光市政府和潍坊市政府（复议维持共同被告）
        ├─ 协议审查？ ▶ 对订立、履行、变更、解除该协议行为的合法性以及寿光市政府是否具有相应义务或履行相应义务等进行审查
        ├─ 举证责任分配？ ▶ 1.被告对其具有法定职权、履行法定程序、履行相应法定职责以及订立、履行、变更、解除行政协议等行为的合法性承担举证责任
        │                    2.复议机关还需要对复议决定的合法性承担举证责任
        │                    3.对行政协议是否履行发生争议的，由原告承担举证责任
        └─ 如何判决？ ▶ 确认寿光市政府的收回决定违法，撤销复议决定；收回授权程序违法，依法应当撤销，但撤销给公共利益造成重大损害，所以确认违法
```

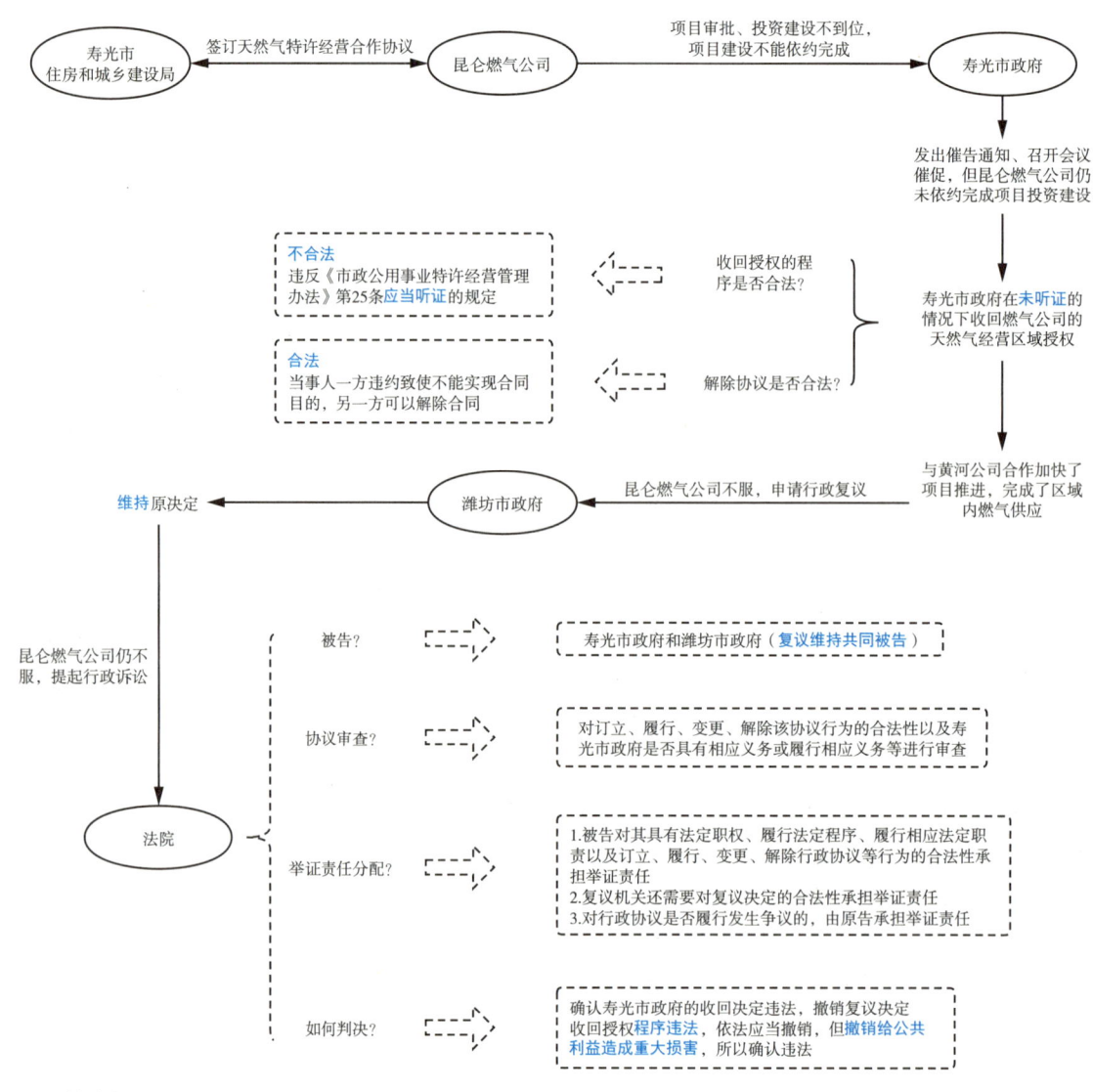

答案解析

问题 1——昆仑燃气公司应当以谁为被告提起行政诉讼？

答案：应当以**寿光市政府**和**潍坊市政府**为**共同被告**。本案属于**复议维持**案件，作出原行政行为的行政机关寿光市政府和复议机关潍坊市政府是共同被告。法条依据为《行政诉讼法》第 26 条第 2 款[①]。

问题 2——法院应当审查协议中的哪些内容？

答案：本案属于**行政协议**案件，故法院应当对寿光市人民政府订立、履行、变更、解除该协议的行为是否具有法定职权、是否滥用职权、适用法律法规是否正确、是否遵守法定程序、是否明显不当、是否履行相应法定职责进行**合法性审查**。昆仑燃气公司认为寿光市政府**未按照约定**履行该协议，法院应当针对其诉讼请求，对寿光市政府**是否具有相应义务或者履行相应义务**等进行审查。法条依据为《行政协

[①]《行政诉讼法》第 26 条第 2 款：经复议的案件，复议机关决定维持原行政行为的，作出原行政行为的行政机关和复议机关是共同被告；复议机关改变原行政行为的，复议机关是被告。

议案件规定》第 11 条①。

问题 3——本案的举证责任应当如何分配？

答案： 本案被告应当对其**具有法定职权**、**履行法定程序**、**履行相应法定职责**以及订立、履行、变更、解除行政协议等**行为的合法性**承担举证责任。复议机关除了对原行政行为合法性承担举证责任外，还需要单独对**复议决定的合法性**承担举证责任。对行政协议**是否履行**发生争议的，由负有履行义务的**昆仑燃气公司**承担举证责任。法条依据为《行政协议案件规定》第 10 条②、《行诉解释》第 135 条第 2 款③。

问题 4——寿光市政府收回燃气经营区域授权的程序是否合法？

答案： **不合法**。《市政公用事业特许经营管理办法》第 25 条第 2 款规定，对获得特许经营权的企业取消特许经营权并实施临时接管的，必须按照有关法律、法规的规定进行，并**召开听证会**。故寿光市政府收回昆仑燃气公司燃气经营区域授权，应当告知昆仑燃气公司享有听证的权利，其直接取消特许经营权不符合上述规定，属于程序违法。

问题 5——寿光市人民政府是否有权解除合作协议？

答案： **有权解除**合作协议。根据《民法典》第 563 条第 1 款第 4 项的规定可知，当事人一方违约致使**不能实现合同目的**，另一方可以**解除合同**。本案中，昆仑燃气公司违约，致使**项目建设不能依约完成**，寿光市政府有权解除该协议并收回燃气经营区域授权。法条依据为《行政协议案件规定》第 27 条④。

问题 6——法院应当作出何种判决？

答案： 法院应当**确认**寿光市人民政府收回天然气经营权区域授权的行为**违法**，并**撤销**复议机关的**复议决定**。本案中，寿光市人民政府收回天然气经营权区域授权程序违法，依法应当撤销，但区域内燃气供应项目已经完成，撤销会影响燃气供应，给**公共利益造成重大损害**，所以法院应判决确认寿光市政府行为违法，同时一并撤销复议决定。法条依据为《行政诉讼法》第 74 条第 1 款第 1 项⑤、第 79 条⑥。

---

① 《行政协议案件规定》第 11 条：人民法院审理行政协议案件，应当对被告订立、履行、变更、解除行政协议的行为是否具有法定职权、是否滥用职权、适用法律法规是否正确、是否遵守法定程序、是否明显不当、是否履行相应法定职责进行合法性审查。
原告认为被告未依法或者未按照约定履行行政协议的，人民法院应当针对其诉讼请求，对被告是否具有相应义务或者履行相应义务等进行审查。
② 《行政协议案件规定》第 10 条：被告对于自己具有法定职权、履行法定程序、履行相应法定职责以及订立、履行、变更、解除行政协议等行为的合法性承担举证责任。
原告主张撤销、解除行政协议的，对撤销、解除行政协议的事由承担举证责任。
对行政协议是否履行发生争议的，由负有履行义务的当事人承担举证责任。
③ 《行诉解释》第 135 条第 2 款：作出原行政行为的行政机关和复议机关对原行政行为合法性共同承担举证责任，可以由其中一个机关实施举证行为。复议机关对复议决定的合法性承担举证责任。
④ 《行政协议案件规定》第 27 条：人民法院审理行政协议案件，应当适用行政诉讼法的规定；行政诉讼法没有规定的，参照适用民事诉讼法的规定。
人民法院审理行政协议案件，可以参照适用民事法律规范关于民事合同的相关规定。
⑤ 《行政诉讼法》第 74 条第 1 款第 1 项：行政行为有下列情形之一的，人民法院判决确认违法，但不撤销行政行为：（一）行政行为依法应当撤销，但撤销会给国家利益、社会公共利益造成重大损害的。
⑥ 《行政诉讼法》第 79 条：复议机关与作出原行政行为的行政机关为共同被告的案件，人民法院应当对复议决定和原行政行为一并作出裁判。

案例 2

汪兵是东川资产管理集团有限公司峨眉山分公司的职工。2019年3月18日，汪兵因交通事故意外死亡，由于汪兵驾驶摩托车倒地翻覆的原因无法查实，东川省峨眉山市公安局交警大队（下称峨眉交警大队）认为该事故成因无法查清，于同年4月1日依据《道路交通事故处理程序规定》第50条的规定，作出《道路交通事故证明》，载明道路交通事故发生的时间、地点、当事人情况及调查得到的事实，分别送达当事人。

2019年4月10日，东川资产管理集团有限公司峨眉山分公司就其职工汪兵因交通事故死亡向大佛市人力资源和社会保障局（下称大佛市人社局）申请工伤认定，并同时提交了峨眉交警大队所作的《道路交通事故证明》等证据。大佛市人社局以峨眉交警大队的《交通事故证明》缺乏确定性结论为由，于当日作出佛人社工〔2019〕05号（峨眉山市）《工伤认定时限中止通知书》（下称《中止通知》），并送达给有关当事人。

汪铭锝系汪兵之父。2019年6月24日，汪铭锝向大佛市人社局提交了《恢复工伤认定申请书》，要求其恢复对汪兵的工伤认定。大佛市人社局拒绝恢复对汪兵的工伤认定程序，汪铭锝遂于2019年7月30日申请复议，请求撤销大佛市人社局作出的《中止通知》。

材料一：峨眉山市系县级市，属于大佛市管辖；大佛市人社局位于东川省大佛市佛脚区。

材料二：《中华人民共和国道路交通安全法》第73条的规定："公安机关交通管理部门应当根据交通事故现场勘验、检查、调查情况和有关的检验、鉴定结论，及时制作交通事故认定书，作为处理交通事故的证据。交通事故认定书应当载明交通事故的基本事实、成因和当事人的责任，并送达当事人。"

材料三：《道路交通事故处理程序规定》（国务院公安部门制定）第67条规定："道路交通事故基本事实无法查清、成因无法判定的，公安机关交通管理部门应当出具道路交通事故证明，载明道路交通事故发生的时间、地点、当事人情况及调查得到的事实，分别送达当事人，并告知申请复核、调解和提起民事诉讼的权利、期限。"

材料四：《工伤保险条例》第20条规定："社会保险行政部门应当自受理工伤认定申请之日起60日内作出工伤认定的决定，并书面通知申请工伤认定的职工或者其近亲属和该职工所在单位。

社会保险行政部门对受理的事实清楚、权利义务明确的工伤认定申请，应当在15日内作出工伤认定的决定。

作出工伤认定决定需要以司法机关或者有关行政主管部门的结论为依据的，在司法机关或者有关行政主管部门尚未作出结论期间，作出工伤认定决定的时限中止。

社会保险行政部门工作人员与工伤认定申请人有利害关系的，应当回避。"

问题1：大佛市人社局作出的《中止通知》属于何种性质的行政行为？

问题2：如大佛市人社局辩称该《中止通知》系程序性事项，不属于行政复议受案范围，复议机关是否应当支持？

问题3：如何确定本案的复议机关？汪铭锝申请复议是否超过复议期限？

问题4：复议机关是否应当决定撤销《中止通知》？

问题5：如汪铭锝不服复议决定提起诉讼，人民法院是否可以通知东川资产管理集团有限公司峨眉山分公司参加诉讼？

二、延伸模拟提升题

问题6：本案中汪铭锝可否就《道路交通事故处理程序规定》提起附带性审查？

人物关系图

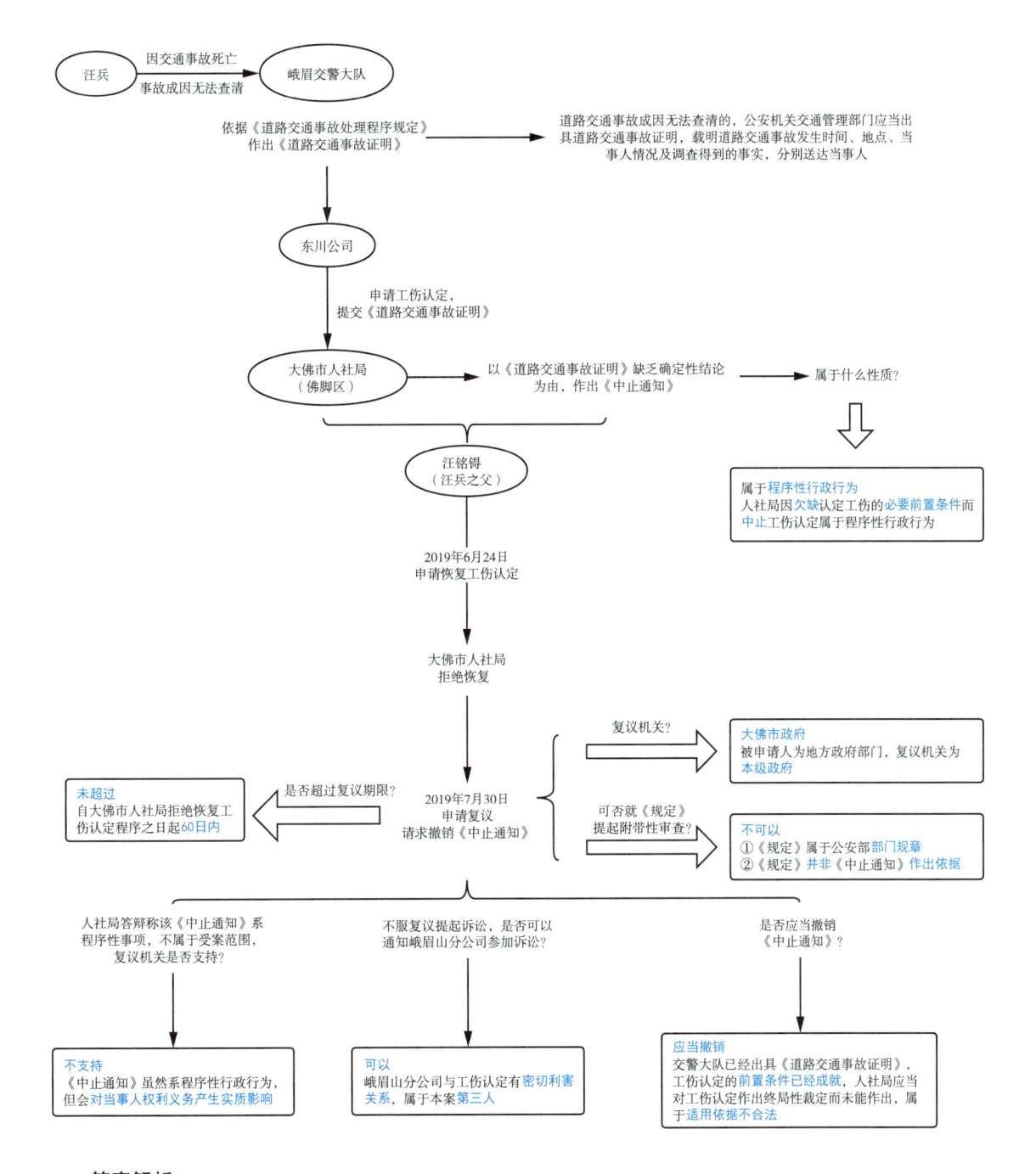

```
汪兵 ──因交通事故死亡，事故成因无法查清──→ 峨眉交警大队
                │
                │ 依据《道路交通事故处理程序规定》
                │ 作出《道路交通事故证明》
                │
                └──→ 道路交通事故成因无法查清的，公安机关交通管理部门应当出
                     具道路交通事故证明，载明道路交通事故发生时间、地点、当
                     事人情况及调查得到的事实，分别送达当事人
                ↓
            东川公司
                │ 申请工伤认定，
                │ 提交《道路交通事故证明》
                ↓
        大佛市人社局 ──以《道路交通事故证明》缺乏确定性结论── →  属于什么性质？
          (佛脚区)      为由，作出《中止通知》                    ⇩
                ↓                                              属于**程序性行政行为**
            汪铭锝                                              人社局因**欠缺**认定工伤的**必要前置条件**而
           (汪兵之父)                                           **中止**工伤认定属于程序性行政行为
                │
                │ 2019年6月24日
                │ 申请恢复工伤认定
                ↓
          大佛市人社局
            拒绝恢复
                │                                    复议机关？ →  **大佛市政府**
                │                                                 被申请人为地方政府部门，复议机关为
                │                                                 **本级政府**
    未超过          是否超过复议期限？
    自大佛市人社局拒绝恢复工  ←──  2019年7月30日       可否就《规定》  →  **不可以**
    伤认定程序之日起60日内      申请复议            提起附带性审查？    ①《规定》属于公安部门规章
                            请求撤销《中止通知》                    ②《规定》并非《中止通知》作出依据

    人社局答辩称该《中止通知》系    不服复议提起诉讼，是否可以      是否应当撤销
    程序性事项，不属于受案范围，    通知峨眉山分公司参加诉讼？       《中止通知》？
    复议机关是否支持？
           ↓                          ↓                            ↓
        **不支持**                    **可以**                    **应当撤销**
    《中止通知》虽然系程序性行政行为，  峨眉山分公司与工伤认定有**密切利害**  交警大队已经出具《道路交通事故证明》，
    但会对**当事人权利义务产生实质影响**  **关系**，属于本案**第三人**        工伤认定的**前置条件已经成就**，人社局应当
                                                                对工伤认定作出终局性裁定而未能作出，属
                                                                于**适用依据不合法**
```

答案解析

问题1——大佛市人社局作出的《中止通知》属于何种性质的行政行为？

答案：属于**程序性行政行为**。根据相关规定，大佛市人社局就汪兵的工伤认定应当以峨眉交警大队出具的结论为依据；而本案中因交警大队并**未给出确切结论**，大佛市人社局因**欠缺认定工伤的必要前置**

117

条件而中止对汪兵的工伤认定属于程序性行政行为。法条依据为《工伤保险条例》第20条第3款。

问题2——如大佛市人社局辩称该《中止通知》系程序性事项，不属于行政复议受案范围，复议机关是否应当支持？

答案：不应支持。本案中因事故成因确实无法查清，《道路交通事故证明》已经是交警大队依据《道路交通事故处理程序规定》就事故作出的结论，即《工伤保险条例》第20条第3款中规定的工伤认定决定需要的"司法机关或者有关行政主管部门的结论"。人社局作出《中止通知》将导致工伤认定程序无法恢复，致使汪铭锝的合法权益长期乃至永久得不到依法救济，对其权利义务产生实质影响，侵犯其合法权益。因此《中止通知》虽系程序性行政行为，但因对当事人权利义务产生实质影响，属于行政复议受案范围。法条依据为《行政复议法》第11条第15项①。

问题3——如何确定本案的复议机关？汪铭锝申请复议是否超过复议期限？

答案：（1）本案复议机关为大佛市政府。本案中，被申请人为大佛市人社局，复议机关为大佛市人社局的同级政府即大佛市政府。法条依据为《行政复议法》第24条第1款第1项②。

（2）未超过复议期限。行政复议的申请期限自申请人知道或应当知道该行政行为之日起60日内提出。本案中，汪铭锝于2019年6月24日向行政机关大佛市人社局提出恢复工伤认定申请，人社局拒绝，因此复议期限自汪铭锝知道或应当知道大佛市人社局拒绝恢复程序之日起算，汪铭锝于2019年7月30日申请复议未超过60日的复议期限。法条依据为《行政复议法》第20条第1款③。

问题4——复议机关是否应当决定撤销《中止通知》？

答案：应当撤销。人社局根据《工伤保险条例》第20条第3款认为前置条件尚未成就而出具《中止通知》，但是交警大队已经根据《道路交通事故处理程序规定》第50条规定出具了《道路交通事故证明》，即有关行政主管部门作出结论这一工伤认定的前置条件已经成就，人社局应当对汪兵的工伤认定作出终局性裁定而未能作出，属于适用依据不合法。其《中止通知》错误且不属于撤销无意义的情形，依法应当撤销。法条依据为《行政复议法》第64条第1款④。

问题5——如汪铭锝不服复议决定提起诉讼，人民法院是否可以通知东川资产管理集团有限公司峨眉山分公司参加诉讼？

答案：可以。本案中峨眉山分公司系汪兵所在公司，与工伤认定有着密切的利害关系，属于本案第

---

① 《行政复议法》第11条第15项：有下列情形之一的，公民、法人或者其他组织可以依照本法申请行政复议：
（十五）认为行政机关的其他行政行为侵犯其合法权益的。
② 《行政复议法》第24条第1款第1项：县级以上地方各级人民政府管辖下列行政复议案件：
（一）对本级人民政府工作部门作出的行政行为不服的。
③ 《行政复议法》第20条第1款：公民、法人或者其他组织认为行政行为侵犯其合法权益的，可以自知道或者应当知道该行政行为之日起六十日内提出行政复议申请；但是法律规定的申请期限超过六十日的除外。
④ 《行政复议法》第64条第1款：行政行为有下列情形之一的，行政复议机关决定撤销或者部分撤销该行政行为，并可以责令被申请人在一定期限内重新作出行政行为：
（一）主要事实不清、证据不足；
（二）违反法定程序；
（三）适用的依据不合法；
（四）超越职权或者滥用职权。

三人，人民法院可以通知其以第三人的身份参加诉讼。法条依据为《行政诉讼法》第29条第1款①。

问题 6——本案中汪铭锝可否就《道路交通事故处理程序规定》提起附带性审查？

答案： 不可以。其一，本案中《道路交通事故处理程序规定》属于公安部部门规章，不可以进行附带审查；其二，《道路交通事故处理程序规定》与本案人社局作出《中止通知》的行为没有关联性。因此，汪铭锝不可以就《道路交通事故处理程序规定》提起附带性审查。法条依据为《行政诉讼法》第53条②。

案例 3

2019年10月12日，昆明市自然资源和规划局（以下简称昆明市规划局）依据昆明市《"12345"市政府市长热线受理交办件》，经现场勘查测绘后以威恒利公司在小龙路建设的六层综合楼未经规划行政主管部门审批，违反法律规定，属于违法建设为由，作出了昆规法罚（2019）0063号违法建设行政处罚决定，限威恒利公司于2019年10月31日前自行拆除违法所建的综合楼工程。（事实一）

2019年10月16日，威恒利公司得知处罚决定后，认为昆明市规划局的处罚决定认定事实不清、程序违法且越权行政，侵犯了自己的合法权益，于是向昆明市政府申请行政复议。经审理，市政府将原处罚决定变更为罚款25万元。10月27日，威恒利公司收到了复议决定书，公司负责人当即表示要去法院起诉。（事实二）

威恒利公司表示不服该复议决定，向法院提起了行政诉讼，但法院工作人员认为该案比较复杂，无法当场判断是否符合起诉条件。法院接收起诉材料十日后，以威恒利公司的材料不全为由裁定不予立案。（事实三）

威恒利公司补充起诉材料后重新起诉，法院受理了此案，威恒利公司请求依法撤销昆明市政府的复议决定。昆明市政府负责人因公务繁忙，决定委托法制办公室的工作人员李某代为出庭参加诉讼。（事实四）

一审庭审中，李某因临时有事，向合议庭提出退庭申请，但被合议庭当场拒绝，李某仍径直离开。（事实五）

在诉讼过程中，昆明市政府发现其所作复议决定违法，撤销了复议决定，并希望威恒利公司可以主动申请撤诉，但该公司表示拒绝。（事实六）

问题 1： 事实二中，威恒利公司应当在何时提起诉讼？

问题 2： 本案应当由基层人民法院管辖还是中级人民法院管辖？

问题 3： 事实三中，法院裁定不予立案是否合法？威恒利公司可以如何获得救济？

问题 4： 事实五中，法院应当如何处理？

问题 5： 事实六中，一审法院应当如何判决？

问题 6： 一审中，本案有无适用简易程序的可能？如果有，应如何适用？

问题 7： 事实四中，李某出庭是否合法？

---

① 《行政诉讼法》第29条第1款：公民、法人或者其他组织同被诉行政行为有利害关系但没有提起诉讼，或者同案件处理结果有利害关系的，可以作为第三人申请参加诉讼，或者由人民法院通知参加诉讼。

② 《行政诉讼法》第53条：公民、法人或者其他组织认为行政行为所依据的国务院部门和地方人民政府及其部门制定的规范性文件不合法，在对行政行为提起诉讼时，可以一并请求对该规范性文件进行审查。

前款规定的规范性文件不含规章。

人物关系图

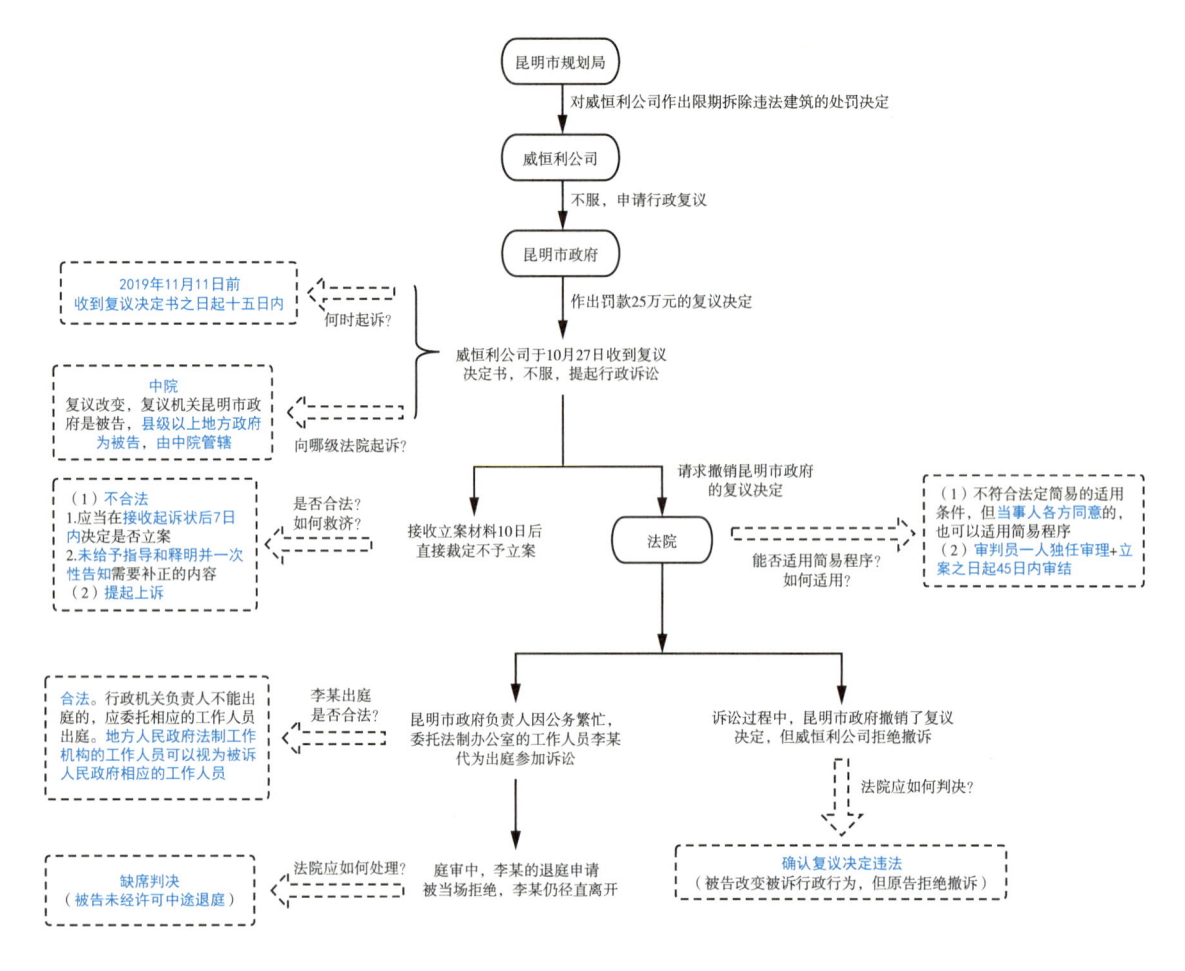

```
昆明市规划局
    │ 对威恒利公司作出限期拆除违法建筑的处罚决定
    ▼
威恒利公司
    │ 不服，申请行政复议
    ▼
昆明市政府
    │ 作出罚款25万元的复议决定
    ▼
威恒利公司于10月27日收到复议决定书，不服，提起行政诉讼
```

何时起诉？ → 2019年11月11日前 收到复议决定书之日起十五日内

向哪级法院起诉？ → 中院：复议改变，复议机关昆明市政府是被告，县级以上地方政府为被告，由中院管辖

接收立案材料10日后直接裁定不予立案 是否合法？如何救济？
→ (1) 不合法
1. 应当在接收起诉状后7日内决定是否立案
2. 未给予指导和释明并一次性告知需要补正的内容
（2）提起上诉

请求撤销昆明市政府的复议决定 → 法院

能否适用简易程序？如何适用？
→ (1) 不符合法定简易的适用条件，但当事人各方同意的，也可以适用简易程序
(2) 审判员一人独任审理+立案之日起45日内审结

昆明市政府负责人因公务繁忙，委托法制办公室的工作人员李某代为出庭参加诉讼 李某出庭是否合法？
→ 合法。行政机关负责人不能出庭的，应委托相应的工作人员出庭。地方人民政府法制工作机构的工作人员可以视为被诉人民政府相应的工作人员

庭审中，李某的退庭申请被当场拒绝，李某仍径直离开 法院应如何处理？
→ 缺席判决（被告未经许可中途退庭）

诉讼过程中，昆明市政府撤销了复议决定，但威恒利公司拒绝撤诉 法院应如何判决？
→ 确认复议决定违法（被告改变被诉行政行为，但原告拒绝撤诉）

答案解析

问题1——事实二中，威恒利公司应当在何时提起诉讼？

答案：威恒利公司应当在 2019年11月11日前 提起诉讼。行政相对人不服复议决定的，可以在 收到复议决定书之日起十五日内 向人民法院提起诉讼。本案中，威恒利公司于2019年10月27日收到复议决定书，故其应当在2019年11月11日前提起行政诉讼。法条依据为《行政诉讼法》第45条[①]。

问题2——本案应当由基层人民法院管辖还是中级人民法院管辖？

答案：本案应当由 中级人民法院 管辖。本案复议机关昆明市政府将处罚决定变更为罚款25万元，属于 复议改变 的情形，故应当 以复议机关 昆明市政府 为被告，对 县级以上地方政府 提起诉讼的，应当由中级人民法院管辖。法条依据为《行政诉讼法》第15条第1项[②]、第26条第2款[③]。

[①] 《行政诉讼法》第45条：公民、法人或者其他组织不服复议决定的，可以在收到复议决定书之日起十五日内向人民法院提起诉讼。复议机关逾期不作决定的，申请人可以在复议期满之日起十五日内向人民法院提起诉讼。法律另有规定的除外。

[②] 《行政诉讼法》第15条第1项：中级人民法院管辖下列第一审行政案件：
（一）对国务院部门或者县级以上地方人民政府所作的行政行为提起诉讼的案件。

[③] 《行政诉讼法》第26条第2款：经复议的案件，复议机关决定维持原行政行为的，作出原行政行为的行政机关和复议机关是共同被告；复议机关改变原行政行为的，复议机关是被告。

二、延伸模拟提升题

问题 3——事实三中，法院裁定不予立案是否合法？威恒利公司可以如何获得救济？

答案：（1）法院裁定不予立案<u>不合法</u>。第一，法院<u>当场不能判定</u>是否符合起诉条件的，应当在<u>接收起诉状后7日内</u>决定是否立案。本案中，法院自接收立案材料10日后才作出答复，超过法定期限。第二，起诉状内容欠缺的，法院应当给予<u>指导</u>和<u>释明</u>，并<u>一次性告知</u>当事人需要补正的内容。本案中，法院未给予指导和释明就裁定不予立案，违反法定程序。

（2）威恒利公司对法院裁定不予立案的行为不服的，可以提起<u>上诉</u>。

法条依据为《行政诉讼法》第51条第2款、第3款①。

问题 4——事实五中，法院应当如何处理？

答案： 法院应当<u>缺席判决</u>。本案中，李某作为代表被告昆明市政府出庭的工作人员，<u>未经法庭许可中途退庭</u>，法院可以缺席判决，将被告中途退庭的情况予以<u>公告</u>，并可以向监察机关或者被告的上一级行政机关提出依法给予其主要负责人或者直接责任人员处分的<u>司法建议</u>。法条依据为《行政诉讼法》第58条②、第66条第2款③。

问题 5——事实六中，一审法院应当如何判决？

答案： 一审法院应当<u>判决确认</u>昆明市政府的复议决定<u>违法</u>。本案中，昆明市政府<u>撤销了</u>复议决定，属于在诉讼期间<u>改变被诉行政行为</u>，原告威恒利公司拒绝撤诉，法院应当对原复议决定作出确认违法的判决。法条依据为《行政诉讼法》第74条第2款第2项④。

问题 6——一审中，本案有无适用简易程序的可能？如果有，应如何适用？

答案：（1）本案<u>有</u>适用简易程序的可能。除法定可以适用简易程序的情形，<u>当事人各方同意适用</u>简易程序的，也可以适用简易程序。法条依据为《行政诉讼法》第82条⑤。

（2）由审判员一人<u>独任审理</u>，并应当在立案之日起<u>四十五日内</u>审结。法条依据为《行政诉讼法》第83条⑥。

---

① 《行政诉讼法》第51条第2款、第3款：对当场不能判定是否符合本法规定的起诉条件的，应当接收起诉状，出具注明收到日期的书面凭证，并在七日内决定是否立案。不符合起诉条件的，作出不予立案的裁定。裁定书应当载明不予立案的理由。原告对裁定不服的，可以提起上诉。

起诉状内容欠缺或者有其他错误的，应当给予指导和释明，并一次性告知当事人需要补正的内容。不得未经指导和释明即以起诉不符合条件为由不接收起诉状。

② 《行政诉讼法》第58条：经人民法院传票传唤，原告无正当理由拒不到庭，或者未经法庭许可中途退庭的，可以按照撤诉处理；被告无正当理由拒不到庭，或者未经法庭许可中途退庭的，可以缺席判决。

③ 《行政诉讼法》第66条第2款：人民法院对被告经传票传唤无正当理由拒不到庭，或者未经法庭许可中途退庭的，可以将被告拒不到庭或者中途退庭的情况予以公告，并可以向监察机关或者被告的上一级行政机关提出依法给予其主要负责人或者直接责任人员处分的司法建议。

④ 《行政诉讼法》第74条第2款第2项：行政行为有下列情形之一，不需要撤销或者判决履行的，人民法院判决确认违法：

（二）被告改变原违法行政行为，原告仍要求确认原行政行为违法的。

⑤ 《行政诉讼法》第82条：人民法院审理下列第一审行政案件，认为事实清楚、权利义务关系明确、争议不大的，可以适用简易程序：

（一）被诉行政行为是依法当场作出的；

（二）案件涉及款额二千元以下的；

（三）属于政府信息公开案件的。

除前款规定以外的第一审行政案件，当事人各方同意适用简易程序的，可以适用简易程序。

⑥ 《行政诉讼法》第83条：适用简易程序审理的行政案件，由审判员一人独任审理，并应当在立案之日起四十五日内审结。

问题 7——事实四中，李某出庭是否合法？

答案： 李某出庭合法。行政机关负责人不能出庭的，应当委托行政机关相应的工作人员出庭。本案被诉行政行为是地方人民政府昆明市政府作出的，昆明市政府法制工作机构的工作人员李某可以视为被诉人民政府相应的工作人员。法条依据为《行诉解释》第 128 条第 2 款[①]、第 130 条第 2 款[②]。

案例 4

2024 年 1 月 6 日，糜某以中国邮政 EMS 方式向某市住建局申请查询位于该市某路段的一间中式平房房地产原始登记凭证，市住建局于 1 月 11 日签收该快递。2024 年 2 月 9 日，市住建局作出《政府信息依申请公开告知书》，并向糜某提供其申请公开的房地产所有权证复印件一份。糜某不服，于 2 月 16 日向市政府申请行政复议。市政府于 2 月 20 日受理后认为本案事实清楚、权利义务关系明确、争议不大，遂直接适用简易程序审理。经审理，市政府认为市住建局已向糜某提供了其申请公开的信息，在法定期限内履行了职责，遂于 4 月 16 日作出维持原行政行为的《行政复议决定书》，并按照糜某预留的送达地址，交由某邮政公司专递送达。同年 4 月 18 日，某邮政公司投递员因电话联系糜某未果，遂将该邮件交由糜某预留送达地址所在小区普通快递代收点某副食品商店代收，并短信告知糜某，但未确认糜某已收到告知短信。因糜某未查看短信中的通知信息，其于同年 5 月 10 日才实际收到该邮件。

2024 年 5 月 12 日，糜某向某市某区人民法院提起行政诉讼，请求撤销市住建局作出的《政府信息依申请公开告知书》和市政府作出的《行政复议决定书》。一审法院认为，糜某于 2024 年 4 月 18 日收到行政复议决定，5 月 12 日提起行政诉讼，已超过法定的十五日起诉期限，遂裁定不予立案。糜某提出上诉，二审法院审理认为，原审法院认定糜某于 2024 年 4 月 18 日收到涉案《行政复议决定书》证据不足。邮政公司将复议决定书送达副食品商店，并由该商店签收，不能视为有效送达。

问题 1：如何确定市住建局收到信息公开申请的时间？
问题 2：糜某不服市住建局的《政府信息依申请公开告知书》，能否直接向法院提起诉讼？为什么？
问题 3：请评价市政府的复议审理程序，并说明理由。
问题 4：糜某的起诉是否超过起诉期限？为什么？
问题 5：二审法院应当如何判决？

---

① 《行诉解释》第 128 条第 2 款：行政机关负责人出庭应诉的，可以另行委托一至二名诉讼代理人。行政机关负责人不能出庭的，应当委托行政机关相应的工作人员出庭，不得仅委托律师出庭。

② 《行诉解释》第 130 条第 2 款：被诉行政行为是地方人民政府作出的，地方人民政府法制工作机构的工作人员，以及被诉行政行为具体承办机关工作人员，可以视为被诉人民政府相应的工作人员。

二、延伸模拟提升题

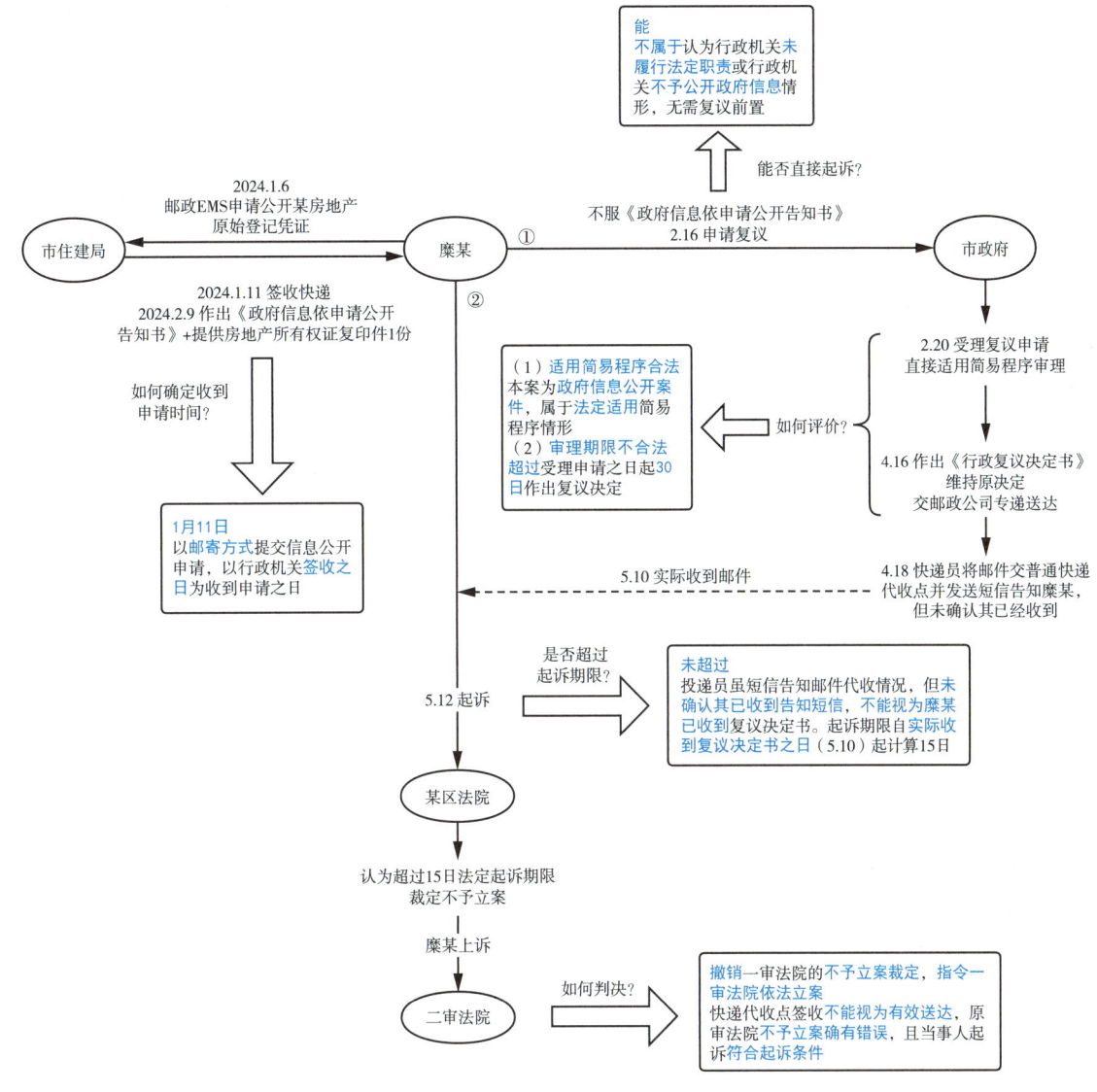

人物关系图

```
                                    能
                                    不属于认为行政机关未
                                    履行法定职责或行政机
                                    关不予公开政府信息情
                                    形，无需复议前置
                                         ↑
                                    能否直接起诉？

              2024.1.6
              邮政EMS申请公开某房地产
              原始登记凭证           不服《政府信息依申请公开告知书》
                                    2.16申请复议
   市住建局 ←――――――――――― 糜某 ――――――――――――――――→ 市政府
              2024.1.11 签收快递    ①
              2024.2.9 作出《政府信息依申请公开
              告知书》+提供房地产所有权证复印件1份
                                    ②
                                                              2.20 受理复议申请
              如何确定收到                                     直接适用简易程序审理
              申请时间？           （1）适用简易程序合法
                 ↓                本案为政府信息公开案
                                 件，属于法定适用简易
                                 程序情形              ←── 如何评价？  4.16 作出《行政复议决定书》
              1月11日           （2）审理期限不合法                    维持原决定
              以邮寄方式提交信息公开  超过受理申请之日起30                交邮政公司专递送达
              申请，以行政机关签收之  日作出复议决定
              日为收到申请之日
                                                              4.18 快递员将邮件交普通快递
                                    5.10 实际收到邮件              代点并发送短信告知糜某，
                                 ← ― ― ― ― ― ― ― ― ― ― ―         但未确认其已经收到

                                 是否超过           未超过
                                 起诉期限？         投递员虽短信告知邮件代收情况，但未
                                           ── →  确认其已收到告知短信，不能视为糜某
                        5.12 起诉                 已收到复议决定书。起诉期限自实际收
                                                 到复议决定书之日（5.10）起计算15日
                           ↓
                        某区法院

                  认为超过15日法定起诉期限
                  裁定不予立案
                           ↓
                       糜某上诉                    撤销一审法院的不予立案裁定，指令一
                                                 审法院依法立案
                           ↓              如何判决？  快递代点签收不能视为有效送达，原
                        二审法院      ───────→   审法院不予立案确有错误，且当事人起
                                                 诉符合起诉条件
```

答案解析

问题1—如何确定市住建局收到信息公开申请的时间？

答案： 市住建局收到信息公开申请的时间为 <u>1月11日</u>。申请人以邮寄方式提交政府信息公开申请的，以行政机关签收之日为收到申请之日。本案中，糜某以EMS <u>邮寄方式</u> 提交政府信息公开申请，因此市住建局收到申请之日是其 <u>签收之日</u>，即2024年1月11日。法条依据为《政府信息公开条例》第31条第2项[①]。

问题2—糜某不服市住建局的《政府信息依申请公开告知书》，能否直接向法院提起诉讼？为什么？

答案： <u>能</u>。公民、法人或者其他组织认为行政机关在政府信息公开工作中侵犯其合法权益的，可以

[①] 《政府信息公开条例》第31条第2项：行政机关收到政府信息公开申请的时间，按照下列规定确定：
（二）申请人以邮寄方式提交政府信息公开申请的，以行政机关签收之日为收到申请之日；以平常信函等无需签收的邮寄方式提交政府信息公开申请的，政府信息公开工作机构应当于收到申请的当日与申请人确认，确认之日为收到申请之日。

123

依法申请行政复议或者提起行政诉讼。但如果糜某认为行政机关**未履行法定职责**或行政机关**不予公开政府信息**，则应当先申请行政复议，对复议决定不服的，再向法院提起诉讼。本案中，糜某向市住建局申请政府信息公开，市住建局向其作出了《政府信息依申请公开告知书》，**不属于法律规定应当复议前置的情形**，因此糜某可以直接向法院提起诉讼。法条依据为《政府信息公开条例》第51条①、《行政复议法》第23条第1款第3、4项②。

问题3——请评价市政府的复议审理程序，并说明理由。

答案：（1）适用**简易程序**审理**合法**。本案中，糜某因不服政府信息公开答复申请复议，为政府信息公开案件，属于**法定适用**简易程序的情形。因此复议机关市政府对本案适用简易程序的做法合法。法条依据为《行政复议法》第53条第1款第4项③。

（2）**审理期限不合法**。本案中，市政府适用简易程序审理行政复议案件，应当自**受理申请之日起30日内**作出行政复议决定。市政府于4月16日作出复议决定，超过受理申请之日起30日，故市政府受理案件后**超过30日作出复议决定**不合法。法条依据为《行政复议法》第62条第2款④。

问题4——糜某的起诉是否超过起诉期限？为什么？

答案：未超过起诉期限。本案中，糜某经过复议后再起诉，应当**自收到复议决定书**之日起**15日内**提出。4月18日，邮政公司投递员虽将《行政复议决定书》送至糜某住址附近的快递代收点并短信告知糜某，但**未确认糜某已收到**告知短信，**不能视为**糜某**已收到复议决定书**。起诉期限应当自糜某实际收到复议决定书之日即5月10日起计算15日，糜某于5月12日提起诉讼，未超过起诉期限。法条依据为《行政诉讼法》第45条⑤。

问题5——二审法院应当如何判决？

答案：应当裁定**撤销一审人民法院的不予立案裁定，指令一审法院依法立案**。本案中，二审法院经审理认为快递代收点签收不能视为有效送达，即**原审法院不予立案确有错误**，且当事人糜某的起诉**符合起诉条件**，故应当裁定撤销原审人民法院的裁定，指令原审人民法院依法立案。法条依据为《行诉解释》第109条第1款⑥。

---

① 《政府信息公开条例》第51条：公民、法人或者其他组织认为行政机关在政府信息公开工作中侵犯其合法权益的，可以向上一级行政机关或者政府信息公开工作主管部门投诉、举报，也可以依法申请行政复议或者提起行政诉讼。
② 《行政复议法》第23条第1款第3、4项：有下列情形之一的，申请人应当先向行政复议机关申请行政复议，对行政复议决定不服的，可以再依法向人民法院提起行政诉讼：
（三）认为行政机关存在本法第十一条规定的未履行法定职责情形；
（四）申请政府信息公开，行政机关不予公开。
③ 《行政复议法》第53条第1款第4项：行政复议机关审理下列行政复议案件，认为事实清楚、权利义务关系明确、争议不大的，可以适用简易程序：
（四）属于政府信息公开案件。
④ 《行政复议法》第62条第2款：适用简易程序审理的行政复议案件，行政复议机关应当自受理申请之日起三十日内作出行政复议决定。
⑤ 《行政诉讼法》第45条：公民、法人或者其他组织不服复议决定的，可以在收到复议决定书之日起十五日内向人民法院提起诉讼。复议机关逾期不作决定的，申请人可以在复议期满之日起十五日内向人民法院提起诉讼。法律另有规定的除外。
⑥ 《行诉解释》第109条第1款：第二审人民法院经审理认为原审人民法院不予立案或者驳回起诉的裁定确有错误且当事人的起诉符合起诉条件的，应当裁定撤销原审人民法院的裁定，指令原审人民法院依法立案或者继续审理。